新零售时代的电子商务管理与创新研究

欧阳驹◎著

中国水利水电出版社
www.waterpub.com.cn
·北京·

内 容 提 要

本书全面、系统地介绍了有关新零售时代电子商务管理与创新研究方面的内容，具体包括新零售时代的影响因素、商业模式的发展过程、技术支撑形式、网销特点、APP营销策略、大数据营销的形势、粉丝经济的内容、电子商务支付方式的变革以及电子商务物流的管理形式等。本书注重对新零售时代的电子商务的正确管理与创新方式上的研究，以理论结合实际的发展情况来对当前的电子商务做出相关引导与总结。

本书论述严谨，结构合理，条理清晰，内容丰富新颖，是一本值得学习研究的著作。

图书在版编目（CIP）数据

新零售时代的电子商务管理与创新研究 / 欧阳驹著
. -- 北京 : 中国水利水电出版社, 2017.5
ISBN 978-7-5170-5439-9

Ⅰ. ①新… Ⅱ. ①欧… Ⅲ. ①电子商务－经济管理－研究 Ⅳ. ①F713.36

中国版本图书馆CIP数据核字(2017)第119148号

书　　名	新零售时代的电子商务管理与创新研究　XIN LINGSHOU SHIDAI DE DIANZI SHANGWU GUANLI YU CHUANGXIN YANJIU
作　　者	欧阳驹　著
出版发行	中国水利水电出版社 （北京市海淀区玉渊潭南路1号D座 100038） 网址：www. waterpub. com. cn E-mail：sales@waterpub. com. cn 电话：(010)68367658(营销中心)
经　　售	北京科水图书销售中心(零售) 电话：(010)88383994、63202643、68545874 全国各地新华书店和相关出版物销售网点
排　　版	北京亚吉飞数码科技有限公司
印　　刷	北京建宏印刷有限公司
规　　格	170mm×240mm　16开本　18.25印张　237千字
版　　次	2017年7月第1版　2017年7月第1次印刷
印　　数	0001—2000册
定　　价	56.00元

前　言

随着网络技术的不断飞速变化和发展，电子商务已经逐步深入到了更多的领域和行业之中。电子商务将会是 21 世纪增长最快的领域之一。电子商务的发展不仅在现在的商贸活动中越来越重要，对人们的生活影响也变得越来越重要。电子商务涉及的内容十分广泛，它融合了计算机技术、经济学、管理学等诸多新兴应用型学科中的知识。

经过多年的发展，我国的电子商务已经取得了突破性的进步。它的进步不仅仅表现为电子商务交易数量上的增加，而且还表现在对电子商务认识上的深化。本书中，结合最新的发展实践，创新性地对电子商务等内容进行了详述。

本书在内容安排上一共有九章。第一章是概论，主要对新零售时代的主要影响因素、零售行业的变化以及电子商务进行了论述。第二章主要对电子商务商业模式的发展做了相关的分析。第三章对电子商务技术的技术支撑进行了研究，主要有电子数据交换技术、互联网基础和 Web 开发技术三方面。第四章则对网络营销的具体内容进行了研究。本章的主要内容是网络营销概述、网络市场调研、网络营销策略、网络广告以及网络营销常用的方法。第五章是对 APP 营销的分析，主要内容包括 APP 营销的特点、品牌 APP 营销的策略和微信 APP 营销的策略三个方面。第六章则对大数据营销进行了一定的研究，主要内容有大数据的价值和机遇、大数据的商业智能和发展趋势、价值数据的挖掘以及新市场的大数据营销策略四个方面。第七章对粉丝经济做了一定的研究。第八章主要对电子商务支付方式的变革进行了一定的研究，内容包括电子货币、网上支付、第三方支付和移动支付四个方面。第九章对电子商务物流管理进行了相关分析。

本书在撰写的过程中参考了很多同行已经出版和发表的书刊与其他形式的资料，在这里一并向他们表示感谢，为他们的付出以及对中国金融市场发展做出的贡献点赞。由于本人的学术水平限制，本书在内容上还有一些不当之处，希望能与各位读者进行交流沟通，共同促进本书的再版完善。

作　者

2017 年 3 月 21 日

目　录

前言

第一章　新零售时代与电子商务 …………………………… 1
　第一节　新零售时代的主要影响因素 …………………… 1
　第二节　零售行业五大变化 ……………………………… 12
　第三节　新零售时代的电商创业 ………………………… 26
　第四节　新零售时代创业的形势与机会 ………………… 32

第二章　电子商务商业模式的发展 ……………………… 46
　第一节　商业模式及其要素 ……………………………… 46
　第二节　网络经济与电子商务商业模式 ………………… 53
　第三节　种类繁多的 B2C 模式 …………………………… 58
　第四节　帮助企业的 B2B 模式 …………………………… 68
　第五节　C2C 的服务者 …………………………………… 72
　第六节　备受瞩目的社交电商 …………………………… 75

第三章　电子商务技术的技术支撑 ……………………… 79
　第一节　电子数据交换技术 ……………………………… 79
　第二节　万物互联 ………………………………………… 90
　第三节　Web 开发技术 ………………………………… 103

第四章　网络营销 3.0 ………………………………… 110
　第一节　网络营销的特征 ……………………………… 110
　第二节　更高效的网络市场调研 ……………………… 114
　第三节　网络营销策略 ………………………………… 121
　第四节　各式各样的网络 BANNER …………………… 123

第五节 新零售时代的网络营销 …………………… 130

第五章 APP营销 …………………………………… 139
第一节 APP——新零售时代的流量之王 ………… 139
第二节 品牌APP营销的策略 ……………………… 158
第三节 玩转微信 …………………………………… 163

第六章 大数据营销 ………………………………… 170
第一节 大数据的价值和机遇 ……………………… 170
第二节 大数据的商业智能和发展趋势 …………… 175
第三节 价值数据的挖掘 …………………………… 185
第四节 大数据与精准营销 ………………………… 190

第七章 粉丝经济 …………………………………… 196
第一节 粉丝思维 …………………………………… 196
第二节 粉丝互动的四个特点 ……………………… 203
第三节 粉丝经济的运营要素 ……………………… 212

第八章 新零售时代支付方式的变革 ……………… 227
第一节 电子货币 …………………………………… 227
第二节 网上支付 …………………………………… 237
第三节 信用中介 …………………………………… 242
第四节 移动支付 …………………………………… 251

第九章 电子商务物流管理 ………………………… 256
第一节 电子商务物流管理的信息化 ……………… 256
第二节 电子商务物流的主要模式 ………………… 264
第三节 电子商务物流供应链的分析管理 ………… 274

参考文献 …………………………………………… 284

第一章　新零售时代与电子商务

2016年“双十一”电商销售破了1207亿，如日中天的表现让大家难以接受电商的时代已经过去，取而代之的是新零售这样的表述。而对于电子商务来说，必须要经过新零售的洗礼，才能在残酷的竞争环境中保留一席之地。

第一节　新零售时代的主要影响因素

在互联网时代，消费者的影响力达到了一个新的高度，可以说，消费者占有主导权的时代来临了。因此，从传统零售店的角度来说，商业竞争的本质就是争夺消费者。消费者是零售店存在的全部意义，也是一切商业活动的原动力。

一、互联网中用户思维是主导

没有用户，就没有市场。因此，零售店想要获得更好的发展，就需要遵循并且将用户思维进行到底。用户思维就是一切以用户为主，用户为上。在互联网市场中，无论企业是通过网店、网站还是自媒体等各种形式来营销，都会将粉丝、客户放在首位，为用户送上独到的服务和产品。

因此，在“互联网＋”迅猛发展的形势下，零售店想要抓住人心，就应该坚持遵循用户思维，并且要结合互联网的方式来对待用户，为用户提供更独特的体验。之所以始终要围绕消费者，因为消费者的需求是产品发展的动力，也是零售行业发展的助力。当前的市场是供大于求的市场，消费者逐渐成了一种稀缺资源，导致企业与企业之间的竞争也越发激烈。零售企业必须要了解当前互联网市场的形势，顺应形势作出调整，为企业获得竞争力奠定基础。由于消费者成为稀缺资源，也直接导致争夺消费者的成本大大增加。因此，在互联网时代，很多创新的产品、服务以及多样化的商业模式也如雨后春笋般涌现出来。在这种情况下，传统零售企业需要与互联网企业站在同一起跑线上，借助互联网技术和手段，以新的商业模式来讨好消费者。无论何种形式的创新和营销，企业的目的都是为了争夺消费者。

二、消费者群体的变化

（一）传统经济与互联网经济中的消费方式对比

在互联网高速发展的今天，消费者主权时代已经到来。体现在消费者购物生命周期里，一是消费者拥有自由选择线上线下渠道的权利，他们综合利用线上线下各种渠道完成购买；二是在实施购买行为之前，他们拥有选择接收信息渠道的权利，在购物行为完成之后，他们还拥有对商品和服务评价的自由与权利。

具体而言，他们拥有了更多的选择权利。在消费者的购物周期中，在每一个环节他们都有自由选择的权利，包括对线上线下渠道的自由选择权，在购买之前能自由选择接收信息的方式，在购买之后可对商品和服务进行监督，此外，他们还有定价的自由、定制的权利等。

传统的购买模式是 AIDA 模式，即注意（Attention）＋兴趣（Interest）＋欲望（Desire）＋行动（Action），见图 1-1。可是在互联网时代，消费者的购买模式发生了变化，如图 1-2 所示。在产生购买兴趣之后、采取购买行动之前，消费者会主动、有意识地去网上收集和了解产品的详细信息，例如价格信息、质量信息、其他人对该产品的评价等；在购买行为结束以后，消费者还有可能上网对产品和服务发表评论。

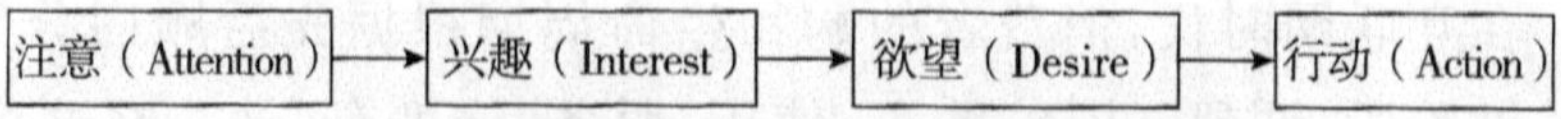

图 1-1　传统经济中消费者的购买活动分析

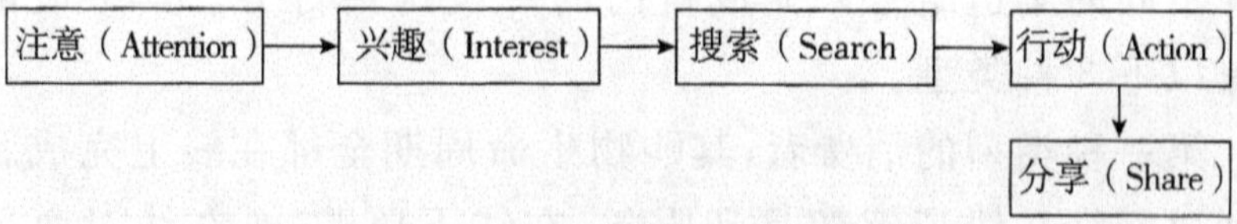

图 1-2　互联网经济中消费者的购买活动分析

李先生走进一家没有货架商品的店铺，放眼望去，店内有两台超大选购下单屏幕。他只要轻点屏幕，便可浏览五花八门的商品。从电视机、珠宝首饰到食品和日用品等，电脑提供了详尽的商品信息与使用方式。为了避免屏幕前的拥挤，李先生通过手机扫码订货，买了知名品牌的项链给爱人，作为结婚 10 周年的礼物，他用网络支付，并选择将礼物直接送到爱人的公司。忙碌的太太在公司收到项链，笑逐颜开，马上拍了照片上传微博分享。

这就是典型的多渠道购物模式。在消费者的整个购物生命周期中，实体店、网络商城、电脑和移动终端等多种渠道都不同程度地参与了进来。

在移动互联网时代，消费者主权更多地体现在消费者购物生命周期的改变方面。在消费者购物生命周期的每一个环节当中，消费者都会充分享受到互联网时代给他们带来的便利，并综合运用多种渠道来完成自己的购物行为。他们拥有自由支配渠道和选择的权利，有接收消费信息的自由，有吐槽的权利，有定价的自由，有定制的权利，等等。

（二）消费者的消费权利体现

1. 消费者的渠道选择权利

在互联网时代，消费者的购物生命周期根据先后顺序分为5个关键阶段：调研、选择、购买、使用/服务、演变/回馈。在这个购物生命周期里，消费者拥有多元化的渠道选择权利，即他们可以选择不同的渠道组合来完成自己的一次购买行为。其中最常见的有以下3种类型。

第一种类型的消费者，其购物生命周期全部在线上完成。他们通过网络在线了解商品和服务，在线下单购物，在线对商品和服务进行评价，在线获取其他的服务。

第二种类型的消费者则比较传统，他们主要是通过线下渠道即实体店实现自己的购物行为。这部分购买人群，普遍年龄偏大，与网络相绝缘。他们往往通过人际口碑和电视广告获取商品和服务信息，通过线下实体店渠道购买生活所需品。他们所购商品的售后服务环节，也是借助线下售后服务中心来完成的。

更多的消费者则综合利用线上线下多种渠道实现购买，如图1-3所示，即第三种类型。很多消费者会在家里上网了解商品和服务信息，然后到线下实体店去实地考察，最后又回到网上下单；或者在线上渠道购买，在线下渠道完成付款、提货以及售后环节。总而言之，他们在完成一次购物的过程中，要综合利用线上、线下多种渠道。

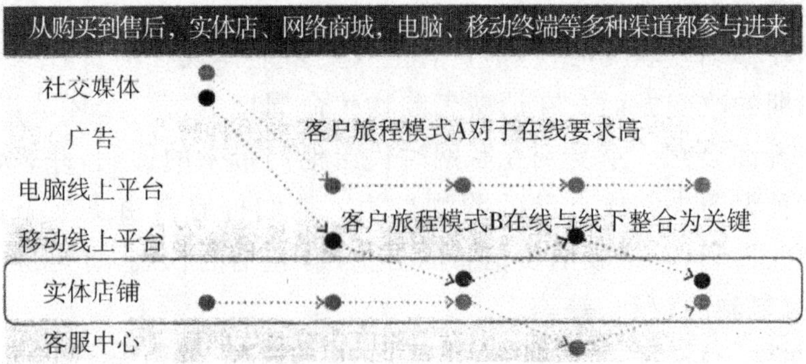

图1-3　多渠道购买路径图

在移动互联网时代，消费者拥有非常多的渠道选择，他们可以根据自己的需要，或者渠道的属性特点，在购物生命周期的每一个环节，选择最适合自己的渠道，实现自己的购物行为。而且，面对这么多的渠道，每一种类型的消费者都能找到适合自己的购物路径。对于不懂电脑、不会上网的网络难民来说，他们可以通过线下实体店购物；而对于网络原住民和网络移民来说，各种线上线下渠道的存在，赋予了他们很大的自主权和多元化选择权。

2. 消费者的信息选择权利

在过去甚至在互联网飞速发展的今天，很多厂商在宣传推广自己的产品和服务的时候，采取的往往依旧是传统的方式，如做广告、发传单等。每次走出地铁站，我们都能收到各种各样的广告单页，我们的手机也总能收到各种不期而至的广告。但是在互联网时代，这种单方面一厢情愿式的宣传的效果越来越式微，而且容易让人反感。没有人愿意在工作的时候接到手机推销信息。

这一切是由于消费者的媒体偏好发生了变化；他们接收信息的渠道和途径发生了改变。从信息源来说，互联网时代是一个信息爆炸的时代，各种信息泛滥，不仅有厂商制造的大量的线上线下的宣传推广促销信息，还有消费者自己制造的大量的信息，这也是众多所谓的社交媒体兴起的原因。互联网时代也是一个自媒体时代，即一个人人制造、人人创意、人人设计、人人营销、人人消费的“Me”时代。每一个人都是信息的制造者、接收者和传播者。

面对互联网时代的信息泛滥，消费者拥有了选择信息接收渠道的权利，他们更倾向于通过社交媒体了解信息。他们不再受厂商的引导，也不会轻易相信厂商的硬性广告，而是更相信自己社交圈子里的好友、同事、专家、同行或网友提供的各类消费建议。因为和厂商的主动宣传和推广相比，社交媒体平台上的信息更具有中立性、更客观，可信度也比较高。

不过传统的硬性广告宣传不是一点用处也没有，电视广告在迅速扩大产品的知名度方面的作用依旧十分明显。但是，真正能够经受住市场考验的，还是那些在社交媒体平台上拥有良好口碑效应的产品和服务。

3. 消费者拥有吐槽的自由和权利

在互联网时代以前，人们购买行为的完成，基本上就意味着和商家关系的结束。如果消费者对商品不满意，维权的渠道比较少，而且维权的成本相对也比较高。但是在互联网时代，消费者有权利发表对商品和服务的评价，他们拥有对商品和服务进行吐槽的自由和权利。

对于优质的商品和服务，消费者不会吝啬自己的鼓励与肯定。他们会以自己力所能及的方式（如通过自媒体平台发表积极评价等），鼓励商家，对产品和服务表示肯定，同时也给其他消费者送去借鉴和参考。但是对于糟糕的产品与服务，他们会对厂商提出差评，在自媒体平台上吐槽，督促厂商改进自己的产品与服务。

总之，在互联网趋势下，消费者主权时代已经到来，他们在购物环节（即购物生命周期）当中有更多的选择，可根据自己的需要，和渠道本身的属性，实现完全的自主选择。与此同时，由于拥有选择接收信息渠道的权利，在演变/回馈阶段，他们会通过自媒体平台发表对商品和服务的评价。

（三）消费者的“参与感”迅速增强

现代的工业化社会，在某种程度上忽略了人的个性的独特性和情感的丰富性，人在社会机器中显得很渺小。在移动互联网时代，人们在自媒体平台（如微信、微博、论坛）上掀起的吐槽浪潮，实际上源于人的个性与自我情感的抒发，这种抒发能让人感受到自身的存在感和参与感。

“吐槽”其实就是一种最直接的参与！而让消费者参与进来，实际上满足了消费者“参与、影响和改变世界”的心理需求。

1.“参与式消费”时期已经到来

“吐槽”一词源于日本，字面意思为“往人家碗里面吐呕吐物”，引申含义为不给人家面子，当面对别人进行揭穿数落等。吐槽在移动互联网趋势背景下体现的是一种人际互动的方式。

一些吐槽虽然看起来像独白，但通过引发间接的群体反响，能达到促进互动交流的效果。众多分析表明，“吐槽潮”的兴起，是广大社会群体寻找存在感与参与感的结果。

在消费者主权时代，“吐槽”其实就是一种最直接的消费者参与方式！

这一点在品牌的营销活动中表现得最为突出。消费者选择商品的决策心理在最近十几年发生了巨大的转变，消费者购买一件商品，最早只追求功能消费，后来开始追求品牌消费，最近几年开始追求体验式消费，而小米正在追求的是粉丝参与的全新的“参与式消费”。为了让用户有更深入的体验，小米一开始就让用户参与到产品的研发过程中来，小米在公司内部完整地建立了一套依靠用户的反馈来改进产品的系统(包括市场运营)。我们发现“参与式消费”时期已经到来，并满足了用户全新的消费心态。

让消费者参与进来，实际上满足了消费者“参与、影响和改变世界”的心理需求。让消费者参与进来，还有助于实现弱用户关系向强用户关系的进化，使普通消费者变成具有极高忠诚度的粉丝。对于企业而言，构建参与感就是把做产品、做服务、做品牌、做销售的过程开放，让用户参与进来，只有这样企业才能建立起一个可触碰、可拥有并与用户共同成长的品牌。

2.“参与式消费”的核心就是消费者

消费者是所有经济社会的中心、所有经济活动的原点，他们才是商业世界当中真正的主角，从工业社会、信息社会到如今的移动互联网社会，莫不如是。任何企业都必须倾听顾客的声音。“参与式消费”时代的到来，意味着当前企业必须要将以自我为中心的观念转变为以消费者为中心。

用营销大师菲利普·科特勒的话说，“我们处在一个更为复杂的以消费者为中心的营销时代”，即“人文中心主义时代”，在这个新的时代中，企业不能再把消费者视作一个只会消费的人，而应该把他们视作具有独立思想、丰富情感的个体。

当然，消费者主权时代的到来对企业和品牌来说不单纯是坏消息，如果企业真的把消费者当成“上帝”，那么“上帝”是可以帮助企业实现梦想的。在推崇开放与共享的参与感精神的光环下，无数消费者的集体智慧成为企业可以充分发掘利用的宝藏。

3. 参与感引发信息聚合，形成连锁反应

由于社交媒体的兴起，今天的消费者不再孤单，借助自媒体平台，他们已经在网络上自发集结并形成了一股不容忽视的力量。他们在社交媒体平台上对各种商品和服务评头论足，各种吐槽使他们的情绪得到了真实的体现，而他们的声音通过社交媒体被大规模放大了。例如在微博兴起初期的“杜蕾斯鞋套”事件，这让很多品牌发现了参与感在营销活动中的重要性。

今天，由于参与感的增强，70%以上的消费者不会再轻易受到品牌营销的误导，在每一次购物的时候消费者总会去做调查，调企对象甚至是素不相识、远隔千里的另一位消费者。他们相互请教，开始形成新的力量，这种社交消费群的兴起为品牌营销提出了新的课题。旧的营销手段已经无法吸引消费者的注意力，他们感兴趣的是如何争取更多的观点自由和选择自由。

4. 参与感是消费者品牌忠诚度的体现，也是培育忠诚度的土壤

品牌的忠诚客户，愿意经常与品牌商沟通，他们会对品牌产生参与感与归属感，会为自己购买该品牌的产品而自豪。普通品牌很难拥有这样一群客户，但需要以赢得这样一群客户为奋斗目标。

参与感也被营销人奉为新营销的灵魂，如何利用参与感培养

消费者的忠诚度是新营销的关键。小米公司从开始就坚持用“参与感三三法则”，培养消费者的忠诚度。花心思、花精力、花金钱去培养粉丝，再从论坛到米聊，从小米同城会到米粉进入公司工作，雷军从一开始就想好了小米营销这步棋应该怎么走，而且走得绝不含糊。小米 MIUI 系统最初的 50 万用户社群是慢慢培养出来的，光靠金钱做不到这一点。商品的社群、服务的社群、学习的社群、文化的社群，以及拥有各种共同爱好和兴趣的社群，都是在一定的时期内慢慢聚合发展起来的。而为了积累这 50 万原始潜在用户，小米也用了整整一年多的时间。参与感其实就是小米培养用户忠诚度的土壤，小米靠这种方法从点滴做起，积累了用户忠诚度，在小米内部，无论是创始人还是员工都能在一开始就专注这一点，这难能可贵。

（四）个性化需求时代已经到来

消费者群体的自我意识非常鲜明，他们并不满足于模仿和复制，更拒绝各种标签和比较，他们追求个性化的生活方式，个性化需求时代真的到来了。

2014 年，魔漫相机应用在微信朋友圈和微博走红，它可以将拍下的真人照片在几秒钟内转化成一幅漫画，并且提供多种个性化的后期编辑模板。魔漫相机应用爆红的背后，折射出的是在移动互联网时代，消费者对个性化产品和服务的热捧和认可。

1. 个性化群体出现，强调“我是独一无二的我”

互联网一代特立独行，不喜欢和身边的朋友、同学拥有同样的东西。他们热爱购物，会透支消费，也喜欢使用优惠券。他们通过社交媒体获取信息，分享购物体验。

在这个群体崛起的今天，消费者已经走在了零售商的前面。每一个消费者都向往个性化消费，而对品牌来说，要获得这些个性化群体的关注，建立客户品牌忠诚度，已经变得越来越困难。

以 90 后群体为例，一份中国 90 后青年生活形态报告指出，

90后强调深入自我，他们渴望独立思考，惯于质疑，执意以亲身体验作为形成信任的基础。为了应对80后、90后的个体需求，品牌传播路径从信息沟通转变为体验沟通，这意味着品牌要有能力把自己的产品和其所在的品类，转换为一系列的兴趣养成方案，而不只是生活方式的象征物。

这些个性化的消费群体更相信自己的经历，或者其他和自己一样的受众的经历。他们更愿意从具有认同感的产品与服务中培养兴趣、认识自我，并享受独属于自己的体验和感受。

2. 个性化需求时代，定制取胜

购物模式改变下的新型消费群体的多变、个性化、充满活力的购物特征对企业也构成了强大的挑战，每一个品牌都在使出浑身解数来吸引群体的注意力，人们需要什么样的产品，品牌就生产什么样的产品；人们需要什么样的服务，品牌就提供什么样的服务。

在现在，无论是对传统线下销售抑或线上电商，个性化消费需求都不再是什么新鲜事。

对于电商及移动互联网商品而言，用户的个性化购物需求越来越明显，用户不是要在庞大的商品库里去慢慢找到喜欢的产品，而是要在经过筛选后的相对适合自己的小范围内选择喜欢的产品。某些购物网络大平台虽然产品丰富，但明显供过于求，一方面，用户要在庞大的商品流里面去找到自己喜欢的产品，是极其困难的；另一方面，平台要将合适的产品推送到具体的个人面前难度也很高。

而垂直类应用基本都有比较明显的用户特征，从已有的用户群出发去布局相对细分的产品体系，基本上已经帮用户进行了一次筛选，由他们完成向用户的推荐相对要更容易。

但互联网的个性化推荐做起来并不容易，它需要与企业自有的数据和订单关联起来，而这个关联也需要不停修正和完善。个性化推荐需要全公司各个产品线的整合，这并不是一件很容易的事情。在国内，携程、1号店是个性化的先驱，据说携程的个性化推荐在2013年已经实现了3亿元的规模。

从线下来看，受众的个性化需求，成为不少实体零售商守住市场阵地的重要砝码。对于线下品牌来说，他们都是走在满足消费者个性化需求的营销道路上。

多品牌精品百货公司连卡佛在进入中国之初即用个性化购物体验为中国百货市场带来了不小的波动，让中国传统的百货业和购物中心看到了个性化购物体验的价值。依据一份由80万名顾客信息组成的数据库，连卡佛在视觉陈列、空间设计、购物体验等方面创造了令人惊奇的体验，吸引人们参与其中：试衣服可能是一次3D形象的高科技体验；商品和艺术品并列，排队付款可能是一个看展览的过程；人们不是在为一件价值3000元的衣服的物质材料付款，而是在为高水准的服务买单。

3. 个性化服务流程设计

个性化服务是品牌商和零售商主动开展的以满足消费者个性化需求为目的的服务。品牌商会以大数据为支撑，为还原用户真实需求进行个性化服务流程的设计，如百度的旅游景点人流及舒适度预测，淘宝的个性化购物推荐，以及小米手机的10万人互联网开发团队，都是为了满足潜在受众的个性化需求而进行的功能开发或流程设计。

相比于互联网品牌企业，传统的零售商经常会给消费者带来糟糕的购物体验，例如导购态度冷漠、货架凌乱等。而随着电商冲击的到来，寻找转型与蜕变的零售商们也开始尝试将实体和数字领域进行无缝结合，通过数据与顾客结成更密切的关系，如引入“智能活动推送”“3D魔镜体验”“手机支付”等环节，这样既能一对一地为客户提供定制的内容与信息，也能为每一位进店顾客提供一种独特、个性化的体验。

每个品牌都在寻求为客户提供个性化的服务方案，例如在2014年10月，苹果一口气收购了两家颇具规模的公司，这两家公司中，一家是为用户提供图书推荐服务，另一家主打流媒体电台服务。二者的共性是:都为用户提供个性化推荐服务,这些也从侧面反映出苹果对个性化开发的兴趣和潜力。

总之,这是一个个性化需求盛行的时代。洞悉、了解以80后、90后为主体的个性化消费者,进而满足他们的个性化消费需求,是未来每个企业的重点战略。

第二节　零售行业五大变化

过去的30年,中国市场就像是一个理工男的世界,大部分时间都在埋头工作,很少有时间用来抬头看天。当这个理工男年过30岁,并解决了许多基本的生活追求以后,对诗和远方的需求便开始与日俱增。这个时候,理工男和文艺女青年相爱生活在了一起,真正的家庭式生活消费才刚刚开始。也就是说,中国零售行业开始了新的变化。

一、人口分布变化

中国市场的变化本质上是消费者结构的变化,这个消费者结构变化当中除了原有消费者的升级(人口质量结构)、新旧人口的代际更替(人口更替结构),还有一个变化就是人口持续城镇化(人口分布结构)。

人口城镇化不等同于“北、上、广、深”化,也不等同于超大型城市化,其实质更侧重于农村人口脱离土地并融入城市生活。超大型城市的资源和吸引力实在太强大,似乎任何力量都无法阻止人口往北、上、广、深聚集,直到不断攀升的房价构筑了一道明确的壁垒,于是就开始出现了逃离北、上、广、深的企业和人口,超大型城市对于人口净流入的吸引力不再是万能的。无论是逃离还是放弃,其实也不是什么不得了的事情。中小城市会逐步迎来发展的机遇,中小城市将不再是落后和无所作为的代名词,大城市所积累下来的城市文明和经验将逐步向中小城市扩散。城市化进程正在从浅表城市化向深度城市化推进。

需求越下沉、越分散，市场对接的成本就越高。也因此，渠道不断下沉的成本太高会约束渠道铺设的点的数量，会被控制在需求和供给的平衡点。而整个中国正在不断进行的城市化、教育普及和人口流动会极大地缓解经济发展水平不平衡所带来的市场分化。

人口越来越聚集，城市规划越来越明朗，零售布局越来越简洁和高效。

城市化的根源驱动力在于经济发展对于效率的追求，人口更加集中，物流成本才能降低，渠道的效率才能够获得提升，公共资源才能得到更为充分的利用，由此来降低社会运行的总体成本。

未来的市场主体只有两个：大城市市场、小城镇市场。纯粹的农村市场将会逐渐消失，零售渠道下沉到小城镇就到底了。农村里逐渐看不到青壮年、看不见耕牛、看不见圈养猪，甚至慢慢也没有人养鸡生蛋，你知道中国的农村变了，彻底变了。农民开始在城镇买房，孩子开始进城读书。当数量庞大的农村实现村村通公路，农村有路灯、有广场的时候，农民有电动车、摩托车、小汽车的时候，你知道这些农村已经有效地和城镇连接起来了。

未来的城际交通网络仍然会快速发展，高铁和城市轨道交通同样会快速发展。城市与城市之间的地理区隔将越来越弱化，城市之间将出现更多的融合。

中国市场中的零售品牌的首要任务将从片面追求工厂式的供给数量转变为巩固和提升供给水平和品质，至于规模和市场占有量，都将是基于供给品质竞争力之后的自然成长结果。产品将会越来越诚恳，营销将会越来越朴素。任何事物都有其两面性，悲观的论调不一定就是理智和正确的代名词。

二、人口结构变化

代际的变化并不是每 20 年做一次调整，真实的代际更迭是每天都在发生的潜移默化的改变，每天有人老去，每天有人成长，一个一个细微的个体新陈代谢，汇合成一个全新的消费者结构。

处于中国市场不同发展阶段的人口，其收入水平、购买力也是不断提升的。人口结构变化还体现在义务教育普及和高等教育扩招，目前新人口的高等教育普及率已经超过50%。

新阶段的人口结构当中有绝对数量的消费者是互联网用户，他们通过互联网获取资讯、开展工作，并进行直接的消费。

人口结构变化的另一个发展趋势是“小家庭”的涌现，出现这种现象的原因比较复杂，是复合性的。小家庭现象包括如下几种形式。

• 单身独居，根据第六次全国人口普查，中国现阶段处于单身独居状态的人口已经接近2亿人。

• 未婚同居。

• 婚后未育，或晚育，或丁克。

• 家庭长期拆分居住，如城乡分居、夫妻分居两地等。

许多人会选择更晚的时候结婚，更晚的时候生育，这就使许许多多“小家庭”的实际存续时间加长。

在社会供给方面，小家庭和大家庭的需求会有很大的区别，零售品牌就需要关注到住房设计、汽车设计、食品包装规格、餐饮台位比例、家居用品规格等诸多方面的变通。

三、人口需求变化

中国市场五年一小变，十年一大变。中国市场越发达，消费者就会越来越成熟，越来越淡定。

世界各地的市场都不一样，有的市场追求精细，有的市场追求优雅，有的市场追求实用，有的市场追求豪华，等等。中国市场还有一个特点，就是中国市场的购买力和消费者的文化认知能力是匹配发展的。

庞大的市场催生出多样化的需求，当供给不能够为需求提供便利的购买通道时，互联网扮演了十分重要的角色。这种供需双方的对接方式越来越得到供需双方的重视。

或许，在许多人眼里，中国市场是一个没有文化的市场，这个观念应该改一改了。我们所经历的基础教育，身边的媒体和互联网具有非常片面的信息传播特征，再加上深度阅读的普遍缺失，这容易让庞大数量的人群形成中国人缺乏智慧、中国人没有文化鉴赏能力、中国人的审美能力普遍低下等错误观念。具有这样思想的人并不完全了解中国市场的广度和细节，也是做不好零售品牌的。

资源型经济的市场所普遍存在的文化和科技落后现象在中国整体市场中是不存在普遍性的，中国市场是一个购买力和消费者文化认知能力匹配发展的市场。

如果将中国内部市场进行细分，地区之间也会有所差异。

市场成熟，意味着消费者选择权放大，消费者见多识广，消费者富有经验，消费选择的效率有保障。

需要注意的是，消费者喜欢开业时什么都已经准备好了的零售产品和零售场景，他们没有任何意愿和耐心去等待一个品牌变得成熟，他们的眼里只有两个选择：成熟的老品牌和惊艳的新品牌。

许多品质低劣和价格卑微的商品会逐渐被市场所唾弃，因为进行这类商品的经营活动是伤害买卖双方尊严的事情。

创业这条道路越来越无法“试试看”，也越来越无法“慢慢提升”，市场的期待是新品牌要一开始就具备竞争力，竞争力就是吸引力，吸引力就是品牌。

消费者的成熟和绝情是成正比的。创业的门槛正从粗糙往精细方向变化。

成熟的消费者向来都是市场的主体，对于创业者来说，好消息是成熟的消费者往往比较宽容，不容易产生交易纠纷；坏消息是他们也非常绝情，因为他们的内心里很少会真正原谅糟糕的细节。

对于中国零售市场出现的一些商品销量下滑，大可不必解读为全面的下滑。在目前阶段，房地产价格持续攀升实际上可以被看作是市场购买力的一个佐证。如果说这个佐证不够具有说服力，汽车销售数量的持续增长会是购买力和全面消费升级的更有力佐证。这样的例子还有很多，比如出国旅游人次、飞机和高铁的客流量等。如果你有机会去深入农村，了解一个家庭的具体消费支出结构，再和三、五年前做一个对比，你就会对中国零售市场保持良好的信心，也就知道这个市场发生了什么样的变化。

当牛排和海鲜的销售量在持续增长时，方便面、麻辣烫的销量下滑并不能说明什么。健身卡的销量增长的时候，所谓的保健品的销量下滑也不能说明什么。市场发展的方向，必定是往更好和更有尊严的方向发展。至少，在感性消费的层面是会给人更多的尊严的。

2016 年某些月份的电影票房下滑，网上有文章把这个归结为是民间零售消费下滑所导致的，这个结论很难站得住脚，因为这期间也有出现高票房的案例。

真实的原因可能是这样的。

(1)影院观影本身的吸引力占比下降，影片的品质吸引力占比上升：在荧幕数大幅度增加之后，观影的便利度确实提高了，也让许多观众经历了高频次观影的体验。随后，到影院观影的体验需求迅速被影片品质的体验需求所取代。

(2)观众的电影欣赏水准和品质需求已经提升，而影片供应品质与观众需求之间出现断层。观众对于导演、演员、口碑等越来越敏感，他们知道在观影前去哪里查看真实的评价，也大概知道什么样的制作团队会制造出什么水准的电影作品。

(3)中国观众不再迷信好莱坞，因为要生产出激动人心的电影作品对好莱坞来说也不是天天都有的事情。

从电影票房这个市场上，就能闻到一股消费者认知、权力的攀升意味。中国市场越是往前发展，中国消费者就越会显现出平和、审美、决绝的消费特征和权力。

四、消费路径变化

中国零售市场的消费路径变化最核心的特征是电商市场占比份额的持续崛起，重点是“持续地崛起”，并且是在成长为巨大体量之后仍旧保持了大幅度快于总体社会零售总额增长的速度在崛起。一个零售品牌，在一年里通过电子商务路径卖出 10 亿元销售额已经算不上是什么新闻了。

电商的迷人之处在于：

(1)消费者随着自身网购经验的成长，知道如何买到靠谱的产品。有许多商品在网上买的确很方便，也很靠谱，不上网买才是不正常的。退一万步讲，退货也是很轻松就能搞定的事情。

(2)已经有相当数量的消费人群(保守估计应该有 1 亿上下)将网购作为花钱的重要生活方式，他们会将每月个人消费支出的一半甚至更多花在网购上。

第 2 点是重点。所以，不必去考虑电商本身是否会被什么新鲜玩意儿给淘汰。品牌应该多考虑如何塑造出竞争优势，不要被别人压着就行了。

目前阶段，没有任何迹象表明电商渠道会在中国零售市场失势，只有底层缺乏竞争力的品牌才会面临电商领域的失势，它们才需要线下市场的地域间隔所形成的部分竞争缺失的保护。

能够持续贴合消费者的物质和精神预期，持续给予消费信心的零售品牌将会在线上和线下同时取得巨大的成功，电商将会加快供给水平低下的品牌的消亡步伐。一个无法应对线上近身肉搏的零售品牌，在线下一样会日渐艰难。

需要思考的一个问题是，如果新生代的消费者持续迭代渐渐构建为整个社会消费人口主体的那一天，那么线下铺点的销售模式是否还能保持住收益和成本之间的微弱平衡？标准品类的风险与非标准品类的风险一定是不一样的。

小生意观一隅，中生意观一脉，大生意观天下。品牌运营成熟度:企业愿景、战略决策、竞争应对中的变与不变、执行标准保障、品质稳定性等。市场成熟度:市场供应状况、市场便利度、信息开放度、消费者信息接收途径、消费者视野、市场购买力等。若“品牌运营成熟度”强于“市场成熟度”,则生意好做;若“品牌运营成熟度”与“市场成熟度”相当,则生意难做;若“品牌运营成熟度”弱于“市场成熟度”,则生意做不下去。

而品牌运营成熟度和品牌创立时间长短无必然关系。

市场的尴尬在于消费意愿准备好了,而市场供给没有准备好。比如,你的办公室楼下新开了一家星巴克,每天都顾客盈门,这大概说明这家星巴克开得有一点晚了。

市场有其自身的铁律,它从不亏待最优的供给者,只要你足够好,市场就会足够爱你。

中国市场已经开始离开价格洼地,这也伴随着要离开品质洼地。有一件事情是确定的,中国消费者日益回归选择国内的优质产品和服务,价格并不是最重要的影响因素。

恰当的品质维护买方的尊严,恰当的价格维护卖方的尊严。归根结底,都是在维护人的尊严。

我们的制造业总量无疑是全世界最强大的,但品牌的零售平台并不是最高的。许多优秀的制造企业都会跨过这道坎。有 4 个难点需要跨越。

(1)产品设计和业务逻辑的细节再造。

(2)为消费者提供省心、效率和信心。

(3)零售品牌形象的雕琢。

(4)最难的是产品和零售管理团队的再造。

中国是一个庞大的市场,有些零售品牌擅长做国外的市场,在中国国内市场的表现却乏善可陈,这不是什么好事情。细看之后,所谓的国外市场不过是低端市场为主,那些产品所依靠的仅仅是价格的优势,离品牌影响力还差得太远。如果相应市场发生动荡,或者市场完成原始发展,这样的市场也就会随之失去。只有扎根于国内市场的品牌,在国内得到足够的尊重,在国际市场才能获得应有的尊重。

消费者的认知提升得益于经济发展，人口结构的更替，教育普及和信息畅通，无论企业还是个人，想通过精致的套路和信息不对称来获得窃贼一般的收获已经越来越难，市场开始逼迫品牌回归到诚恳的道路上来。这是关乎买卖双方的尊严和市场的长治久安的大趋势。市场越开放自由，渠道越通畅高效，市场本身所发挥的引导、约束和警示作用就越明显。

在中国这样一个需求庞大、供给庞杂的市场中，零售品牌出现高速增长是十分常见的事情，若单一品牌的年增长率与行业状况持平，则表示这个品牌不过是在吃老本，年度增长率达到30％以上才能够证明品牌运营的有力。再去深挖品牌增长的具体原因，大致会是该品牌提升了产品竞争力和品牌气质，其他的因素都不大可能是主要原因。

中国市场在过去30年高速发展的过程，也是一个不断被质疑，不断被批判的过程。在新常态下，一样可以乐观地期待中国市场将从野蛮生长迈向精致发展。如果没有低端制造业的起步，高端制造业就会像是空中楼阁；如果没有野蛮生长阶段，精致优雅的中国市场也就无从谈起；世间的道路向来都是曲折的，不能因为遇见了曲折的道路就看不见未来，中国市场继续往前发展也是一个必然趋势。

放眼世界，通看古今，有很多可借鉴之处。中国人有自己的智慧，中国市场会有自己的荣耀。

五、消费技术变化

（一）物联网技术的应用

今天，人与人已经联网，物与物开始联网，人与物将要联网。智能冰箱接入互联网后，也许可以实现自动订货，可直接与你附近的超市连接起来，冰箱可根据你的品牌喜好、购物倾向，直接下订单。

物联网并不遥远，就在你我身边，也许未来十年，我们的汽车、房屋、跑友手上的腕表和项链、男人们的西装、女人们的裙子和香水、家庭主妇的冰箱和微波炉、老妇人的手镯和猫狗、学生们的桌子和书本、牧民的奶牛和山羊、农民田间生长的小麦和水稻等等都拥有了互联网的功能，一个更加温馨、便利和美好的世界即将呈现在我们面前。

物联网将构造一个连接世界上万事万物的“Internet of Everything”的网络，其目的是实现物与物、物与人，以及所有的物品与网络的连接，方便识别、管理和控制。物联网通过各种信息传感设备（如可穿戴设备、SIM 卡、射频识别、二维码、红外感应器、全球定位系统、激光扫描器等），实时采集任何需要监控、连接、互动的物体或过程等各种需要的信息，按约定的协议，把任何事物与过程与无线互联网相连接，进行信息交换和通信，以实现对物体的智能化识别、定位、跟踪、监控和管理，最终给物体赋予智能，实现任何人与任何物体，任何物体与任何物体间的沟通和对话，与互联网结合形成一个巨大网络。

根据国际电信联盟（ITU）的定义，物联网主要解决物品与物品（Thing to Thing，T2T），人与物品（Human to Thing，H2T），人与人（Human to Human，H2H）之间的互连和对话。但是与传统互联网不同的是，H2T 是指人利用通用装置与物品之间的连接，从而使得物品连接更加简化，而 H2H 是指人之间不依赖于 PC 而进行的互连。因为互联网并没有考虑到对于任何物品连接的问题，故我们使用物联网来解决这个传统意义上的问题。

物联网是以计算机科学为基础，包括网络、电子、射频、感应、无线、人工智能、条码、云计算、自动化、嵌入式等技术为一体的综合性技术及应用，它要让孤立的物品（冰箱、汽车、设备、家具、香水等）接入互联网世界，让它们之间能相互交流，让物体自己能够“开口说话”。在这个网络中，物体与物体之间能够彼此进行交流，而无须人工的干预。物联网是互联网通过传感网络向物理世界的延伸，其最终目标是对物理世界实现智能连接和管理。从后台来看，物联网是一个基于互联网的，以提高物理世界运行、管理、资源使用效率等水平为目标的大规模信息系统。

按产业链层级划分，物联网产业结构可分为支撑层、感知层、传输层、平台层、应用层五个层级。

物联网支撑层：支撑层主要为整个物联网体系提供共性技术支持，以及为物联网技术产业化提供基于共性技术的测试和生产平台。

物联网感知层：感知层是物联网体系对现实世界进行感知、识别和信息采集的基础性物理网络，产业领域主要包括可穿戴设备、传感器、RFID（射频识别）、定位系统、二维码、传动器等。感知层包括二维码标签和识读器、RFID 标签和读写器、摄像头、GPS、传感器、终端、传感器网络等，主要用以识别物体，采集信息，与人体结构中皮肤和五官的作用相似。

物联网传输层：传输层主要依靠传感网与已有通信网络的相互融合来实现，产业领域包括光纤光缆、光器件、各类通信设备等，它是物联网的神经中枢和大脑，负责信息传递和处理，包括通信与互联网的融合网络、网络管理中心、信息中心和智能处理中心等。现在各种无线技术百花齐放，WiFi 一马当先，NFC（近距离无线通信技术）、蓝牙、iBeacons、紫蜂（zeigte）、3G、4G 都应用很广。移动互联网的兴起，智能手机的普及，可穿戴技术，让物与人的沟通可以随时随地进行。

物联网平台层：平台层的主要功能是承载各类应用并推动其成果的转化，产业领域主要包括云计算中心和支撑软件等。

物联网应用层：应用层是物联网的“社会分工”与行业需求结合，实现工业化与信息化相融合。产业领域主要包括智能工业、智能农业、智能交通、智能物流、智能电网、智能环保、智能安防、智能医疗、智能家居等。

（二）大数据

由于每部智能手机、每部可穿戴设备、每部汽车、每瓶香水、每条裙子后面连接的是一个活生生的人，如果把每个人一生的衣、食、住、行、社交、文化学习、医疗卫生等活动的所有数据（例如消费数据、社会活动数据、运动数据、社交数据、学习数据、生命数据、医疗健康数据等）全部数字化，并记录下来，大约需要 2000TB 的数据量。按 70 亿地球人口计算，人类一年创造的海量数据将超过 1400 亿 TB。

今天物联网、移动互联网和大规模分布式的云存储和云计算能力，为我们开辟了一个大数据的黄金时代。顾客的大数据为我们洞察消费者的下一个需求提供了巨大的可能。过去在没有大数据的时候，我们主要依靠足够的随机抽样样本和尽可能客观的方法来做一些定量的研究，但大数据的特点首先就是全样本，我们能够获得比较全面的各种数据，这样进行大数据分析处理或预测后的结论，相对来说就靠谱一些。

大数据的 4 个“V”，或者说特点有四个层面。

(1)体量(Volume)：数据体量巨大——从 TB 级别，跃升到 EB 级别(1 TB=1024 GB，1 PB=1024 TB，1 EB=1024 PB)。顾客全渠道消费数据的爆炸性增长，同时基于这些海量数据的云存储技术、深度挖掘技术、社交计算技术、关联分析技术等技术手段的飞速进步，让基于大数据的应用和商业层出不穷，模式不断创新。

美国互联网数据中心曾指出，互联网上的数据每年将增长 50%，每两年便会翻一番，而目前世界上 90%以上的数据都是最近几年才产生的。有数据显示，谷歌每月有 1000 亿次的查询量，Facebook 每天有超过 3.5 亿张的新照片在上传，YouTube 每分钟有 100 小时的视频内容在上传……这一切都显示出现的数据量正在呈现海量的、爆发性的增长趋势。

(2)种类(Variety)：数据类型繁多。包括网络日志、视频、图片、地理位置信息等，能覆盖到海量的数据、标签、行为特征，否则就没有分析的基础。在这些暴增的数据量中，有 90%是非结构化的数据，如声音、图片、影像等，而人们网上行为所产生的大部分数据都是此类数据，而这也正是大数据的挑战之一。

(3)价值(Value)：价值化成为大数据的核心，价值密度低，商业价值高。以视频为例，在连续不间断监控的过程中，可能有用的数据仅仅有一帧图片。大数据的基础条件是数据的多样性和实时性，而评判它是否为大数据的唯一标准是它有没有价值，能不能产生数据之外的价值，换而言之就是这个数据有没有用处，用了它之后能起到怎样的作用。

(4)速率(Velocity)：处理速度快——1秒定律。这与传统的数据挖掘技术有着本质的不同。大数据的存储和处理能力，必须是最快的。消费者不管是在线浏览商品还是通过智能手机浏览商品，要做到每个人一秒内看到完全不同的个性化首页，需要快速处理和整合他的个人大数据。大数据时代的到来，为人们获得更为深刻、全面的洞察能力提供了前所未有的空间与潜力。但同时，大数据也对人类的数据驾驭能力提出了新的挑战。

大数据就是数字石油，是宝藏，是沉睡多时的深富矿。只要能开采到这个大油田或从这个富矿找到铀，制造出原子弹，我们就能打一场信息对称时代的非对称战争。对于消费品和零售业来说，我认为，顾客的大数据俨然就是未来商业世界的原子弹，将释放巨大的数字核能量。围绕着大数据开展的一系列价值创新活动，将成为零售企业未来的制胜关键。

(三)云计算

云是网络、互联网的一种比喻说法。过去往往用云来表示电信网，后来也用来表示互联网和底层基础设施的抽象。狭义云计算指IT基础设施的交付和使用模式，指通过网络以按需、易扩展的方式获得所需资源；广义云计算指服务的交付和使用模式，指通过网络以按需、易扩展的方式获得所需服务。这种服务可以是IT和软件，也可是其他服务。它意味着计算能力也可作为一种商品通过互联网进行流通。互联网上的云计算服务特征和自然界的云—水循环具有一定的相似性，因此，云是一个相当贴切的比喻。

根据美国国家标准和技术研究院的定义，云计算服务应该具备以下几条特征。

- 随需自助服务。
- 随时随地可用任何网络设备访问。
- 多人共享资源池。
- 快速重新部署灵活度。
- 可被监控与测量的服务。
- 基于虚拟化技术快速部署资源或获得服务。
- 减少用户终端的处理负担。
- 降低用户对于IT专业知识的依赖。

1. 云服务的分类

云计算包括以下几个层次的服务：基础设施即服务（IaaS），平台即服务（PaaS）和软件即服务（SaaS）。这里所谓的层次，是分层体系架构意义上的"层次"。IaaS、PaaS、SaaS分别在基础设施层，软件开放运行平台层，应用软件层实现。

基础设施即服务是指消费者通过因特网可以从完善的计算机基础设施获得服务。IaaS通过网络向用户提供计算机（物理机和虚拟机）、存储空间、网络连接、负载均衡和防火墙等基本计算资源。用户在此基础上部署和运行各种软件，包括操作系统和应用程序。

平台即服务是指将软件研发的平台作为一种服务，以SaaS的模式提交给用户。因此，PaaS也是SaaS模式的一种应用。但是，PaaS的出现可以加快SaaS的发展，尤其是加快SaaS应用的开发速度。平台通常包括操作系统、编程语言的运行环境、数据库相Web服务器，用户在此平台上部署和运行自己的应用。用户不能管理和控制底层的基础设施，只能控制自己部署的应用。

软件即服务是一种通过因特网提供软件的模式，用户无须购买软件，而是向提供商租用基于Web的软件，来管理企业经营活动。云提供商在云端安装和运行应用软件，云用户通过云客户端（通常是Web浏览器）使用软件。云用户不能管理应用软件运行的基础设施和平台，只能做有限的应用程序设置。

2.多屏的云消费时代

每个消费者都将拥有自己的一片私有消费云，不管消费者在哪个终端——地面商店、网上商店、智能电视、智能手机、智能汽车、电子阅读器，还是社交媒体，各种公众场所、交通要道甚至机场港口码头，这朵云永远跟随着她或他。消费将突破传统地面店、网店的时间与空间限制，突破店铺面积限制、陈列限制、存储限制，突破商品有形与无形的界限，突破商品与服务的界限。

云消费消灭了信息不对称，为消费者提供了商业信息无障碍传递，使物流网络互联互通，支付也便捷安全，制约消费的一系列障碍逐渐消失。因此，许多传统零售商所依托的价格及地域的差别必然逐渐消失，商品上市时间差别也就必然逐渐消失。

消费者可以采用一切手段完成交易，在这个多屏（数字电视屏、笔记本电脑屏、台式电脑屏、平板电脑屏、智能手机屏、手表屏和汽车屏等）、多云（消费云、供应云、社交云、金融云、物流云、商品云等）的时代，怎样才能让消费者找到你，这会是一个营销的新难题。多屏时代将给零售业带来哪些深刻的影响，这将成为零售商获得消费者眼球的重要课题。

以前获取信息的主要方式是电视、收音机、报纸和杂志。这些传统媒体的传播都是单向的，用户都是被动接受各种推送的信息。但是如今用户与屏幕的交互已经远远高于传统媒介。多屏时代的新媒体在传统媒体的基础上加入了交互功能，通过交互行为并以多种感官来呈现信息，受众不仅可以看得到、听得到还可以触摸到、感觉到、闻到而且还可以与之相互作用，它带给人们全新的体验，是一种崭新的媒介形式。

智能手机成为多屏时代的关键纽带，智能手机不仅数量庞大，而且人们现在随时把智能手机带在身上，使用智能手机的累计时间自然也就最长。零售商应该以智能手机为主导，突出智能手机的作用，充分利用智能手机（特别是对使用智能手机的碎片化时间的挖潜），并依次打通其他各屏之间的联系。

因此，多屏时代正在构造一种全新的零售形态。多屏改变了消费者和零售商的市场博弈方式，不再像传统媒体时代把消费者说服到实体店。现在零售商必须为消费者提供一个随时随地可以搜索、比价、评论、社交、调查、浏览和购物为一体的全屏无缝式的云购物体验。为了提供无缝式流畅的购物体验，零售商必须采用新的思路并集成各种技术。

第三节　新零售时代的电商创业

一、创业的含义

创业是当前的热门话题。创业者根据自己的资源和努力充分实现社会资源的优化与整合，从而创造出更大的经济与社会价值。对于创业者来说，创业是一种劳动，需要创业者进行整合过程的整体思考、推理和判断。从商业行为的角度来看，创业则是创业者对商机的发现并将其转化成为一种具体的社会形态，获得利益并且实现其价值。作为一种商业领域，创业者需要致力于理解创造新事物的机会，依据各种方法去利用和开发他们，然后产生结果。

创业需要有一定的创业精神，需要有面对不确定现状仍更加努力整合资源创造新事物的勇气。创业精神包含“对机会的追求、创新和增长”三大主题。对机会的追求是追求环境的趋势和变化而且往往是尚未被人们注意的趋势和变化；创新包含了变革、革新、转换和引入新方法——即新产品、新服务或新的生意方式；增长是不满足于现有规模，创业者希望企业能够尽可能地增长。

二、创业的类型

（一）复制型创业

复制型创业往往复制原有公司的经营模式，创新的成分很低。例如，某人原本在餐厅里担任厨师，后来离职自行创立一家与原服务餐厅类似的新餐厅。新创公司中属于复制型创业的比率虽然很高，但由于这种类型创业的创新贡献太低，缺乏创业精神的内涵，不是创业管理主要研究的对象。

（二）模仿型创业

模仿型创业虽然无法在市场上创造新的价值，也鲜有创新成分，但这种创业明显考虑到了市场上的风险，要比复制型创业考虑到更多的不确定性因素。例如，阿里巴巴和 eBay 的关系就是一种典型的模仿。在市场方面，阿里巴巴的创业要考虑到中国市场环境的特殊因素，要考虑到中国网络市场的兴起速度。如果没有王小波那些人对网络的开拓，没有新浪和搜狐，或者说没有网络游戏，中国的互联网市场发展速度就不会这么快，阿里巴巴也不会取得如此大的成功。在团队建设方面，阿里巴巴也付出了很多。马云在创建阿里巴巴的时候，其领导能力起到了很大的作用。马云将傻瓜相机的理念灌输给团队，希望团队考虑到客户使用产品的方便程度。

（三）安定型创业

安定型创业是一种驾轻就熟的创业方式。从市场的角度看，虽然安定型创业为市场创造了一定的价值，但是从创业者的角度来看，他并没有面临太大的改变，做的也是相对较为熟悉的工作。这种创业类型强调的是创业精神的实现。企业内部创业就是这一类型。企业的研发单位在实现一项产品的研发之后，继续完成其他产品的研发。对于企业来说，只需要通过原有的渠道将研发成功的产品销售出去。

（四）冒险型创业

这类创业会给创业者本身带来极大改变，也会给创业者的个人前途带来很高的不确定性。创业者不仅要承担大量的研发工作，还要面临市场的检验。对于任何一个创业者来说，冒险型创业都是一种难度很高的创业。一旦失败，创业者会面临一定程度的打击。而成功之后，是存在一定的忧虑。对于创业者来说，创业成功的结果就会有大量的跟风者，远期市场也会存在受挤压的风险。

三、创业意识

创业意识通常是指人们在从事创业活动中产生的强大内驱动力，推动人们持续将创业活动开展下去。创业活动中的个性因素是创业的主要驱动因素。创业意识之中包含四大要素和五大内容。

（一）创业意识之中的四大要素

1.创业的需要

创业的需要是指创业者对当前条件的不满足感，并在这个基础上产生的对于产业的或者个人的强烈要求与愿望。这是人们开展创业实践活动的最初动力。但是如果仅有创业需要，不一定会是创业行为，可能是青天白日梦。只有在创业需要上升成为创业动机之时，创业行为才有可能产生。

2.创业的动机

创业的动机是在创业者的创业需要基础上产生的直接推动

创业实践活动的内部动因。创业的动机是一种成就动机，是创业者竭力追求获得最佳效果与优异成绩的动因。创业的动机是对创业需要的一次升华。在升华的过程中，创业需要能够被理性地分解为创业的切入点。

3. 创业的兴趣

兴趣是学习的老师，同样也是创业的老师。从唯物主义的角度来看，兴趣是一种非理性的感官认识。这种认识能够激发创业者对从事的项目的深厚情感和坚强意志，使创业的意识得到进一步的升华。

4. 创业理想

创业理想是指创业者在创业动机和创业兴趣的支持下为创业活动所设定的一个稳定而且持续的目标。从创业者个人的角度来看，创业理想是人生理想的一部分，可以划分为职业理想和事业理想。创业理想是创业意识形成的核心。

（二）创业意识的五大内容

1. 商机意识

真正的创业者，在创业之前、创业的过程中以及创业活动之后，都能发现市场上的商机与考验。创业者必须有足够的市场敏锐度，宏观地审视市场经济环境，洞察未来市场的走势，快速做出正确的决策。像马云那样的创业者已经开始逐渐去影响市场的走势，发出阿里巴巴的声音，改变市场的环境。

2. 转化意识

仅仅有商机意识是不够的，创业者必须要抓住机会。沙子里面有黄金，这是所有人都认识到的，但是却很少有人真正从沙子之中找到黄金。这就是因为人们的转化能力不同。商机转化就是要把商业的机会转化成为生产力，把知识和才能转化成为智力资本、人际关系资本和营销资本。

3. 战略意识

创业必须要有一定的规划，也就是人们常说的创业计划书。创业计划书的内容要包括市场进入、产品营销等一些基本问题。在创业的中期，创业计划书要升级，将市场整合、产品营销和人力规划的策略融合进来。必须要指出的是，创业战略不只有一种，也没有好坏之分，关键是要找到适合创业者的一种盈利模式。这条路上，创业者要有所把握，不以朝夕得失论成败。

4. 风险意识

风险意识就是创业者针对创业过程中可能存在的各种风险的警惕心理。一旦出现创业风险，必须要懂得如何应对和化解。创业者必须要具备一定的风险意识，对风险进行及早的规划，提高企业运行过程中的风险规避能力，以降低创业运行过程中失败的概率。

5. 勤奋、敬业意识

李嘉诚说过，事业成功虽然有一定的运气成分，但是根本还是勤劳。地下有一块钱，需要弯腰去捡才能捡得到。创业也是一样，看到了商机，钱就在那里，如果不行动，肯定不能有所收获。对于创业者来说，要勤奋务实，不能光说不练。从小投资开始，逐步积累经验，不能有暴发户的心态，一夜暴富。

四、电商创业

电商创业是时下较为流行的一种创业方式。从过去的经验来看，电商创业在一些大城市里面非常流行。而所谓电商创业与普通方式创业没有本质的区别，通常来说就是利用电子商务手段实现价值、开创事业。草根创业者在进行电商创业时，缺少办公场地、硬件设备、启动资金、人员帮手等必需条件，则可以通过SOHO(Small Office、Home Office，自家办公)、进驻政府提供硬件设施的电商创业孵化园、免息贷款、外包给在校生勤工俭学等方式零成本或低成本补齐资源。在创业资源(包括人力、物力、财力等)的整合上建议采用“先用有的、没有去换、然后去借、不行就租、最后才买”的次序，即先用自有资源，然后用交换而来的资源，还不够就用借来的资源，再用租来的资源，最后才用买来的资源。概括地说，就是采用“有、换、借、租、买”的顺序整合资源、为创业所用。

就电商创业的行业选择来讲，更应该慎之又慎。从实践来看，中国的创业热点从某种程度上都是紧随美国，业内戏称为C2C(Copy to China)。前文之中已经介绍了一些较为常见的电商创业项目。这里不再多说。这里主要探讨一下电商创业的风险。从创业者的经验来看，电商创业的风险主要表现在以下几个方面。

第一，收入不高难坚持。由于电商创业的资金门槛较低，引来大量创业者加入，带来了行业内部的激烈竞争。以网上的一次“淘宝店主月收入”调查来看，44%的淘宝店主月收入为1000～2000元，22%在2000～3000元，2%在6000元以上，普遍的讲法是“70%的淘宝店主月收入在1000～3000元”。由此可见，电商创业并非“遍地黄金”，收入不高导致了大量电商创业者放弃。

第二，法律风险需注意。由于竞争激烈，为了获取更高的利润，大量出售“A货”“超仿”“精仿”名牌商品的店铺充斥于网络。创业者必须清楚，任何没有获得某品牌授权的商家出售该品牌商品均属违法行为，存在着潜在的法律风险。

第三，物流制约拓市场。电商越不发达的地区，由于缺少物流的规模效益，物流成本越高。与此同时，物流成本越高，对电商不发达地区的市场开拓就越难。比如，某些经营需要冷链配送产品的电商创业者深感某些西部城市的物流成本过高，大大制约了他们对此类新兴潜在市场的开拓。

第四，推广费用占大头。电商业内人士都知道开店费用不是电商的主要费用，推广费用才是最主要的费用。以淘宝为例，有人曾经总结其运营 7 字诀为“刷单开车报活动”。刷单是指制造虚假交易获取更高排名，开车是指开通“淘宝直通车”等付费营销手段，报活动是指报名参加平台的各项活动。上述行为大多需向平台支付费用，因此推广费用过高是电商创业者必须考虑的风险。

第五，人工成本持续涨。电商运营过程中会尽可能地采用软件自动化处理，减少对人工成本的依赖，比如客服等。但是以大部分电商创业者的实践来看，目前某些工作还是必须由人工去完成，比如打包、发货、填运单等。由于工资的刚性上涨(即工资几乎是只涨不跌的)，人工成本持续上涨。对此，电商创业者必须有所警惕，需提前做出应对安排。

第四节　新零售时代创业的形势与机会

如同其他行业创业一样，电商创业同样面临着较大的风险。但是在当今的市场行情之下，风险与机会是并存的。有风险就有机会。抓住机会乘风而上，是创业者应有的魄力与胆识。作为一个行业来说，电商创业的形势和机会也是在不断变化的。下文主要从 2016 年出发，探讨当今的电商创业。

一、“十三五”电商行业政策布局

商务部 2016 年 12 月 29 号发布《电子商务“十三五”发展规划》。这一发展规划明确了电商行业的发展现状与面临机遇。总体上，电商行业在新时期面临着进一步发展的重大战略机遇期，国家战略、科技进步、经济与社会结构变革、新经济发展等都为电子商务行业的发展带来重大的战略突破。同时，电子商务的发展还是我国经济增长、就业增加和脱贫攻坚的重要引擎。从商务部发布的文件来看，在今后我国电商的发展将要解决以下方面的问题。

第一，加快电子商务提质升级。电子商务产业要持续发展下去，关键仍是要加快电子商务商业模式的发展，推动电子商务进入新一轮高速发展阶段。首先，要大力提升电子商务平台的创新水平，发展电子商务平台与社会资源的协同作用。鼓励生产制造、流通消费、民生服务等行业在电子商务平台上的创新发展。积极培育基于社交电子商务、移动电子商务以及新技术驱动下的新一代电子商务平台，建立完善新兴平台生态体系。

第二，促进电子商务与传统产业的深度融合。促进电子商务经营模式与传统产业转型升级的融入是推动社会经济发展的一个重要措施。我国要在农业、制造业、商贸流通业等领域推进电子商务的快速融合，推进订单与精准农业、高端制造业、智慧流通业的快速发展，实现一、二、三产业在电子商务经营模式带动下的融合与升级。

第三，发展要素市场与电子商务的紧密结合。人才、技术、资本、土地等要素资源产业化将会推动电子商务产业在全社会经济中的进一步覆盖。人才培训有助于提升电子商务市场信息的采集效率，依托大数据提升信息分析以及利用的能力，形成丰富的信息产品，壮大电子商务信息服务产业的发展。发挥电子商务技术应用需求的引导作用，推动技术服务市场中云计算、大数据、物联网、虚拟现实、区块链、人工智能等技术领域的研发，打造电子商务技术服务产业。物流产业的发展有助于提高土地资源的使用效率。今后电子商务产业与物流的问题要重点解决“快递止于乡镇”“配送最后一公里”“大件及国际物流不通畅”等问题，建立适应电子商务产业发展的物流产业体系，增强物流对电子商务的支撑与保障。大力发展电子商务金融服务市场，鼓励电子商务平台与金融机构的合作，盘活各类资本，杜绝“资金趴在账上”的现象。支持电子商务平台与上下游企业对接，促进电子商务与互联网金融协同、规范有序发展。

第四，完善电子商务的民生服务体系。“共享与创新”引领发展，推动电子商务广泛应用于社会发展领域，推动“电商扶贫”和“便民服务”的开展，使全体人民在电子商务的发展中有更多的获得感。积极开展电子商务的精准扶贫，建立电子商务精准扶贫的带动机制，探索通过电子商务平台调动全社会扶贫力量，实现产品或项目资源的精准对接，带动产品增值和农民增收，助力脱贫攻坚。积极培育电子商务便民服务，大力发展社区电子商务，依托移动电子商务、GPS技术，形成服务各年龄层人群、覆盖居民“衣食住行娱”等生活服务所需的O2O便民服务体系。积极培育在线医疗及健康教育服务，通过合理开放医疗健康、教育服务资源，积极稳妥地发展面向医疗健康、教育服务资源的电子商务新兴服务业态，推动医院、学校等发展在线服务，拓展服务覆盖范围，满足人民群众多样化医疗健康及教育服务需求。

第五，优化电子商务的治理环境，开展制度、模式和管理方式的创新，优化电子商务市场秩序，应对电子商务行业发展的挑战。“十三五”规划要着重制定和颁布《电子商务法》，规范电子商务行业发展，形成保障电子商务市场发展的法规体系。因此，我国要逐步建立新型监管体系，加快建立电子商务市场的网络化治理机制与技术保障体系，惩戒网络交易失信者。依托全国信用信息共享平台，推动信用信息互联共享，完善政府与社会联动的电子商务平台治理。我国要逐渐推动绿色电子商务，探索建立有利于环境保护与可持续发展的电子商务法规和模式。在电子商务行业促进绿色物流发展，改善城市网购环境，发展绿色网购模式，发挥电子商务对“循环经济、低碳经济”的促进作用。

二、电商社交化

（一）电商社交化概述

关系营销的理念在电商行业有明显的突破，积极构建与客户的关系，在网络上形成一个良好的口碑与品牌形象是当今电商发展的一个重要方向。从当今的发展形势来看，电商社交化的基本途径主要是通过微信、微博发展起来的。微信和微博等平台的兴起颠覆了很多人的认知。因为人们发现获取用户不一定非要做一个网站，或者做一个APP，利用别人做好的微博和微信社交平台就可以获得好的品牌传播效果。花费几百万资金做出来一个网站，可能还不如花200块钱在微信上开一个企业公众号。

微信、微博将碎片化的网络资源整合起来，利用了人们碎片化的网络消费时间。人们在娱乐的闲暇中就可以购买一些商品。微博的传播范围极广。微博在任何领域都是油田，只要能够稍加利用，就能够实现电商创业中的弯道超车。

微信、微博电商是当今社交电商的两种主要渠道。在电商创业之中还有一些其他经典案例予以说明。这里主要援引美丽说与蘑菇街的案例。

（二）美丽说

1.美丽说简介

美丽说是国内最大的女性快时尚电子商务平台，致力于为年轻时尚爱美的女性用户提供流行的时尚购物体验，拥有超过1亿的女性注册用户，用户年龄集中在18岁到35岁。美丽说在成立之初就开创了社交电商导购模式，几年间快速吸引了上千万年轻时尚爱美的女性用户，成为受中国年轻女性青睐的时尚风向标。

2013年11月，美丽说开始建立电子商务交易平台，精选上千家优质卖家供应商，为用户提供女装、女鞋、女包、配饰、美妆等品类优质时尚商品，成功转型为女性时尚垂直品类电商。美丽说移动客户端的用户黏性也很高，移动客户端人均单日使用时间超过30分钟，是年轻时尚女性的高频使用场景之一。

2.美丽说的经营特色

(1)时尚分享社区

早期，美丽说是一家以女性时尚分享为主的社交社区，在这个垂直的时尚领域中，爱好时尚的人可以聚在一起分享包括服饰、美容等时尚话题的内容，并评论相关商品。而商品的链接来自外部的电商网站（以淘宝为主），社区自身通过展示广告、点击购买分成取得收入。

(2)时尚发现购物平台

后期，美丽说转型为第三方社交电商平台，吸引商家来此入驻、消费者来此购买。它将具有相同兴趣和爱好的人聚集在一起，这些有共同爱好的人相互之间可以分享经验、推荐商品。平台在为用户提供讨论场所的同时，也为商家找到了精准用户。从商业模式的角度来说，这是一种链条非常短、非常高效的商业模式。

美丽说经营特色的关键在于通过兴趣社交购物，集聚消费者和商家形成交易，并从中盈利。

（三）蘑菇街

1.蘑菇街简介

蘑菇街是专注于时尚女性消费者的电子商务网站，为年轻女性提供衣服、鞋子、箱包、配饰和美妆等多领域适合的商品，蘑菇街APP（第三方应用程序）也成为时尚女性购买和互相分享的必备工具。

蘑菇街从导购平台转型为社交电商平台后仅仅两个月，就实现了单月1.2亿元的交易额。2014年3月交易额突破2亿元，截至2014年5月底，蘑菇街的注册用户数已经突破8000万。

2.蘑菇街经营特色

(1)潮流导购社区

早期，蘑菇街可以说是以“购物”为主题的社区，但蘑菇街本身并不向用户售卖物品，只是一家导购网站。用户在蘑菇街上逛，发现心仪物品时，再链接到购物网站——淘宝、当当、京东、凡客等网站进行购买。蘑菇街的社区编辑和时尚杂志的编辑一样，他们的责任是创造并引导“潮流”。

(2)达人买手购物平台

后期，有一群活跃在蘑菇街上的“时尚意见领袖”被称为蘑菇街达人，他们都是社区的生动用户，根据“达人”在各种领域的专长分为“搭配达人”“晒货达人”和“美妆达人”等。其中一些达人的粉丝已经达到了几十万，“被喜欢次数”也超过了上万次。这些达人的穿衣打扮成为其粉丝群体的模仿对象，由此制造时尚、形成潮流、促成平台内的交易。

蘑菇街经营特色的关键在于通过引领潮流购物，集聚消费者和商家形成交易，并从中盈利。

三、电商在医药领域的发展

(一)医药电商概述

电商在医药领域的发展也可以称之为医药电商。医药电商是指以医疗机构、医药公司、医药生产商、医药信息服务提供商、第三方机构等以盈利为目的的市场经济主体，凭借计算机和网络技术(主要是互联网)等现代信息技术，进行医药产品交换及提供相关服务的行为。医药电商限于政策因素，目前在我国的市场规模仍然较小，但却一直被业内公认为具备万亿级市场规模潜力的领域。

从目前来看，网上药店市场规模虽然不算大，但增速较快。据南方都市报报道，网上药店已经步入 2.0 时代，有约 80%的人群曾经有过网络购药的经历。据预计，目前国内医药电商产业已处在爆发的前夜，在进一步获得消费者信赖后，随着主力网民步入购药季，医药电商终将迎来爆发。正品保障在逐渐提升网络购药的消费体验，在门诊和保险的问题解决以后，医药电商将会呈现爆发式的增长。据易观发布的《中国医药电商市场专题报告2016》，中国医药市场的发展速度将会较长时间内保持 40%以上的增长速度，如图 1-4 所示。在医联体改革的政策环境之下，网络购药将会成为政策支持的一个重要发展方向。

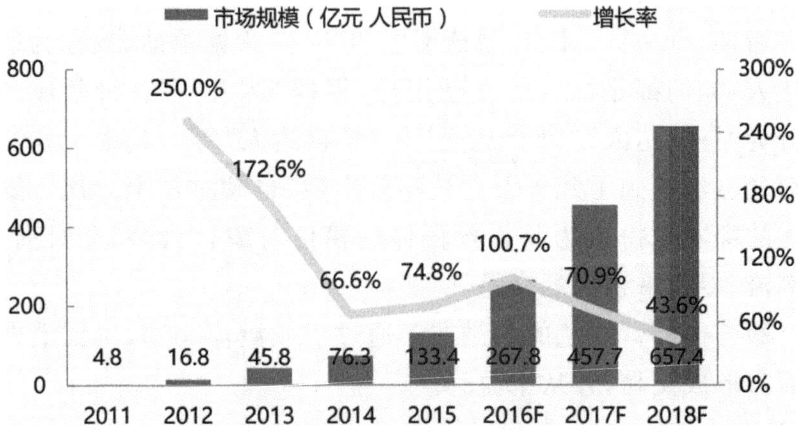

图 1-4　网络医药市场预测与分析

以下选取我国医药电商中的两家零售企业——药房网与壹药网，对网上药店加以分析。

（二）药房网

1. 药房网简介

药房网（京卫药业旗下网上药店）成立于 2005 年 12 月，率先通过由国家食品药品监督管理局、北京市药品监督管理局的认证验收，成为国内首家获得《互联网药品交易服务资格证书》的合法网上药店。药房网通过电话、网络、手机等多种订购方式，主要开展医药领域的电子商务服务。

药房网依托京卫药业的强大医药背景，按照 GSP 标准，自建物流配送体系，在全国 93 个城市设立 4000 多个实体联盟商（京卫大药房），实现“网上订购、京卫大药房配送、验货付款、专家热线 24 小时提供用药咨询”的新格局，保证其消费者所订购的产品能及时、安全地送达，多次荣获“中国电子商务百强企业”“中国连锁药店百强”“中国最具生命力百强企业”等称号。

2.药房网经营特色

(1)先发优势明显

作为中国首家网上药店，药房网率先实现医保报销，做出“所售商品全国最低价，差额部分双倍返还”承诺，采用“网上订购、实体药店配送”，拥有通过GSP认证的物流配送公司，实行7×24小时服务。在上述创新中，药房网还在多个方面做到了全国首家，在业内具有明显的先发优势。

(2)安全实惠快捷

政府部门的直接监管与4000多家实体门店的零售网络，直接保证所售药品的安全。网上药店运营有效降低了运营成本，使得药房网的药品价格比一般实体门店低10%～15%，保证终端价格实惠。24小时在线客服和部分区域的4小时免费送药上门服务，保证了购物体验的快捷。

(3)专业优质服务

为了让会员享受到优质服务，药房网斥资千万打造了一支由30位专家医师和103位资深健康管理师组成的会员服务团队，并开通客服热线为会员提供24小时的健康服务和用药咨询。药房网由此创建了中国首家“网上订购、京卫大药房配送、验货付款、专家热线24小时提供用药咨询”的新型服务模式。

(4)药品标准售卖

药房网不仅提供药品，还提供保健品、美容护肤、减肥瘦身、母婴用品、成人用品、医疗器械、宠物用品、日用品等健康类产品。药房网所售的所有商品均按照药品的管理规范进行采购、销售、配送、售后服务等，确保提供优质的产品与服务。药房网是中国第一家所售商品按照药品标准进行销售的网上药店。

(三)壹药网

1.壹药网简介

壹药网(原1号药网)于2015年11月正式更名为“壹药网”，

隶属于广东壹号大药房连锁有限公司，是全国第一批获得国家食品药品监督管理局颁发的《互联网药品交易许可证》的合法网上药店。其前身1号药网成立于2010年7月，目前已成为中国网上药店的领导企业。

壹药网秉承“用心选药，便民可信，为民省钱”的经营理念先后与国内外数百家知名医药健康产品厂商合作，为消费者提供《互联网药品交易许可证》允许交易范围内的万余种医药健康产品，涵盖了市面上常见的中西药、营养保健品、医疗器械、成人保健品、隐形眼镜、美容护理、孕婴用品、参茸细品等多个品类。壹药网拥有执业药师团队，为顾客提供专业的健康用药咨询服务。

自2010年至今，壹药网连续获得了“中国医药电子商务网站十强”“最受欢迎医药保健类商城”“医药电子商务营销先锋奖”等荣誉称号。

2.壹药网经营特色

(1)健康服务综合社区

不同于一般医药电商网站单纯的卖药服务，壹药网更注重为顾客提供专业的售前医药咨询服务和日常病症科普服务。“易诊”频道实时在线解答顾客疑问并提供治疗建议和用药指导；“健康百科”频道收罗了百余种常见病症及病因，用户可查询病因及对应的用药建议。

(2)中国家庭私人医生

区别于同类医药电商眼花缭乱的商品陈列，壹药网独家推出专题服务，内容涵盖孕婴营养、健康养生、家庭医疗器械选购、美容养颜等近百个专题。专业医师提供专业药品搭配组合建议，并能根据用户实际病情，分阶段指导用药。壹药网着力打造专业医师团队，做中国家庭的私人医生。

(3)支持手机移动购药

壹药网适应移动互联时代的特点，针对手机用户移动购药的需要开发了相应的 APP。用户根据分类信息查询可实现在线购药，也可直接扫描药品包装上的二维码进行在线购药，真正实现随需随买的便捷购物体验。

(4)社交互动客户服务

为了给顾客提供更专业、更细致的服务，壹药网开通微博、微信，成立客服小组，提供全天24小时实时在线咨询服务。用户关注其微博与微信，可实时在线咨询专业医师或药师相关选药、用药问题，还能不定期地领到优惠券。"问药找药找壹姐，要优惠券找壹姐，企业采购找壹姐，投诉建议找壹姐"等特有的壹姐服务，如今已成为壹药网的客服形象代表。

四、跨界电商：风险与机遇并存

（一）跨界电商概述

跨界(Transboundary)是指从某一属性的事物，进入另一属性的运作。主体不变，事物属性归类变化。进入互联网经济时代，跨界更加明显、广泛。特别是在跨界营销方面，各个独立的行业主体不断融合、渗透，也创造出很多新型、发展势头强劲的经济元素。跨界可以从基础、本质和应用三方面来理解。

1.跨界的基础

科技的发展让人们的生活进入互联网时代，特别是移动互联网的普及让人们有更多的信息链接。供求信息的流通得到空前的释放，需求与供应在不断地丰富、完善。

2.跨界的本质

跨界的本质是整合，是融合。通过自身资源的某一特性与其他表面上不相干的资源进行随机的搭配应用，可相互放大资源价值，甚至可以融合出一个完整的独立个体。

3.跨界的应用

目前跨界已渗透各个行业应用。跨界亦无界！每个行业，大到跨国公司、小到个人都在通过自己的方式，演绎不同的跨界故事。

在我国互联网发展初期，人们习惯地把企业分成两类：传统企业和互联网企业。随着电商的发展，“传统企业转型为电商”已经成为一个热门话题，21世纪“要么电子商务，要么无商可务”业已成为越来越多人的共识。近些年来伴随着电商对于传统行业渗透率的不断提高，跨界电商模式层出不穷，以下选取部分典型案例加以解析。

（二）跨界电商之乐视

乐视的2016是一个充满传奇色彩的2016，其经历让数千万网友为之揪心。乐视现在还存在着，不知道未来发展究竟如何，不过其跨界电商运营的模式却可以拿来分析和借鉴。

1.乐视简介

乐视（原名乐视网），成立于2004年，享有国家级高新技术企业资质，致力于打造基于视频产业、内容产业和智能终端的“平台＋内容＋终端＋应用”完整生态系统，被业界称为“乐视模式”。乐视垂直产业链整合业务涵盖互联网视频、影视制作与发行、智能终端、应用市场、电子商务、互联网智能电动汽车等；旗下公司包括乐视网、乐视致新、乐视移动、乐视影业、乐视体育、乐视控股等。2014年乐视全生态业务总收入接近100亿元。

乐视于2010年8月12日在中国创业板上市，是行业内全球首家IPO上市公司，中国A股最早上市的视频公司。目前乐视网影视版权库涵盖10万多集电视剧和5000多部电影，并正在加速向自制、体育、综艺、音乐、动漫等领域发力。连续3年获得德勤“中国高科技高成长50强”“亚太500强”、2013福布斯“潜力企业榜50强"、"互联网产业百强"、"互联网进步最快企业奖"等一系列奖项与荣誉。

2. 多屏联动做电商

乐视作为以视频起家的网站，视频内容一直是其核心竞争力，也是其电商的主要流量入口。乐视通过PC（个人计算机）、Phone（手机）、Tablet（平板电脑）、乐视TV超级电视大屏、乐视影业电影大银幕所组成的多屏联动，以全类型精品内容为发力点，升展电商运营。在电商运营中，厂商与消费者产生互动至关重要。如今，屏幕已经成为厂商与消费者互动的主要通道，因为屏幕背后有内容，内容才是吸引消费者的关键。电影屏、电视屏、电脑屏、平板屏和手机屏等"多屏联动"正是乐视跨界电商最主要的渠道特色。

(1)影视剧内容为王

《甄嬛传》《来自星星的你》《芈月传》等一部部热播电视剧均与乐视有关。《芈月传》一开播就创下了12小时全屏播放量2.6亿次的业绩，2015年全网播放量突破200亿次，吸引了数十家品牌进行广告投放，广告收益达到数亿元。乐视自制剧《东北往事》《女人帮·妞儿》的播放量均超过了10亿，获得了不亚于专业电视剧的影响力。《太子妃升职记》更是成为了现象级神剧，不仅长期占据微博话题榜，而且会员播放模式使该剧为乐视带来了50万新会员加盟，直接收入达到1000万元以上。

乐视通过全网独播来实现品牌和流量的快速提升，同时依靠独播与会员战略，培养了一大批喜爱电视剧的忠实用户。据艾瑞咨询监测，乐视网在周有效浏览时间、覆盖用户数两项关键数据上，跃居长视频网站行业第一的位置。

(2)体育赛事吸粉丝

乐视体育为用户提供足球、篮球、网球、高尔夫球等赛事的直播、点播和资讯的视频服务，目前正由单一的视频媒体网站向"赛事运营＋内容平台＋智能化＋增值服务"的全产业链体育生态型公司发展。

乐视体育目前聚合了国内全网最多、最全、最好的赛事版权资源。乐视体育是国内全网唯一拥有欧洲五大足球联赛全部赛事版权的平台，还拥有众多国际顶级篮球、网球、高尔夫球赛事版权，几乎囊括了全球主要球类运动顶级赛事的全部资源。

各项顶级体育赛事一向拥有大量的铁杆粉丝。乐视从此切入，通过多屏的终端覆盖，吸引了大量的用户关注，同时也引来大量的广告客户。

(3)智能硬件

2015 年 2 月，乐视正式宣布在乐视控股旗下成立 Leie(乐意)智能科技有限公司，将研发打通智能手机、智能电视的智能硬件，构建一个基于核心内容领域，如健康、娱乐、运动、亲子、车联等的大智能产品生态圈。乐视副总裁彭钢表示乐视与其他企业本质上的不同之处在于不是简单地制造硬件，而是提供一套综合服务。无论是做盒子、电视、手机、汽车，还是智能亲子硬件，总体的目标就是做服务。

乐视认为用户是智能硬件的核心。未来的智能硬件，一是要内容服务化，内容最终的目的是学习用户的习惯，推荐用户的所爱，好的智能设备都具备学习型人格，让设备适应用户；二是要打造专属机，依据不同用户的载体和需求进行定制，做到后台内容化的专属机。

2015 年至 2016 年，乐视两大旗舰智能硬件产品均获得了不俗的销量。2015 年乐视超级电视累计销量突破 500 万台，2016 年的目标是 600 万台，计划抢占智能电视前三，甚至冲击行业第一。2016 年 2 月，乐视超级手机上市仅 245 天，销量突破 500 万台，创新晋品牌最快破 500 万台的纪录。

最令智能硬件同行恐惧的是乐视提出了“硬件负利”的概念，即乐视不仅不从硬件销售中赚钱，反而还要亏钱。那么，乐视意欲何为呢？在商言商，一切不盈利的商业模式都是伪命题。一言以蔽之，乐视可以通过“硬件负利”、内容盈利的方式最终获取利润,而任何缺乏内容盈利能力的对手就很难在这一方面与其竞争了。

(4)乐视商城

乐视商城是由乐视网控股子公司乐视 TV 所建,且由乐视 TV 自营的 B2C 电视垂直类购物网站。艾瑞咨询的数据显示,2014 年 3 月 31 目至 2014 年 4 月 6 日,乐视商城周覆盖人数达 918.1 万人,在中国前十大 B2C 电商网站中位列第 7 位。2015 年"919 乐迷节"中,乐视全生态总销售额突破 17.8 亿元,其中超级手机总销量突破 57.4 万部,超级电视总销量突破 38.2 万台,智能硬件总销量突破 120 万件。

此外,乐视通过多屏渠道发展会员,通过收取会员费获取利润。乐视付费会员总数已经超过 1220 万,2015 年前三季度收入超过 18 亿元,乐视会员已经成为乐视最重要的收入来源之一。

第二章 电子商务商业模式的发展

商业模式是实施电子商务活动的框架，是对电子商务使用者利益进行妥善安排的一种有效方式。从 20 世纪 90 年代，电子商务概念在美国推出以来，电子商务已经经过了二三十年的发展，过去简单的 B2B、B2C 模式随着信息技术的发展逐渐有了多种多样的表现。

第一节 商业模式及其要素

一、商业模式的含义

商业模式通常是指从市场上获得利润而预先规划好的一系列活动(有时也叫业务流程)。尽管商业模式和企业战略有些类似，但它们并不总是相同的，因为商业模式通常会考虑竞争环境。商业模式是商业计划的核心。商业计划是一份描述企业商业模式的文档。商业计划通常也要考虑竞争环境。电子商务商业模式旨在充分利用和发挥互联网和万维网特性。

二、商业模式的基本要素

商业模式的基本要素主要包括八个方面，分别是价值定位、盈利模式、市场机会、竞争环境、竞争优势、营销战略、组织发展和管理团队。许多学者对商业模式关注的是企业的价值定位和盈利模式。在商业计划之中，虽然这两个要素较为容易识别，但是如果不能仔细分析其他六个方面，无论什么样的价值定位和盈利模式都难以展开。下面对这些内容进行详细论述。

（一）价值定位

企业的价值定位是企业商业模式的核心。价值定位明确了一家企业的产品或者服务如何满足客户的需求。为制定或分析价值定位，你需要回答以下关键问题：客户选择本公司的原因，本公司的产品优势。成功的电子商务价值定位包括：个性化定制产品和服务，降低产品搜索成本，降低价格发现成本，以及通过交付管理使交易更便捷。

电子商务网站就有一个典型的价值定位。电子商务网站通常能够为消费者提供更为便捷的服务。通过电脑、手机这类网络终端，消费者就能够轻松购买各类商品和服务。

（二）盈利模式

盈利模式（revenue model）描述企业如何获得收入、产生利润以及获得高额的投资回报。商业组织的功能就是产生利润和高于其他投资项目的回报。光有利润不足以使企业获得“成功”，企业必须产生高于其他投资项目的回报。企业若做不到这一点，就会被淘汰出局。

零售商从批发商购入电脑并向个人销售。消费者用现金或者信用卡的方式支付。零售商就能够获得销售利润。零售商为了实现这个盈利模式就必须要投入一定的资金成本，或是已有存款，或是借贷，必须要接触到批发商，并通过一定的渠道联系到消费者。这一系列的途径就是零售商获得利润的模式。一般来说，获取利润的模式至少应比银行贷款的利润模式高。

虽然电子商务盈利模式很多，但是大多数企业主要采用一种或几种模式的组合。这些盈利模式是：广告模式、订阅模式、交易佣金模式、销售模式和会员制模式。

在广告盈利模式中，网站向其用户提供信息、服务或者产品，并设置广告专区供广告商付费使用。那些能吸引大量浏览者，或是能吸引高度专业化、与众不同的浏览者，且能获得用户持续关注（“黏住用户”）的网站，都能收取高额的广告费率。例如，雅虎的收入就主要来自于出售横幅广告和视频广告。

在订阅盈利模式中，网站向用户提供信息和服务，并向用户收取某些内容的订阅费。例如，罗辑思维向每位客户收取200元人民币的门票，作为用户订阅罗辑思维内容的费用。从订阅盈利模式的经验来说，要想成功地让客户接受对网络信息付费的做法，就必须保证所提供的信息有更高的价值和增值，其他地方不易获取或不容易复制。

在交易佣金盈利模式中，企业因帮助完成或执行交易而收取费用。例如，eBay建立了网上拍卖市场，向成功出售商品的卖主收取小额的交易佣金。而在线股票经纪商E＋Trade则就每一笔股票交易向客户收取交易费。

在销售盈利模式（sales revenue model）中，企业通过向顾客销售产品、信息或服务获取收入。天猫商城和京东商城就属于这种盈利模式。

在会员制盈利模式（affiliate revenue model）中，网站向会员提供业务机会，收取推荐费或从交易收入中获取一定百分比的提成。例如，珍爱网、百合网通过销售不同类型的会员资格，向其用户收取费用。会员则可以使用信息获取一定的服务。

（三）市场机会

市场机会是指企业所预期的市场（即有实际或潜在商务价值的区域）以及企业在该市场中有可能获得潜在财务收入的机会。市场机会通常划分成一个个较小的市场来描述。实际的市场机会是用你希望从参与竞争的小市场中所能获得的潜在收入来定义的。例如，对于一家软件培训公司，该公司通过互联网向企业销售自身开发的软件培训系统。软件培训领域所有细分市场的总规模大约为 700 亿美元，整个市场划分为两个主要的细分市场：由教练引导的培训产品市场，约占市场份额的 70%（490 亿美元的收入）；由计算机引导的培训产品市场，约占市场份额的 30%（210 亿美元的收入）。在这两大细分市场中，分别有更小的细分市场，例如，针对《财富》500 强企业的基于计算机的培训市场，以及针对小企业的基于计算机的培训市场。对于一家新公司来说，不可能同培训市场的大企业相抗衡，知名品牌的大培训企业主宰了这一市场，所以该公司实际的市场机会就是向上千家小企业销售自己的产品，这些小企业在基于计算机的培训软件上的花费约为 60 亿美元，而且这些小企业很需要成本效益高的培训方案。这就是这家公司实际的市场机会。

（四）竞争环境

企业的竞争环境是指在同一市场中运作、销售相似产品的其他企业。它还指替代产品的存在和进入市场的新途径，以及客户和供应商的力量。

通常，企业既会遇到直接竞争对手，也会遇到间接竞争对手。直接竞争对手是那些在同一个细分市场销售相似产品或服务的企业。例如，天猫商城和京东商城两家公司都是知名的网络超市，它们是直接竞争对手，因为它们开展同样的业务。间接竞争对手是那些可能处于不同行业但仍然产生竞争关系的企业，因为它们的产品可相互替代。例如，百度外卖和中国零食网，虽然他们的经营内容不同，但是他们都是在竞争消费者的“胃”和“眼球”。

任何细分市场中若存在大量的竞争对手，就意味着该市场处于饱和，很难获得利润。反之，缺少竞争对手的市场则可能意味着进入未开拓市场的机会，也可能意味着这是一个已经尝试过不可能成功的市场，因为赚不到钱。分析竞争环境有助于判断市场前景。

（五）竞争优势

当企业能比竞争对手生产出更好的产品，或是向市场推出更低价格的产品时，它就获得了竞争优势。企业也在地域范围上开展竞争。有些企业能开拓全球市场，而另一些企业则只能发展国内或地区市场。能在全球范围内以较低的价格提供优质产品的企业是很有优势的。

许多企业能获得竞争优势，是因为它们总能获得其竞争对手所无法获得的各种生产要素，至少在短期内如此（Barney，1991）。这些要素包括：企业能从供应商、运输商或劳动力方面获得不错的条件；企业可能比其任何竞争对手更有经验，有更多的知识积累，有更忠实的雇员；企业还可能有他人不能仿照的产品专利，或者能通过以前的业务关系网得到投资资金，或者有其他企业不能复制的品牌和公共形象。当市场的某个参与者拥有比其他参与者更多的资源——财务援助、知识、信息或者权力时，不对称就出现了。不对称使某些企业比其他企业更有优势，使得它们能以比竞争对手更快的速度将更好的产品投入市场，有时价格还更低。

例如，当苹果电脑的创始人兼 CEO 史蒂夫·乔布斯宣布 iTunes 提供合法的、可下载的、按每首歌曲 0.99 美元收费的音乐服务，可将音乐下载至安装 iTunes 软件的任何计算机或数字设备上时，公司就获得了比其他公司更大的成功机会，当然竞争对手也没有资源能提供这种服务。

一种独特的竞争优势来自于先行者。先发优势是企业率先进入市场提供有用的产品和服务而获得的竞争优势。最先行动者如果建立起自己忠实的客户群，或设计出别人很难模仿的独特界面，就能在一段较长的时期内保持自己的先发优势。亚马逊就是个很好的例子。但是在技术推动的商务创新历史上，大多数先发者都缺少保持优势的互补资源，所以反而常常是后来者获得最大的回报。的确，本书中讨论的成功企业大多数是后来者——从先驱企业的失败中学习经验和教训，再进入市场。

有一些竞争优势被认为是“不公平”的。当一家企业在其他企业不能获得的条件因素上建立起优势时，不公平的竞争优势就出现了。例如，品牌名称是不能购买的，在这个意义上品牌就是一种“不公平”的优势。品牌是建立在忠实、信任、可靠和质量上的。品牌一旦建立起来，就很难被复制或模仿，而且能让企业给自己的产品制定较高的价格。

在完全竞争市场中，没有竞争优势和不对称，所有企业都能均等地获得所需要的生产要素（包括信息和知识）。然而，真实市场通常是不完美的，会由于不对称而导致竞争优势的存在，至少在短期内如此。大多数竞争优势都是短期的，虽然其中有些——如可口可乐因其品牌所享有的竞争优势——能保持相当长的一段时间，但是不可能永远都这样，可口可乐公司的甜味软饮料正越来越多地受到来自水果、健康和独特口味饮料的挑战。事实上，每年也都有很多品牌面临失败的困境。

当企业利用自己的竞争优势在周围市场中获得更多的竞争优势时，我们就说企业通过杠杆作用（leverage）利用了自己的竞争资产。例如，亚马逊利用公司巨大的消费者数据库和多年的电子商务经验，成功主导了在线零售市场。

（六）营销战略

无论企业本身有多好，制定和执行营销战略对企业来说是很重要的。如果不能恰当地向潜在消费者进行营销，那么即使是最好的商务理念和构想也会失败。

为将企业的产品和服务推销给潜在消费者而做的每一件事都是营销。营销战略是一个阐述如何进入新市场、吸引新客户的详细计划。

例如，Youku、新浪微博和 Twitter 的社交网站营销战略鼓励用户在网站上免费发布内容、建立个人档案、和朋友沟通、建立社区。在这些案例中，用户就是营销人员。

（七）组织发展

虽然许多企业都是由一个富有想象力的人发起的，但是只靠个人将理念转变为数百万美元收入的企业是很罕见的。在大多数情况下，快速成长的企业——尤其是电子商务企业——需要员工的参与，更需要一套业务计划。简言之，所有的企业——尤其是新企业——都需要设立组织来有效地实现商业计划和战略。许多电子商务企业和尝试推行电子商务战略的传统企业都失败了，原因就在于它们缺乏支持新商务形式的组织结构和文化价值。

对于希望兴旺发达的企业来说，需要一个组织发展计划（这是一个描述企业如何组织所要完成的工作的计划）。一般来说，企业的工作可划分到各职能部门，如生产、运输、营销、客户支持及财务。这些职能部门的工作需要明确定义，随后就能为特定的工作岗位和职责招聘人员。一般来说，刚开始的时候主要是招聘能从事多项工作的多面手。而随着企业的成长，招募的人员则会越来越专业化。例如，企业在起步初期可能只需要一名营销经理，但是在经历两三年的稳步发展后，一个营销岗位可能就会被划分为 7 个工作岗位，需要由 7 个人来完成。

（八）管理团队

毫无疑问，商业模式中最重要的元素是负责模式运作的管理团队。一支强有力的管理队伍能让商业模式迅速获得外界投资人的信任，能立刻获得相关市场的知识，获得实施商业计划的经验。一支强有力的管理队伍或许不能拯救失败的商业模式，但却能改变模式，能够重新定义所必需的业务。

最后，大多数企业都意识到需要有几位高级执行官或经理。但是这些经理人所具备的技能既可能成为竞争优势之源泉，也可能成为竞争劣势之根源。关键在于如何找到既有经验又能把经验运用到新环境中的人。

第二节　网络经济与电子商务商业模式

一、网络经济的含义与特点

学术界对于网络经济的理解尚且没有定论。从当前的情况看，网络经济的含义主要有两个方面，一个是客体论，另一个则是载体论。所谓客体论是指网络作为一个交易客体所表现出的一种经济现象，主要是指网络经济服务。而所谓载体论则是指以网络作为载体而产生的经济活动。载体论的核心是电子商务。从当前网络经济的各种表现来看，明显载体论占主流。从知识经济的角度来看，网络经济则是工业社会信息价值取代工业价值在经济增长中居于主导地位的一种经济活动，是新经济的一种，是知识经济开始发力的先驱。

与传统经济相比，网络经济明显有着截然不同的特征，主要表现在以下九个方面。

第一，全球化。借助于信息技术，网络经济突破地理位置的障碍，实现了全球市场的统一化。信息技术的发展，使得全球的信息以更加便捷的方式进行传输。

第二，虚拟化。网络经济与其他实体经济有明显的不同，是借助虚拟空间得以快速传播的。经济的虚拟性源于网络这一载体的虚拟性。从效果上看，虚拟经济和实体经济是并存并且相互促进的。现代经济发展的动向表明，促进虚拟经济的发展与成长已经成为现代社会经济增长的主要动力。

第三，智能性。在信息技术快速发展的今天，经济的发展不会再靠体力而是要靠知识与信息，财富被重新定位为所拥有信息、知识和智力的多少。智能工具将会成为社会发展的一个主导者。传统产品将会越来越智能化。

第四，速度型。时间就是财富，这句话在网络经济这个领域中得到更加彻底的体现。在网络经济时代，谁能够领先一小步，就更有可能成为市场的主导者。京东的刘强东曾经说他最后悔的就是没有做支付。从京东的实力来看，京东现在不是没有能力做支付，而是现在再做支付恐怕会得不偿失。

第五，高效性。速度发展的另外一个方面就是高效。网络经济提升了人们获取产品与服务的效率。扁平化的经济结构正在逐渐打破过去科层制的产品流动体系。

第六，创新性。唯有创新才能生存。在网络经济之中，永远不变的就是变化。网络经济中新型的产品和服务每天都在更新。人们每天都能够接触到新鲜事物。组织创新、制度创新、管理创新和观念创新配合之后产生的产品创新，为社会的发展增添了新的动力。

第七，共享性。网络的开放推动着信息的共享。这种共享方式逐渐推动着产品的共享，共享单车、共享汽车等等从来没有的产品逐渐成为社会经济的一个部分。

第八，竞争与合作。信息网络和现代经济制度逐渐扩大了企业的业务范围。企业之间的竞争与合作范围同时也在不断扩大。企业已经进入了大竞争时代。企业所有的竞争与合作活动都是想要在这个时代中谋求自己的发展空间。

第九，数字化。信息技术降低了时空产生的摩擦系数，提升了经济的运行效率，并且产生了“正反馈规律”——边际消费效应递减。网络经济已经进入了新产品出现—用户需求增长—刺激新的需求—新产品代替旧产品的循环。在这个替代的过程中，产品生产越来越方便。

二、网络经济中的长尾理论

长尾理论产生于网络时代，由美国人克里斯·安德森提出。这种理论认为，当商品的储存、流通和展示的场地与渠道足够大时，商品生产的成本会急剧下降，以至于任何个人都能够生产。当商品的销售成本急剧降低时，供给会创造足够多的需求，甚至可以和足够多的产品市场份额相当。

在资源稀缺性假设下，传统经济属于一种典型的供给经济，用户对产品的购买并不真正表明用户对产品的需求。只是这种产品占据了大部分的市场，对人们的选择权进行了限制。然而随着信息技术的发展，人们的生活质量在信息技术的影响下不断提高。商品无限细分，用户的需求被真正挖掘出来。人们对产品的需求信息被视作一种资源，开始成为产品供给的一个部分。产品供给逐渐开始了多样化的过程。网络经济构建了传统经济所没有走过的路，小规模的需求能够通过小规模的渠道得到满足。

从以上的论述可以看出，长尾理论可以说是互联网出现后企业商业化运营环境变化的直接结果。长尾理论是对过去二八原理的补充与完善。

三、电子商务的经济特征

长尾理论使得小规模的需求得以表达，但同时也使得经济现象变得更加复杂和多变。这一点可以从电子商务市场的主要组成部分了解电子商务的经济特征。

（一）数字化产品与服务

数字化产品与服务是电子商务模式的核心概念，是指在电子商务环境下各种商业模式能够通过计算机网络得到交易。数字化产品与服务包括两个方面，一个是产品的数字化交易渠道，另一个则是信息本身成为一种产品与服务。电子商务中数字化产品与服务可以不受物理空间的限制，能够实现多种方式的传播。作为一种可以消费的产品和服务，数字化产品与服务包含以下五个方面的特点。

1. 固定成本高，可变成本低

巨额的固定成本，较低的可变成本是数字化产品发展的一个重要特征。一部电影，前期投入有可能过亿，至少也要几百万，而在向数亿、数十亿的观众提供的时候，成本则非常低，通过网络的数字化传播方式就可以轻易地实现。传播的越多，平均成本越低，即使以低廉的价格出售也能收回成本。

2. 易模仿性

数字产品的成本低廉也导致了数字产品本身的易模仿性。近来，数字化产品的开发商一直要求加强知识产权保护，维护自己的合法权益。人们已经看到数字化产品市场的发展潜力，并且认识到其仿制的可能性。相关的法律也在不断构建。人们认识的结果将会导致抵制模仿的行动，之后数字产品的易模仿性将会变得逐渐模糊。

3. 经验性

信息产品大多是经过评价以后再不断完善的产品。长尾理论强调的小规模需求，虽然理论谈论起来很容易，但是在实际运作过程中却存在困难。人们对于自己的需求并不是都能够准确表达，只有在接触一定产品以后才能认识清楚。信息产品与服务就是他们认识的源头之一。他们对信息产品与服务有过接触以后，就会根据自身的情况提出各种各样的要求，之后，通过一定的统计产品供应商就能够得出一定的数据对产品进行改进。

4. 用户偏好依赖性

作为一种经验性产品，信息产品所携带的内容和信息必须是以用户为根基的。由于人的素质不同、需求不同，所以对于信息产品表现出来的需求也会不同。在这个基础上，信息产品必须要注意到个性化和定制性，打开更多的销售渠道。

5. 共享性

信息产品是典型的公共产品，可以向多人提供而不影响消费者的体验。这个特点其实也说明，信息产品具有正向的外部性。因此，消费者以低廉的价格消费信息产品的同时具有保密义务。相关的立法也应加强。

（二）消费者

当前，全球有数十亿的网民，而中国也有7.13亿的互联网使用者。这些都是互联网产品的潜在消费者。下图是中国互联网网民的发展状况。

图 2-1 中国互联网网民的规模与普及率

就中国的互联网情况来看，网民可以通过便捷的移动4G网络、固网宽带这种渠道寻找产品信息，寻求更多的产品和服务。

（三）卖方

网上有数亿消费者的同时，更是有数十万家商店和信息服务人员。他们每天都会向消费者推送新的产品信息，降低了消费者的信息搜寻成本。但是从长期来看，卖方单个产品的获利水平在激烈的竞争中有所下降。今后网络的发展也要保障卖方对于利润的需求，不然这个市场不可能持续繁荣下去。

（四）其他类机构

在买方、卖方和产品之外，电子商务市场环境中还有很多的其他类型机构。这类机构通常有信息中介、基础设施公司、内容编辑、支持与服务机构。他们都是维护电子商务市场能够持久发展下去的重要基础。尽管这一部分机构在电子商务市场中占的地位很小，但是他们在市场中的地位却是不可替代的。

第三节　种类繁多的 B2C 模式

B2C 是电子商务的一类主流模式。在这个模式中，网络企业拼尽全力去争取消费者。消费者则在网络上来回浏览，选择心仪的商品。一般来说，这类电子商务模式包括四个基本组成部分，分别是顾客浏览商品的场所，为顾客服务的物流系统、支付系统、安全系统。表 2-1 列出了常见的 B2C 电子商务模式。

表 2-1　常见的 B2C 电子商务模式

商业模式	变种	举例	说明	盈利模式
门户网站	水平的/综合的	腾讯 新浪 搜狐 360	提供一揽子内容、搜索、社交网络服务：新闻、电子邮件、聊天、音乐下载、视频流以及日历等。试图成为用户的主页	广告费 订阅费 交易费
	垂直的/专业化的（Vortal）	美骑	向专业市场提供服务和产品	同上
	搜索	百度 谷歌	主要聚焦于提供搜索服务	广告费 会员推荐费

续表

商业模式	变种	举例	说明	盈利模式
电子零售商	虚拟商家	天猫商城 京东商城	零售店的在线版本，消费者不用离开家或者办公室，可以在任何时候购物	产品销售
	水泥加鼠标	国美 苏宁	有实体店面的企业使用在线分销渠道	产品销售
	制造商直销	格力 联想	制造商利用网络直接销售	产品销售
内容提供商		Youku 土豆	信息和娱乐服务的供应商，如报纸、体育网站以及其他向消费者提供最新资讯和热点，提供向导、窍门和从事信息销售的网站	广告费 订阅费 会员推荐费
交易经纪人		天弘基金 携程	在线交易的处理者，如股票经纪人和旅游代理人，通过帮助客户更便捷地完成交易而提高客户生产率	交易费
市场创建者		淘宝	基于网络的业务，使用互联网技术建立汇聚买卖双方的市场	交易费 广告费
服务提供商		瓜子 二手车	通过向客户卖服务而不是产品挣钱的企业	服务销售
社区服务商		天涯 知乎	聚集有特定兴趣爱好和共同经历的人们共享经历、交换意见的网站	广告费 订阅费

一、门户网站

新浪、搜狐以及 CNTV 等门户网站都向客户提供强大的网络搜索工具，而且集成一体化的内容和服务，如新闻、电子邮件、即时消息传递、日历、购物、音乐下载、视频流等。最初门户网站都想成为通向互联网的“大门”，但今天，门户网站商业模式都转变为终点网站。它们成为消费者开始网络搜索的地方，消费者会在这里停留很长时间，看新闻、娱乐、和其他人聊天(将它当作度假村)。门户网站不直接销售任何东西——或看起来如此——因而它们称自己是公平的。门户网站的收入主要来自于向广告者收取网络广告占位费，收取将消费者引导向其他网站的推荐费，以及收取优质服务的费用。新浪和搜狐——不仅是门户网站，同时也是互联网服务提供商——提供到互联网和万维网的连接服务，每月向每位用户收取订阅费，从而又多了一份收入来源。

尽管网络门户/搜索引擎网站数量众多，但排名前5位的网站占据了整个搜索引擎流量的95%，因为这些网站具有出众的品牌知名度。很多排名位居前列的网站都是最先开展网上业务的，因而具有先发优势。先来者之所以有优势，是因为在这个市场上，消费者信任可靠的服务提供商，如果他们要转向后来出现的服务商，会遇到转移成本问题。通过大量市场的积累，先行者——就像电话网——能向消费者提供共享的理念、标准和体验。

门户网站已不再是传统的形式：Facebook等社交网站现在都是门户网站，在美国拥有超过6000万用户。Facebook在短短几年内就发展成为第三大网络品牌。

人们一般将新浪、搜狐以及其他类似网站称为水平门户网站，因为这类网站将其市场空间定义为包含互联网上的所有用户。垂直门户网站提供的是和水平门户网站相似的服务，但是它们只关注某个特定的主题或细分市场。例如，美骑网专注于消费者自行车市场，该市场大约覆盖中国近1亿的自行车爱好者。尽管垂直门户网站的用户要比水平网站少得多，但是如果细分市场有足够吸引力的话，广告商为影响目标受众也会愿意多花钱的。因而，访问小型专业网站要比访问雅虎等大众网站花费更多的钱。百度和360也可以算做门户网站的一种，但主要专注于提供搜索和广告服务。它们从搜索引擎广告销售中赚取收入，同时也收取会员推荐费。

二、电子零售商

在线零售店的规模大小各异，既有像京东商城这样的网络巨人，也有只有一家网站的本地小商店。除客户需要接入互联网查看库存、下订单外，电子零售商更像是传统的门店。有时，人们把一些电子零售商称为“鼠标加水泥”，认为它们是对于现有实际门店的补充，销售的是同样的产品，如苏宁、国美就属于以在线门店为补充的例子。而其他的电子零售商只在虚拟世界里运营，与实际门店没有任何关系，如亚马逊、天猫和京东就属于这类例子。此外，还有一些电子零售商的变种形式，如在线的直接目录邮购、在线购物中心以及制造商直销等。

2016 年，美国零售市场总收入约为 332316 亿元人民币，电子零售商的潜在市场机会巨大。每个互联网用户都是潜在的消费者，而那些赶时间的人就更有可能成为电子零售商的客户，因为他们需要的是不用开车去购物中心或商店就能购物的方案。电子零售的盈利模式基于商品销售，消费者为所购买的商品支付费用。

但是，电子零售领域的竞争异常激烈。因为电子零售市场的进入壁垒很低，只要数万美元就能在网上开一家电子零售店。电子零售商如果没有知名的品牌和经验，要想盈利和生存是很困难的。电子零售商所面临的挑战是如何使自己的业务与现有的零售商不同。

那些希望赢得所有在线消费者的企业可能很快就会耗尽自己的资源，而那些以拾遗补缺为战略、清楚自己的目标市场和客户需求的企业，则是最可能获利的。保持较低的成本、提供广泛的选择、进行库存的控制，这是电子零售成功的关键，其中最难做到的就是库存控制。

三、内容提供商

虽然互联网的应用形式广泛，但传播“信息内容”是互联网最大的用途之一。“信息内容”的定义很宽泛，包括各种知识产权形式。知识产权指可记录在有形媒体（如书本、光盘或网络）上的各种形式的人类表达。内容提供商利用网络分销各类信息内容，如数字化视频、音乐、照片、文本以及艺术品。根据 eMarketer 预计，美国消费者 2010 年将为网络内容（如电影、音乐、视频、电视节目、电子书和新闻）花费 107 亿美元。

内容提供商通过向订阅者收取订阅费来获得收入。例如，《21 世纪经济报道》的用户需每月支付订阅费才能访问其新闻报道。其他的内容提供商如国外的华尔街日报、哈佛商业评论等则主要是向消费者收取内容下载的费用，作为对订阅费的替代或补充。小额支付技术为内容提供商提供了一种低成本、高效率地处理小额交易的办法。小额支付系统极大地提高了内容提供商希望通过下载收费模式来获得收入的预期。

当然，不是所有的在线内容提供商都收费，如 Youku，人民网以及许多报纸和杂志在线版都不收费，用户可免费在这些网站上访问新闻和信息。这些受欢迎的网站采用的是另一种盈利模式，如通过网络广告或为合作伙伴搞促销来获得收入。然而，“免费内容”逐渐被限制至头版和文本，而优质内容（传输有深度的文章或视频）则要收费。

要想成为成功的内容提供商，关键是要拥有信息内容。信息内容版权的传统拥有者——图书报纸出版商、电台和电视台、音乐发行公司和电影制片厂——比网络新进入者更具优势，因为新进入者只提供分销渠道，必须付费购买内容。

有些内容提供商并没有自己的信息内容，它们通过辛迪加联合（集合）的方式来发送他人的资讯。辛迪加联合（Syndication）组织是标准内容提供商模式的一种变形。另一种变形是网络聚合,它从各种来源收集信息,通过张贴—聚合服务为信息增值。例如,值得买网站收集数千条网络产品价格信息加以分析,向用户展示价格区间分布的图表。值得买网站通过收集聚合增加信息的价值,再将其卖给广告商。

任何想通过销售信息内容来获得收入的新兴电子商务企业,都有可能面临困难,除非它能拥有别人无法得到、独一无二的信息源。在大多数情况下,这类业务主要是被传统内容提供商把持。

四、交易经纪人

通过电话和邮件为消费者处理个人交易的网站叫作交易经纪人。较多采用这种模式的行业是金融服务、旅游服务以及职业介绍服务。在线交易经纪人的价值主张在于节省时间和金钱。此外,大多数交易经纪人还提供及时的资讯和建议。例如,智联招聘网站为求职者提供发挥自我才能的全国性市场,同时向雇主提供全国人才市场信息,无论是雇主还是求职者都为网站的便利和信息及时性所吸引。在线股票经纪人所收取的佣金一般要比传统经纪人低得多,很多在线股票经纪人还提供实实在在的交易好处,如现金折返和一定数量的免费交易,来吸引新客户。

越来越多的消费者对金融理财和股市感兴趣,在线交易经纪人的市场机会也随之扩大。不过,尽管成千上万的消费者转向在线经纪人,仍有很多人对于从提供个人建议的传统知名品牌经纪人转向在线经纪人非常谨慎。此外,对隐私侵犯和个人财务信息失控的担心,也成为该市场发展的障碍。所以,在线经纪人所面临的挑战就是要通过强调安全和恰当的保密措施,克服消费者的恐惧,就像实体银行和经纪公司一样,提供范围的金融服务和股票交易。

交易经纪人通过向每次交易收取佣金来获得收入。例如,无论是按固定费率还是按与交易额有关的浮动费率,每完成一次股票交易,企业就获得一笔收入。所以,吸引更多的新客户,鼓励他们经常进行交易,是这类企业获得更多收入的关键。求职网站一般是向排序靠前的雇主收取展示费用,而不是等招聘成功后收费。

过去几年里,由于新的进入者提供了比以往更能吸引消费者注册的服务,所以在线经纪人之间的竞争日益激烈。那些最初获得成功的企业都是最先行动者,如金融街、东方财富网以及和讯网。在电子商务早期,这些企业中的大部分都忙于扩张性的营销战,愿意花费 400 美元去获得一位新客户,而如今,在线的经纪业务则与进入在线市场的传统经纪业务企业发生直接竞争,所以该行业已出现不少大的并购。求职网站也大量涌现,但是最大的网站(具有最多职位列表的综合网站)则远远领先于那些针对小市场的企业。在这些行业中,只有少部分大企业才有可能长期存活下去。

五、市场创建者

市场创建者建立了一个数字化的环境,使得买卖双方能够在此碰面,同时还能展示、检索产品,为产品定价。互联网和万维网出现以前,市场创建者主要依靠实际的场所来建立市场。从原始市场诞生一直到今天的纽约股票交易所,市场都是指进行交易的实际场所。万维网出现以前,几乎没有专用的数字化网络市场。万维网改变了这一切,将市场从实际的场所分离出来。一个最基本的例子就是携程网,消费者可以在该市场空间为自己愿意支付的旅游食宿等产品定价(有时也称作反向拍卖),还有就是拍拍,一家同时为企业和消费者提供服务的在线拍卖网站。

例如,拍拍的拍卖商业模式是,为买卖双方建立一个数字化环境,使得他们在此碰面、协商价格、达成交易。这与交易经纪人不同,交易经纪人主要是直接为客户进行交易,其作用相当于大型市场中的代理人。但是在拍拍,买方和卖方都是自己的代理人。在拍拍上,除了收取列出物品清单的费用外,每售出一件物品,公司还能获得一笔交易佣金。拍拍是少数从一开始就真正盈利的网站之一。拍拍为什么能盈利呢?原因之一就在于其没有存货,没有生产成本,只是充当中介。

市场创建者的潜在市场机会很大,但这仅当企业有足够的财力和良好的营销计划吸引足够的买家和卖家时才会出现。这个方面典型的例子就是淘宝。各种产品都有大量的买家和卖家。对于想建立新市场的企业来说,需要有一套大胆的品牌塑造和扩张计划,以此来吸引足够多的消费者。诸如亚马逊等大型网络企业已利用庞大的客户资源开辟网络拍卖业务。此外,还有很多数字化拍卖网站从更小、更专业化的垂直细分市场中涌现出来,如珠宝和汽车行业。

除营销和建立品牌,企业的管理团队和组织架构也能在新市场的建立中发挥重要作用,特别是曾经有过类似业务从业经验的经理人。在这种情况下,速度往往是关键,所以成功与失败的差异就在于能否迅速地投入运营。

六、服务提供商

电子零售商在网上销售产品,而服务提供商则提供在线服务。网络服务已取得突破式增长。Web 3.0 应用都是面向消费者的在线服务,如照片分享、视频分享和用户生成内容。百度在开发在线应用方面处于领先地位,如百度地图、百度云关键和百度糯米等。更多个人服务产品,如在线医疗账单管理、财务和养老规划、旅游推荐网站等,都在快速发展。

服务提供商的盈利模式不尽相同。有些在线服务商是收费的,如百度云管家需要会员费。而有些则通过其他途径获得收入,如百度地图通过广告或直接营销中收集的个人信息。有些服务则是部分免费,如百度的搜索服务基本版本都是免费的,只有高级的搜索引擎置顶服务是收费的。零售商用产品赚钱,服务提供商用知识、经验、能力赚钱。

有些服务是无法在线提供的，如牙医、医疗服务、铺设管道、汽车维修无法通过互联网完成。但是，这些活动的工作安排可通过互联网进行。许多服务提供商的服务都与计算机有关，如提供信息存储、法律咨询，如百度地图加载广告信息向这些商家收费。更复杂的是，前面提到的大多数金融交易经纪人也提供服务，如学费和养老金计划。旅游经纪人除完成机票和旅馆预订交易外，还提供度假计划服务。实际上，对经久耐用品的企业而言，搭配服务进行销售是一种强大的企业战略(如保修服务)。

服务提供商的基本价值主张在于向消费者提供比传统服务提供商更有价值、更便利、更省时、更低成本的服务，或者说在搜索引擎和大多数 Web3.0 应用中，提供独特的网络服务。你在哪里可以搜索 500 万个网页，和朋友立即分享照片？例如，研究发现，影响在线购买决策的主要因素就是能否节省时间。一般来说，感到时间缺乏的人都是一些很忙碌的专业人士，他们的工作时间很长，根本就没有时间去挑选东西或购买杂物。服务提供商的市场机会巨大，因为可提供服务的多样性比实际商品高。我们生活在基于服务的经济和社会中，快餐店、快递公司和无线电话服务的快速发展证明了这一点。消费者对便利产品和服务的需求意味着服务提供商拥有美好的前景。

服务提供商的营销应该定位于减少消费者对在线服务的顾虑，同时还要与现有和潜在客户建立信任和熟悉的关系。建立信任对零售商和服务提供商都很关键。例如，柯达是个历史悠久的老品牌，这一品牌使其成为可信的照片服务网络提供商。柯达从产品公司(照相机和相纸)转变成现代数字服务公司。

七、社区服务商

虽然社区服务商并不是一个新事物，但借助互联网，这类网站可以让志趣相投的人们更容易地碰面交流，而不受地域和时间的限制。社区服务商是那些创建数字化在线环境的网站，兴趣爱好相似的人可以在这里进行交易（买卖产品），分享兴趣爱好、照片、视频，和兴趣爱好相同的人沟通，和志同道合的人沟通，了解与自己兴趣相关的信息。社交网站 Facebook、MySpace、LinkedIn 和 Twitter，以及其他小型网站如社区网站，都提供用户社区工具和服务。

社区服务商的基本价值主张在于建立快速、方便、一站化的网站，让用户能够关注最感兴趣、最关心的事情，和好友分享经验，了解自己的兴趣爱好。社区服务商一般采取混合的盈利模式，包括收取订阅费，获得销售收入，收取交易费、会员推荐费以及广告费。

社区网站一般通过与零售商建立合作关系和做广告来获得收入。例如，人们为了以更低的价格参与到网站的团购中，之后变回点击网站的团购链接，购买了商品以后，网站则能够得到团购的佣金。同样，横幅广告也给网站带来了收入。人们经常可以看到网站上各种类型的 banner 广告，点击以后就能够进入到相关链接之中，如果购买，网站就能够获得一定的佣金。历史悠久的社区网站有回龙观社区网，该网站为人们提供了很多方面的服务，一般来说有二手交易、新闻和各种观点。

消费者对于社区的兴趣似乎一直在高涨，所以社区网站的市场机会也在增加。多数社区网站有盈利的难题，随着时间的增加，许多网站都获得了成功。新浪微博这类的社交网站都将广告收入作为主要的收入来源。大型社交网站，以及拥有少量受众的小型网站，都是理想的营销和广告乐土。传统网络社区发现提供更深、更广的知识是成功的重要因素。社区成员通常寻求知识、引导和建议：缺乏经验的团队会严重阻碍社区的成长，需要管理者和促进者不断讨论相关的过程。对于新社区——社交网站来说，取得成功最重要的因素似乎就是使用的方便性和灵活性，以及准确的客户价值定位。

第四节 帮助企业的 B2B 模式

B2B 电子商务是一种针对其他企业进行销售的业务形式。虽然 B2C 电子商务更受关注，但 B2B 电子商务的规模是 B2C 的 10 多倍。例如，2016 年第一季度中国 B2C 市场交易规模为 10945 亿元，而 B2B 市场交易规模则为 30954 亿元。电子商务中绝大多数收入来自 B2B 电子商务，只是大多数活动不为普通消费者所知所见而已。表 2-2 列出了 B2B 领域的主要商业模式。

表 2-2 B2B 的主要商业模式

商业模式	举例	说明	盈利模式
(1)网络市场			
电子分销商	Grainger. com Partstore. com	零售商的网络版本；提供维护、维修和运作件及简介原料	产品销售
电子采购市场	阿里巴巴	单个公司建立的数字市场；买卖双方在此交易	市场服务费；供应链管理
电子交易市场	OceanConnect ChemConnect	交易直接原料的独立的第三方垂直市场	交易费和佣金
行业合作集团	Exostar	向特定供应商开放的行业所有的垂直数字化市场	交易费和佣金
(2)会员专用网络			
单个公司	沃尔玛 宝洁	公司所有的网络，协调少数合作伙伴组成的供应链	由网络所有者支付费用，通过提高生产和分销效率来获利
行业范围内	1 SYNC Agentrics	行业所有，制定标准，协调行业内的供应链和物流	由行业内的公司所贡献，可提高生产和分销效率，收取交易费和服务费

一、电子分销商

直接向个体企业提供产品和服务的企业叫作电子分销。例如，www. ehsy. com 是国内较为知名的维护、维修和运作件(MRO)的供应商。MRO 原料被认为是生产过程的间接输入——相对于直接原料来说。过去，公司主要依靠目录销售和大城市中的实际分销中心来开展业务。

电子分销商是由一家寻求为多个客户服务的企业建立的。然而，与电子交易市场一样，客户数量仍是关键要素。对电子分销商来说，企业在其网站上提供的产品和服务越多，就越有可能吸引潜在客户。与为购买某个零部件或产品而访问无数网站相比，一站式的购物体验总是要理想得多。

二、电子采购市场

就像电子分销商向其他企业提供产品一样，电子采购公司建立并出售进入数字化市场的途径。这些公司如 Ariba 编写了能帮助大公司组织生产过程的软件，为单个公司建立迷你数字化市场。Ariba 为采购公司创建了定制集成的在线目录(供应商企业可以列出自己的产品)。在销售层面，Ariba 通过提供集成建立目录、运输、保险和金融的软件帮助供应商向采购公司销售商品、买卖双方的软件都属于“价值链管理”软件。

B2B 服务提供商(B2B service provider)通过收取交易费来获得收入，费用是按照使用服务的工作站数量或每年的许可证费用来计算的。它们向采购公司提供顶尖的采购和供应链管理工具，帮助公司降低供应链成本。在软件的世界里，Ariba 之类的公司叫作应用服务提供商，可通过短模经济向企业提供低成本的软件。规模经济指业务规模的增长带动效率大幅提高的现象。例如，当规模扩大时，成本固定的系统产品(如工厂或软件系统)可满负荷地运作。以软件为例，对软件程序进行数字化复制的边际成本几乎为零，为昂贵的软件程序多找到一个购买者，就多获得一份利润。这比企业自己开发供应链管理系统的效益要高得多，并且这么做还可以使得 Ariba 之类的公司能够专注地精通某一类系统，以低于开发价的价格向公司提供软件。

三、电子交易市场

电子交易市场由于其潜在的市场空间规模而在 B2B 电子商务中备受关注，也获得最早的资本注入。即使是今天，电子交易市场也在 B2B 市场中稳占一席之地；电子交易市场是一个独立的数字化电子市场，供应商和商务采购者可以在此进行交易。电子交易市场由独立于买卖双方的独立方拥有，它通常是创业型的公司，它的业务就是创建市场，通过收取佣金或按照交易规模收取交易费来赚钱。它一般是为垂直产业服务的，如钢铁、聚合物、铝等可直接投入生产、采用短期合同和现货采购的行业。对于买方来说，利用 B2B 电子交易市场能够集成在一个地方收集信息，检验供应商，采集价格，了解最新发生的变化。而另一方面，对于卖方来说，则能从扩大与买方的接触而获益。因为潜在购买者的数量越大，则销售的成本就越低，促成销售的机会也越大。轻松、速度、交易量被概括地称为市场流动性。

理论上说，电子交易市场能极大地减少识别潜在的供应商、客户和合作伙伴，以及在彼此间开展业务所需要的成本和花费的时间，因而可以降低交易成本——进行买卖所需要的成本。交易中心还可以帮助企业降低产品成本和仓储成本。事实上，B2B 电子交易市场很难劝服数千个供应商转向单一的数字市场，而且在这个市场中供应商要面临激烈的价格竞争，同样也很难劝说企业离开长期合作的供应商。

四、行业协会

行业协会(industry consortia)是为某个行业所有的、服务于特定企业的垂直市场，如汽车、航空、化学、花卉、采运业。而水平市场向大范围的企业销售特定产品和服务。垂直市场向小部分企业提供与所在行业有关的产品和服务，水平市场则向各行业的企业提供某一类特定的产品和服务，如与营销、财务或计算处理有关的。例如，Exostar 是航空和国防业的在线交易场所，由 BAE Systems、波音、洛克希德-马丁、雷神(Raytheon)和劳斯莱斯(Roils-Royce)于 2000 年创建。Exostar 连接了 300 多个生产系统，有 7 万多个注册交易伙伴，遍布全球 95 个国家。

行业协会比独立的电子交易市场更容易成功，因为它们受到强大的、财力雄厚的业内人士监督，也因为它们加强而非试图改变传统采购行为。

五、会员专用网络

会员专用网络带来的交易额约占大企业 B2B 支出总额的 75%，远远超过所有形式网络交易市场的总支出。会员专用网络是数字化的网络(通常是基于互联网的网络，但并不总是如此)，可以协调与业务有关的企业间通信流。例如，沃尔玛拥有全球最大的会员专用网络，供应商可利用沃尔玛会员网络监控每天的商品销售、运货状态、实际库存水平。B2B 电子商务极大地依赖于电子数据交换(EDI)技术。EDI 可用于单家供应商和单个采购方之间的一对一关系，最初是为专用网络设计的，之后很快应用到互联网中。大多数公司开始完善自己的 EDI 系统，强大的网络技术使系统可用于多对一和多对多关系，允许多家企业向单家或几家采购公司销售商品。在独立的电子交易市场中会同时存在多个卖方和买方，而 EDI 不适用于此类采购关系。会员专用网络共有两种：企业会员专用网络和行业会员专用网络。

企业会员专用网络是最常见的会员专用网络形式。企业会员专用网络通常由某家大型采购公司拥有，如沃尔玛和宝洁。只有信任的长期直接原料供应商才会受邀加入。企业会员专用网络逐步演变出公司自己的企业资源计划系统，努力将主要的供应商引入到商业决策中。

行业会员专用网络往往会演变出行业合作集团，通常由行业内大公司组成的协会所有，主要有以下几个目标：为网络商业沟通建立中立标准、公开共享解决行业问题的技术平台、在某些情况下提供运营网络以促使整个行业中的成员密切合作。从某种程度上说，行业会员专用网络可以说是某个企业会员专用网络成功后带来的结果。例如，沃尔玛拒绝向其他零售成员开放其网络，担心与西尔斯等零售商共享技术机密后会影响其成为行业标准的目标。

第五节　C2C 的服务者

一、C2C 电子商务的概念和特点

C2C 模式是通过电子商务交易模式实现的消费者与消费者之间的交易。运营商通常提供的是一个平台。在该平台下，卖方消费者可以展示自己的商品并标上价格，买方则可以自行选择，拍下付款或者以竞价方式在线完成交易。淘宝当前是我国最大的 C2C 平台，ebay 则是面向海外销售的 C2C 平台。

C2C 实现了消费者之间的交易，在传统经济来看这几乎是不可想象的。相对其他电子商务模式来说，C2C 主要有如下几个特点。

第一，用户数量巨大、分散，而且角色不固定。

第二，交易平台上用户不为技术负责，平台主要负责技术问题。

第三，物流需要依赖第三方实现。

第四，单笔交易数额偏小，低价值商品和物流费会造成价格偏高。

第五,客户的使用频率较低,寿命较短。

第六,纠纷较难解决。

二、C2C 交易模式的类型

按照拍卖商品的类型划分,C2C 可以划分为实物交易和服务交易平台。

(一)实物交易平台

实物交易平台可以交易的商品有很多,从汽车、计算机到服饰、家居用品,分类齐全。有一部分平台也设置了网络游戏装备交易和虚拟货币交易的方式。淘宝网是一个典型的案例,如图 2-2 所示。

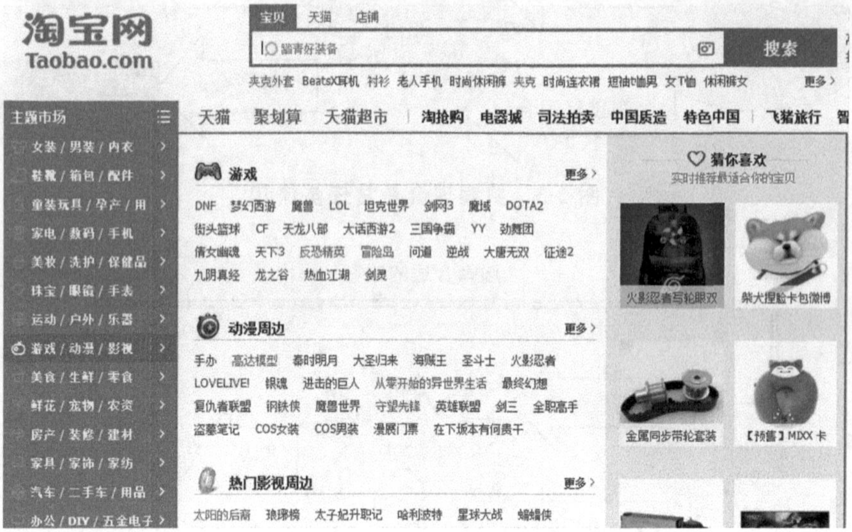

图 2-2 淘宝 C2C 平台

(二)服务交易平台

服务交易平台主要提供的是企业或者个人的服务,较为典型的是威客网。威客网是一个消费者之间进行知识产权服务的平台。消费者应其他消费者的请求,进行知识产权创作,让知识、智慧、经验和技能体现经济价值。

威客的用户可以划分为消费者和服务者。消费者提出服务请求以后,服务者开始提供知识产权服务,消费者认可就向服务者提供报酬。网络上常见的威客类型有三种,分别是 A 型(askwitkey)威客,B 型(bidwitkey)威客,C 型(C2Cwitkey)威客。A 型威客主要是知识问答型威客。B 型威客主要通过项目投标的方式提供服务。C 型威客即点对点威客,它们通过对自身能力进行展示、证明,以及良好的经营,将能力转化为产品。

根据运行模式的不同,威客的运营流程也会不同。通常来说主要有现金悬赏任务流程、招标流程两类,分别如图 2-3 和图 2-4 所示。

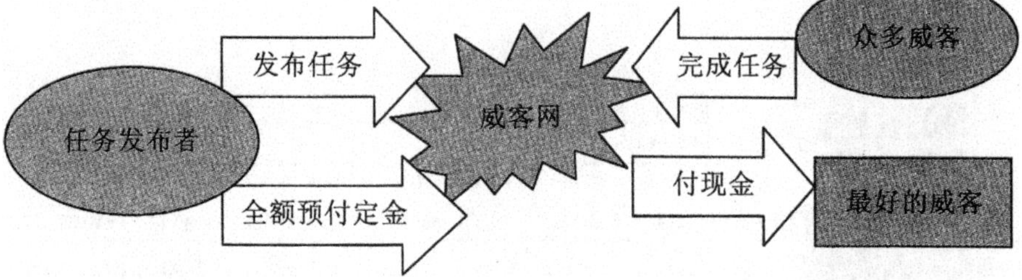

图 2-3 威客现金悬赏任务流程

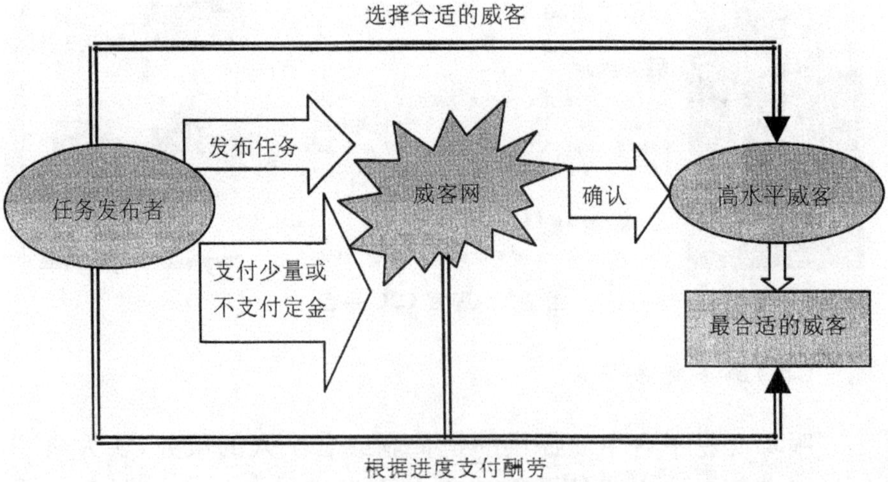

图 2-4 威客招标任务流程

第六节　备受瞩目的社交电商

在 B2C、B2B、C2C 之外，又有了新型的电子商务模式，知名的如微信电子商务模式，其用户可以称为微商。这种电子商务模式往往是通过微信、微博这样的社交平台实现的。下面主要对微信进行简单介绍。

一、微信的发展现状与趋势

（一）微信的发展现状

微信是一款支持免费语音短信、视频和图文、支持多人群聊、朋友圈分享和陌生人社交的应用。其适用的平台包括 iPhone、Android、Windows Phone、塞班和黑莓系统，以及 PC 上的网页版。微信是一个社交平台，是基于用户强关系建立起来的移动社交网络。微信最强有力的武器在于公众平台的点对面、一对多的推送，指定并被许可的信息到达率极高，相应的曝光度也很高。

微信一直致力于走出国门服务全球市场，为实现自己的全球移动电子商务梦想而不懈努力。毫无疑问，微信已经拿到移动互联网的第一张“船票”。在 2013 年 4 月 7 日的博鳌亚洲论坛上，腾讯总裁刘炽平透露，微信在海外已经拥有 5000 万注册用户，并在东南亚及拉美等地取得了不错的成绩。与此同时，微信也在印度市场上的软件应用商店中下载量排名第一。

微信作为一个新兴的社会化营销平台，其转化率高于微博及其他 SNS 平台。微信的开放平台也是移动终端应用中的第一个开放平台，围绕开放平台的生态圈也正在形成。笔者相信，开发者只要不动微信的那些奶酪，那么依托平台挖掘到属于自己的一桶金，机会还是很大的。

各种媒体、自媒体、网站、微博草根大号都纷纷在微信上占位，并且以内容赢得了可观的受众认可，因此也拥有了一定的营销价值。微信打通了QQ通讯录及手机通讯录，前期的基础用户大部分就是来源于QQ用户。此外，手机通讯录也导入了微信用户线下的人脉，加上摇一摇、寻找附近的人、漂流瓶三项功能拓展陌生人社交，可以说保证了用户来源的多样化和广泛化。

（二）微信的发展趋势

微信将来会成为移动互联网的流量入口，借助二维码构建一个用户连接网络的通路，同时也作为一个出口，例如输出优惠券或者微信会员卡。基于LBS4技术的地理位置服务能够为微信的O2O之路插上腾飞的翅膀，O2O模式随着发展不断成熟，接下来遍地开花相信不再是难事。

微信已打通支付接口并且正在酝酿一个更加开放的平台，让更多的SNS开发者和公众平台使用者参与进来，共同打造一个生态系统。在笔者看来，微信不会将自己的客户端做得越来越重，而开放平台就是一种补充微信用户需求的方式。

当然，免费的商业模式相信在互联网行业已经走到了尽头，微信也是如此。但可以肯定的是，微信的基础服务向普通用户收费是不可能的。现在的微信公众平台还不是很成熟，后续功能的增值收费也不是不可能的。

从微信自身产品的更新迭代来看，需要不断完善的地方还有很多，这又是微信存在巨大发展空间的体现。微信内置的搜索引擎还有很大的改进空间，就以查找公众账号为例，目前还未有一套比较明显的规则。默认的排名规则，笔者认为有三点是可以参考的：第一是关键词的匹配度，第二是公众账号是否认证，第三是公众账号的订阅用户数量。所以微信未来自建搜索引擎，特别是完善目前的公众账号导航十分必要。

随着智能手机的不断升级，微信的应用范围将会更加广泛。例如集成了NFC功能的智能手机就可以通过微信进行快捷支付。微信整体趋势就是向着打造移动生活平台的道路前进，作为一款可以看作替代手机的应用，微信的价值还在逐步地被挖掘中。

二、微信的商业价值及赢利模式

（一）微信的商业价值

微信的商业价值主要体现在O2O、微信个人账号、微信公众账号、内容、移动电子商务、微应用、媒体这些方面。当然，这并不是完全从微信自身而言，相对于微信平台官方，企业、商家和草根个人能从微信上挖掘到的商业价值还是很多的。只要真正清楚微信这款工具的使用方式，再结合自己的商业模式，就能从中找到赢利点。

当然，如果从微信手机端的产品设计的角度来看，不同页面存在的商业价值是不同的。微信的联系人列表作为一级页面，基本上没有太多的商业价值可言。而二级的对话页面，通过加号按钮来添加更多应用就跳转到三级页面，所以这块的商业价值也不是很大。此外，微信的朋友圈属于二级页面，通过点击"朋友们"切换到"朋友圈"，寻找"附近的人""扫一扫""摇一摇"和"漂流瓶"都安置在此页面上。所以，笔者认为微信的商业价值将会在这些页面上得到体现。

（二）微信的赢利模式

微信自身的赢利模式，业界普遍认为是仍在苦苦探索之中。但是从赢利模式是否清晰成熟的角度上来看，腾讯孵化出来的微信天生就有企鹅的基因，其赢利模式或多或少都有点QQ的味道，因而微信目前的赢利模式谈不上仍在苦苦摸索，反倒是媒体出身的新浪微博一开始就陷入了思维怪圈，加上公司内部的互相扯皮，从而导致错失选择赢利时间点的良机。新浪微博一推出微博广告即遭到用户抵制，归根到底还是因为中了互联网商业模式之毒而至今余毒未清。

依靠免费的产品服务圈足用户之后再考虑赢利模式的做法，整个行业都已经骑虎难下，而增值服务就成了一根救命稻草，成与不成就看造化了。所以说，微信要赢利得尽快下手，千万别学新浪微博犹豫不决，反正玩来玩去就那么些赚钱的套路，早点让用户习惯总好过一推出就让用户不习惯。

赢利模式从产品设计开始就应该考虑，毕竟大家做的都是商业而不是公益。草根创业者永远抵挡不了互联网巨头的竞争攻势，就算是耗也耗不长久，迟早会有饿死收场的一天。微信没有必要担心现有的和潜在的竞争对手会威胁到自己的市场份额，靠免费的产品服务拼用户的时期已经过去了，微信以接近 4 亿的用户量打赢了奠定自己领头羊地位的一战。

微信已执牛耳，考虑商业模式的大局还不如尽快把赢利点执行到位。赢利模式不需要酝酿，不清楚赢利模式而靠产品来试出用户口味等同于赌博。

微信毫无疑问能够赢利的点有两个：第一个是游戏，第二个是用户服务。微信建立游戏平台是早有布局之事，腾讯于 2012 年收购已经尝试推出手机社交游戏平台的“KakaoTalk”。此外，QQ 的用户增值服务搬到微信上可以从微信群和表情贴图入手，微信 4.5 正式版推出的百人微群普及邀请活动就是为后期的赢利布局。而针对企业用户推出的公众平台增值服务则侧重于存储和广告推送。当然，O2O 这一条路并不好走，微信会员卡还在抓大放小，先从线下品牌连锁商家入手，既在试错也在教育市场。做 CRM 遇到的线下推广难题，对于腾讯而言还只是个过程，太早断定其运营能力不佳略显不妥。收购 CRM 服务商可以更好地完善微信的产品服务，但这并不代表腾讯会通吃整个产业。总之，微信靠谱的赢利点已经非常清晰，往大的方向讲都是靠增值服务收费。

第三章　电子商务技术的技术支撑

互联网与商务结合的迅猛发展，使得网站由“概念”转向“务实”，“务实”最鲜明的特点之一就是：绝大多数的网站试图在做“电子商务”。电子商务通过对计算机技术、网络技术和远程通信技术加以利用，从而实现整个商务（买卖）过程中的电子化、数字化和网络化。

第一节　电子数据交换技术

所谓的电子数据交换，就是借助企业之间的商业往来，采用电子化通过网络系统在计算机应用系统之间，直接进行业务信息的交换与处理，可以说是一种较为先进的通信手段和技术。

一、EDI 的定义

电子数据交换（Electronic Data Interchange，EDI）是企业、行业彼此按照协商认可的一种标准文件接口，在这个基础上进行相互的实现企业之间的电子数据文件包的交换。

根据相关的专家分析可知，使用 EDI 业务，能在商业文件传递速度上相应的提高 81%，降低文件成本 44%，这样一来，对于错漏造成的商业损失能够减少到 40%，最终使得竞争能力提高 34%。

近些年的实践证明，凡是采用 EDI 的国家和地区，在经济和社会效益方面，都获得了可观的成绩。

二、EDI 的分类

根据 EDI 的相关功能，我们可以将其分为 4 类。

（一）订货信息系统

订货信息系统，又称为是贸易数据互换系统，它通过电子数据文件对订单、发货票和各类通知进行传输，称得上是最基本、最知名的 EDI 系统。

（二）电子金融汇兑系统

电子金融汇兑系统，就是在银行和其他组织之间实行相关的电子费用汇兑。电子金融汇兑系统使用年数已久，但它仍在不断做着改进。最有鲜明的特点就是：与订货系统相互联系起来，形成了一个水平更高、自动化的系统。

（三）交互式应答系统

交互式应答系统，一般是旅行社或航空公司进行相关的应用，作为机票预定系统。在进行相应的使用时，通过询问到达某一目的地的航班，要求显示航班的时间、票价或其他具体信息，然后根据旅客的要求确定所要的航班，打印机票。

（四）带有图形资料自动传输的 EDI

系统中最常见的，是通过计算机进行辅助设计图形的一种自动传输。① 比如，设计公司对一个厂房进行设计布置之后生成平面布置图，将其平面布置图以传输的方式交给厂房的主人，让主人过目并提出修改意见。如果主人认可这个设计，系统将自动输出订单，发出购买与之相关的建筑材料的报告。当收到这些与之

① 司志刚. 电子商务系统建设与应用[M]. 北京：机械工业出版社，2009，第 40 页.

相关的建筑材料后，自动开出收据。

三、EDI的系统结构

组成EDI系统部分包括：用户接口模块、内部接口模块、报文生成及处理模块、格式转换模块和通信模块。EDI系统的结构，如图3-1所示。

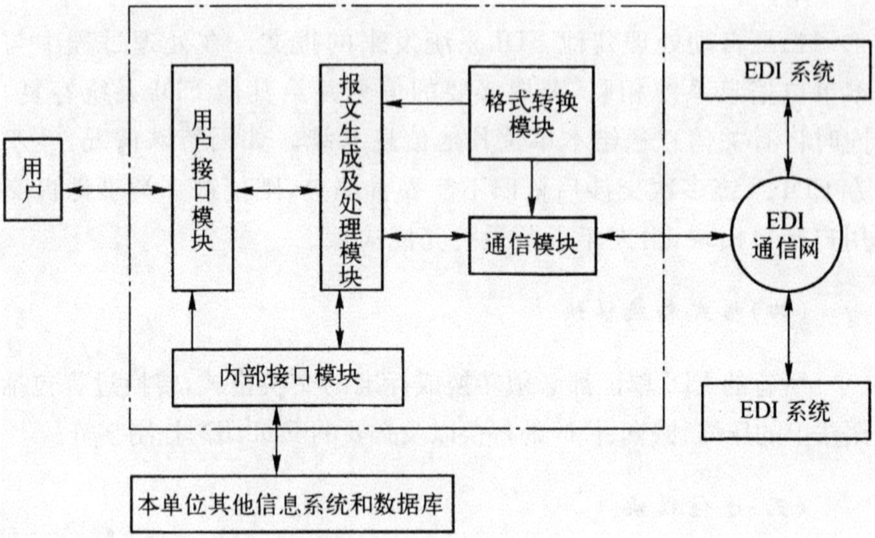

图3-1　LDI系统结构

接下来对图中各模块说明如下。

（一）用户接口模块

业务管理人员通过该模块进行输入、查询、统计、中断、打印等，及时对市场变化进行了解，及时调整应对策略。

（二）内部接口模块

该模块是EDI系统与本单位内部其他信息系统及数据库的接口。一份来自外部的EDI报文，经过在EDI系统的处理下，大部分相关内容都需要经内部接口模块送往其他信息系统，或查询其他信息系统才能给对方 EDI 报文以确认的答复。

（三）报文生成及处理模块

该模块有两个功能：

一是针对来自用户接口模块和内部接口模块的命令和信息实施接收，按照 EDI 标准生成订单、发票等各种 EDI 报文和单证，由格式转换模块处理之后，由通信模块经 EDI 网络发给其他 EDI 用户。

二是自动处理其他 EDI 系统发来的报文。在处理过程中与本单位信息系统相联，获取必要的信息并给其他 EDI 系统答复，同时将有关信息送给本单位其他信息系统。如因特殊情况，经双方 EDI 系统多次交涉后依旧不能妥善解决，则把这一类事件提交用户接口模块，由人工干预最终完成决策。

（四）格式转换模块

所有的 EDI 单证都必须转换成标准的交换格式，转换过程包括语法上的压缩、嵌套、代码的替换以及必要的 EDI 语法控制字符。

（五）通信模块

该模块是 EDI 系统与 EDI 通信网络的接口，包括执行呼叫、自动重发、合法性和完整性检查等功能。

除以上这些功能外，EDI 系统还必须具备命名功能、安全功能、语义数据管理功能等。

四、EDI 的操作过程

对于运用量广泛的 EDI 通信网络来说，它是建立在报文处理系统数据通信平台上的信箱系统，信箱间信息的存储和转发是其通信机制。在数据通信网上增加大容量信息处理计算机，在计算机上建立相关的信箱系统，通信双方需申请各自的信箱，其通信过程就是把文件传到对方的信箱中，是实现 EDI 通信网络的具体办法。计算机会自动完成文件之间的交换，发送文件也只需要用户进入自己信箱系统。

图 3-2 表示了完整的 EDI 通信流程。

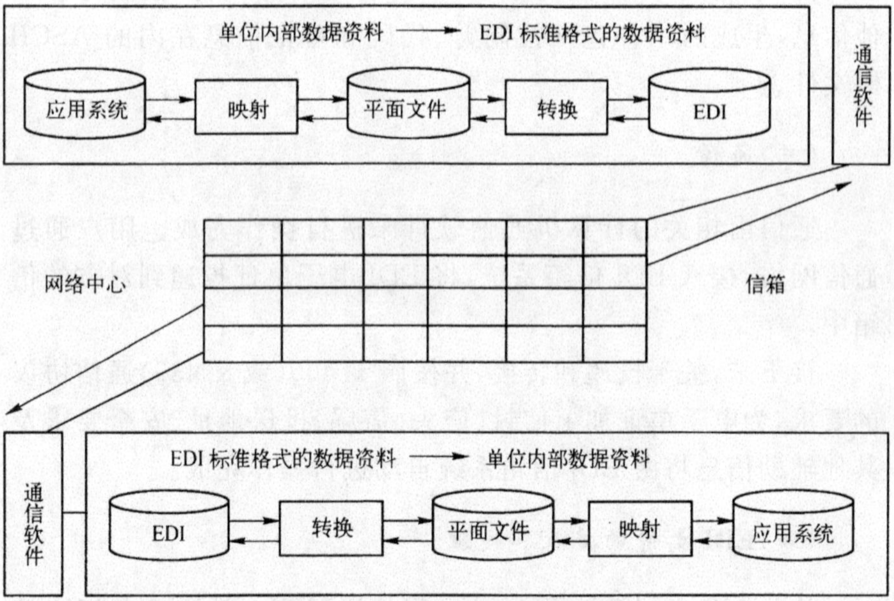

图 3-2 完整的 EDI 通信流程

图中各功能模块说明如下。

(一)映射——生成 EDI 平面文件

所谓的映射，就是指 EDI 平面文件，通过应用系统将用户的应用文件(如单证、票据)或数据库中的数据，映射而成的一种标准的中间文件。

平面文件，可以直接进行阅读、显示和打印输出，是用户通过应用系统直接编辑、修改和操作的单证和票据文件。

(二)翻译——生成 EDI 标准格式文件

翻译的功能，是经过翻译软件把平面文件生成符合 EDI 标准格式文件。

而EDI标准格式文件，就是EDI电子单证，或称电子票据。EDI标准格式文件是一种只有计算机才能进行阅读的ASCII码文件。它是按照EDI数据交换标准（即EDI标准）的要求，将单证文件（平面文件）中的目录项，加上特定的分割符、控制符和其他信息，生成的一种包括控制符、代码和单证信息在内的ASCII码文件。

（三）通信

通信由相关的计算机通信软件来进行操作完成。用户通过通信网络，接入EDI信箱系统，将EDI电子单证投递到对方的信箱中。

接下来，关于投递和转接，并按照x.400（或x.435）通信协议的要求，为电子单证加上信封、信头、信尾、投送地址、安全要求及其他辅助信息将由EDI信箱系统自动进行操作完成。

（四）EDI文件的接收和处理

接收和处理过程属于发送过程的逆过程。首先需要用户接入EDI信箱系统，将来函接收到自己的计算机信箱中，经过相关的格式校验、翻译、映射程序还原成应用文件，最后对应用文件进行编辑、处理和回复。

在实际操作过程中，EDI系统为用户提供的EDI应用软件包，包括了详细的全部功能。[①] 用户完全不必关心里面具体的过程。

图3-3是一家贸易公司用EDI通信网络实现报关的工作流程示意图。

---

① 司志刚.电子商务系统建设与应用[M].北京：机械工业出版社，2009，第42页.

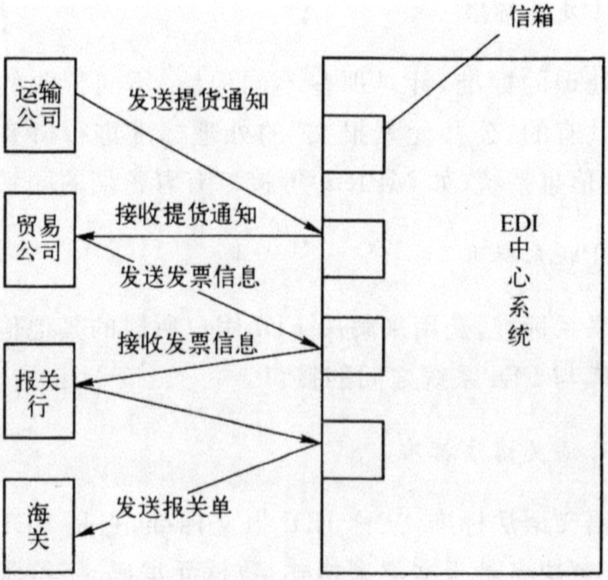

图 3-3　EDI 报关工作流程

五、EDI 标准

(一)EDI 标准概述

实现 EDI 互通和互联的前提和基础就是让工作更加标准化。EDI 的标准由 EDI 网络通信标准、EDI 处理标准、EDI 联系标准和 EDI 语义语法标准等组成。

1. EDI 网络通信标准

所谓 EDI 网络通信标准，就是针对 EDI 通信网络应该建立在何种通信网络协议之上进行合理的解决，以此对各类 EDI 用户系统的互联有稳当的保证。

目前，用来解决 EDI 支撑的环境的是国际上主要采用的 MHX(x.400)作为 EDI 通信的网络协议。

2. EDI 处理标准

EDI 处理的标准，针对那些不同地域、不同行业的各种 EDI 报文相互共有的“公共元素报文”的处理标准进行研究。它与数据库、管理信息系统（如 MPRII）等接口有着密切的联系。

3. EDI 联系标准

EDI 联系标准，是用来解决 EDI 用户所属的其他信息管理系统或数据库与 EDI 系统之间的接口。

4. EDI 语义语法标准

EDI 语义语法标准，又称 EDI 报文标准，它是 EDI 技术的核心，专用于解决各种报文类型格式、数据元编码、字符集和语法规则以及报表生成应用程序设计语言等。

（二）EDIFACT 标准和 ANSI X. 12 标准

随着 EDI 标准的国际化产生，人们把焦点集聚于此。由于早前的 EDI 使用的是各个地方的行业标准，无法进行跨行业 EDI 互联，在一定程度上影响了 EDI 的效益，并且对全球的 EDI 也造成了阻碍。为了更好地促进 EDI 的发展，世界各国都在促进 EDI 标准的国际化，使 EDI 更好地发挥其作用。

目前，在 EDI 标准上，国际上最有名的是联合国欧洲经济委员会（UN/ECE）下属第四工作组（WP4）于 1986 年制定的《用于行政管理、商业和运输的电子数据互换》标准——EDIFACT（Electronic Data Interchange For Administration，Commerce and Tram-Port）标准。EDIFACT 已被国际标准化组织接收为国际标准，编号为 ISO 9735。同时还有广泛应用于北美地区的，由美国国家标准化协会（ANSI）X. 12 鉴定委员会（AXCS. 12）于 1985 年制定的 ANSI X. 12 标准。

目前欧洲使用 EDIFACT 标准。1991 年，欧洲汽车业、化工业、电子业和石油天然气业已全部采用 EDIFACT。此外建筑、保险等行业也宣布将放弃其行业标准,转而采用 EDIFACT。北美则使用 ANSI X. 12,ANSI X. 12 已遍及北美各行业,已有 100 多个数据交易集。亚太地区使用 EDIFACT 占主要部分。

EDIFACT 和 ANSI X. 12 标准有着很大的区别,尤其是在语义、语法等许多方面。ANSI X. 12 标准应用范围较小,目前只可用英语;而 EDIFACT 标准范围相对而言较大,可用英语、法语、西班牙语、俄语,即日耳曼语系或拉丁语系均可使用该标准的语义、数据字典等。所谓拉丁语系,是指可用 26 个字母和 10 个数字表示的语言系统。日耳曼语系可以说是属于拉丁语系的一个派系。

当然,拉丁语并不是世界上大部分人的母语,如汉语、日语等。如何对这些象形文字进行翻译处理,方便全球性的贸易和贸易文件的交流,这是一个亟待解决的问题。

(三)EDI 标准的未来发展

EDI 的迅猛发展,已经扩大到全球的范围。但目前存在的 EDIFACT 和 ANSI X. 12 两大标准从某种程度上来说,对 EDI 全球互通的发展有一定的制约因素。

为了使得 EDI 在国际贸易中能被更快、更省、更好地进行使用,世界各国特别是欧、美等工业相对发达的地区,都在强烈要求统一 EDI 国际标准,即“讲一种语言,用一种标准”。[①]

伴随着 EDIFACT 被 ISO 接受为国际标准之后,国际 EDI 的标准开始向 EDIFACT 靠拢。ANSI X. 12 和 EDIFACT 两家达成协议全力发展 EDIFACT,使之成为全世界范围内都能接受的 EDI 标准。1992 年 11 月,美国 ANSI X. 12 鉴定委员会又投票决定,1997 年美国将全部采用 EDIFACT 来代替现有的 X. 12 标准。ANSI 官员说:“1997 年之后,现在所有的 X. 12 标准仍将保

---

① 司志刚. 电子商务系统建设与应用[M]. 北京:机械工业出版社,2009,第 44 页.

留，但新上项目将全部采用 EDIFACT 标准”。美国国家标准化协会欧共体事务主席 John Rusell 先生指出：“X. 12 向 EDIFACT 转变，意味着美国的公司今后可在欧洲的市场上加快资金流动、改善用户服务。同时，从用户的角度来看，今后面对的将是唯一的国际标准”。

总之，EDIFACT 成为统一的 EDI 国际标准已是大势所趋。我国有关部门和专家也一致认为我国的 EDI 标准应积极向国际标准靠拢，采用 EDIFACT 标准。

六、互联网环境下的 EDI

EDI 自 20 世纪 60 年代产生以来，已历经 50 余年发展。传统 EDI 是基于 VAN 的。所谓 VAN，就是增值网，指的是可以提供一些额外服务的计算机网络系统，如进行更改协议、检错及纠错等服务。

目前普遍采用的 EDI 应用模式就是 VAN 了，它的优点就是使不同的计算机之间实现数据传输、远程数据库访问等，克服了“点对点”的弊端。基于 VAN 的 EDI 服务又较为安全的可靠性，成熟的贸易伙伴管理交易与确认仲裁技术使得它在国际贸易、海关通关等场所中应用广泛。

不过，传统的 VAN 本身还是存在一定的缺陷的，如贸易、伙伴可能选择不同的 VAN，导致 VAN 之间因竞争不愿进行互联。传统 VAN 有一个致命问题，即其实现了计算机网络下层的联系，相当于 ISO 的物理层、数据链路层及网络层。EDI 往往发生于异种计算机的应用软件之间，因此 EDI 软件与 VAN 联系较松散，效率较低。VAN 的中心业务只限于数据交换，单纯的 EDI 远远不够。因此，只有制作图文并茂的电子信息，商业效应才能事半功倍。不过，对于传统的 VAN 进行图像传输或是变换，在技术或是成本上是很难实现的。

由于互联网具备在使用成本上偏低、网络速度又快、访问还非常方便以及网络连接结构好的特点，得到了广泛的普及，这一普及也为 EDI 技术的发展提供了极大的方便，因此出现了基于互联网的 EDI。目前，互联网和 EDI 的结合方式主要有四种，分别是互联网 Mail、Standard IC、Web-EDI、XML EDI，其中 Web-EDI 是当前最流行的一种方式。

（一）互联网 Mail

互联网 Mail 是最早将 EDI 引入互联网的一种方式。它通过使用 ISP 取代传统 EDI 对 VAN 的长期依赖，以实现商业数据与信息的电子交换。它的最大弊病就是在互联网上用这种方式进行电子交易过程出现的安全性。

（二）标准执行协定

标准执行协定，Standard IC 在使用 EDI 的过程中，不同行业或企业常根据自身需要对标准进行选择，IC 即指经过选择的消息版本，因而出现多个 IC 版本。在开发过程中 IC 费用相对要比较高昂，且各版本间的消息不能进行相互处理。Standard IC 是一种特殊的跨行业针对特定应用的国际标准，着重解决互联网 EDI 的多版本 IC 问题。

（三）Web-EDI

当前看来，最为流行的 EDI 与互联网的融合方式，就是 Web-EDI。使用 Web 作为 EDI 单证的接口，其目标针对的是中小型企业，允许中小型企业只需通过浏览器和互联网连接执行 EDI 交换。

在提供 EDI 服务的 EDI 中心建立互联网，并在 Web 上开发大量的表格供用户使用，是 Web-EDI 方案的基本思想。用户只要通过浏览器就可进行单证的收发，检查无误，可发送至 EDI 中心，EDI 中心的翻译系统、映射系统自动将其翻译成 EDI 报文，送入对方的 EDI 信箱中。接收时，只要将 EDI 中心的翻译系统已经翻译并转换好的单证通过浏览器下载下来即可使用。

（四）XML EDI

1996年11月，波士顿SGML世界年会，新一代数据描述语言可扩展标示语言XML（Extensible Markup Language）公布于世。[①] XML是一个开放式网络标准，在数据标记、显示风格及超文本链接方面有着强大的功能，能够使得互联网与企业网之间的数据交换变得简化。XML应用所引发的Web革命促生了新一代的互联网EDI。XML EDI使在互联网上实现EDI更现实。但在发展过程中仍存在着有待解决的问题。

（1）互联网EDI系统要求的安全性问题。

（2）互联网EDI系统要求的标准化问题。

第二节　万物互联

互联网是全球性的、最具影响力的计算机互联网络，也是世界范围内重要的信息资源。

一、互联网的发展

互联网的前身由美国国防部的高级研究计划局资助的ARPANET。ARPANET的建立基于这样一种主导思想：网络能够经受得住故障的考验，还必须维持正常的工作，如果发生战争，网络的一部分受到攻击没有了工作能力，网络的其他部分应该承担正常的通信。

1972年，ARPRNET从开始的4个节点发展到40个节点。可进行邮件传送、FTP数据传送、远程登录等，同时产生了TCP/

① 司志刚.电子商务系统建设与应用[M].北京：机械工业出版社，2009，第45页.

IP 协议,用于互连不同类型的网络。①

20 世纪 80 年代初期,ARPANET 派生出两个网络:一个是纯军用的网络 MILNET,另一个是靠 TCP/IP 协议建立起来的 NSFNET(美国国家科学基金会网络),而后 1990 年,NSFNET 完全取代了 ARPANET 成为互联网,人们也逐步意识到了大型互联网的重要作用。

20 世纪 90 年代初,商业机构进军互联网和“信息高速公路”的建设,互联网呈突破性发展。互联网快捷、方便的通信和信息资源,得到了人们的认同,人们认为发挥到商业用途上会有更大的作用,于是世界各地的企业、商家及个人纷纷涌入互联网,给互联网的发展带来了第二次飞跃。

二、TCP/IP 协议

(一)TCP/IP 的定义

TCP/IP 协议是一个协议集,其中 TCP 协议与 IP 协议是最为重要的。它是一种双层程序,包括网络上计算机用来建立和断开连接的一些具体规则。TCP 控制信息在互联网传输前的打包和到达目的地后的重组,而 IP 控制信息包从源头到目的地的传输路径。

(二)TCP/IP 的体系结构

TCP/IP 协议的体系结构详情,如图 3-4 所示。

1. 应用层

它是 TCP/IP 参考模型的最高层,把一些常用的应用程序接口,提供给用户。

① 王淑华. 电子商务基础与应用[M]. 北京:科学出版社,2009,第 45 页.

应用层：Telnet、SMTP、FTP、DNS
传输层：TCP、UDP 协议
网络层：IP 协议
网络接口层

图 3-4　TCP/IP 协议

2.传输层

对应用进程之间的端—端通信进行相应的负责，是传输层的一个主要功能。

3.网络层

负责针对互联网中计算机之间的通信进行适当的处理，向传输层提供统一的数据包。

4.网络接口层

网络接口层，主要针对把 IP 包放到网络传输介质上和从网络传输介质上接收 IP 包进行相关的负责。

网络接口层是 TCP/IP 协议的最底层，也可以说是最基本的功能层，它对互联网的相关设备进行管理；应用层是 TCP/IP 协议的最高层，它是互联网的服务程序运行的地方。每一层相应地为它的上一层提供服务。

三、IP 地址和域名

（一）IP 地址

为了让接入互联网的计算机主机能够彼此进行相互识别，每一台主机都配备一个唯一的地址，这就是所谓的 IP 地址，也称为是网际地址。①

1. IP地址的组成

IP地址由网络地址和主机标识这两部分的内容组成。网络标识是主机所连接的网络号,相当于电话号码中的局号;主机标识是对这个网络上的某台主机进行标识,相当于电话号码中的电话号,如图3-5所示。

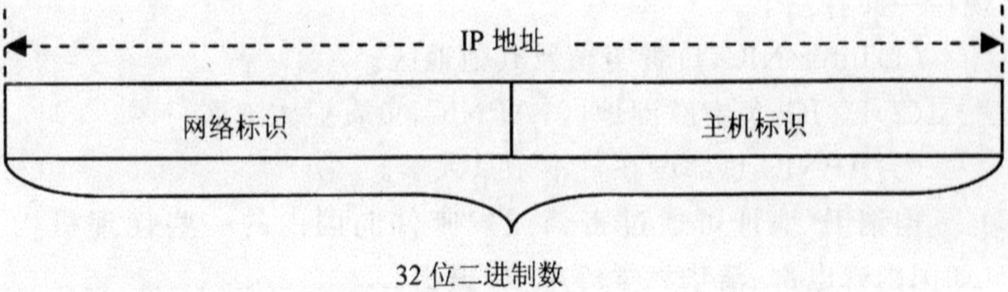

图3-5 IP地址

目前使用的IP地址为32位二进制数,为了方便使用,用4组3位的十进制数表示,每组数的取值范围是0～255,各组数之间用"."分隔,如202.202.35.22。

2. IP地址的类型

在实际使用中,为了清楚地标识网络和主机,TCP/IP规定了A、B、C、D和E共5类地址,各类网络地址第一字节数字范围及应用范围如表3-1所示。

表3-1 一级域名按国家或地区分类(部分)

项目	第一字节数字范围	应用
A类网络	1～127	大型网络
B类网络	128～191	中等规模网络

① 王淑华.电子商务基础与应用[M].北京:科学出版社,2009,第46页.

续表

项目	第一字节数字范围	应用
C类网络	192～223	校园网
D类网络	224～239	备用
E类网络	240～254	实验用

所有的IP地址由国际组织NIC统一分配。这样的组织中心现在一共有三个。

(1)Inter NIC,负责美国及其他地区。

(2)ENIC,负责欧洲地区;APNIC,负责亚太地区。

(3)APNIC总部设在日本东京大学。

申请IP地址可通过寄信或发邮件向国内的一些代理机构(如国内邮电部、清华大学等单位)提出。

(二)域名

由于IP地址用数字的形式表示,记忆和使用起来比较烦琐,所以也采用字符的形式表示,这便是域名。两套地址系统是一一对应的关系。

为了方便使用,也为了便于网络地址的分层管理和分配,互联网在1984年开始采用域名服务系统(DNS)。[①]

域名是一个具有层次机构的符号串,每一个层次用“.”分隔开来,表示主机所在的一个范围,越是在后面的层次,表示范围越大。

域名层次结构如图3-6所示。

域名由若干个部分组成,一般形式如下:

＜主机名＞.＜网络名＞.＜机构名＞.＜顶级域名＞

中国自登记了最高域名“cn”之后,根据国内的实际情况规定了二级域名,从二级域名可以判断出主机所在单位的类型或所在

① 王淑华.电子商务基础与应用[M].北京:科学出版社,2009,第47页.

省份和地区。

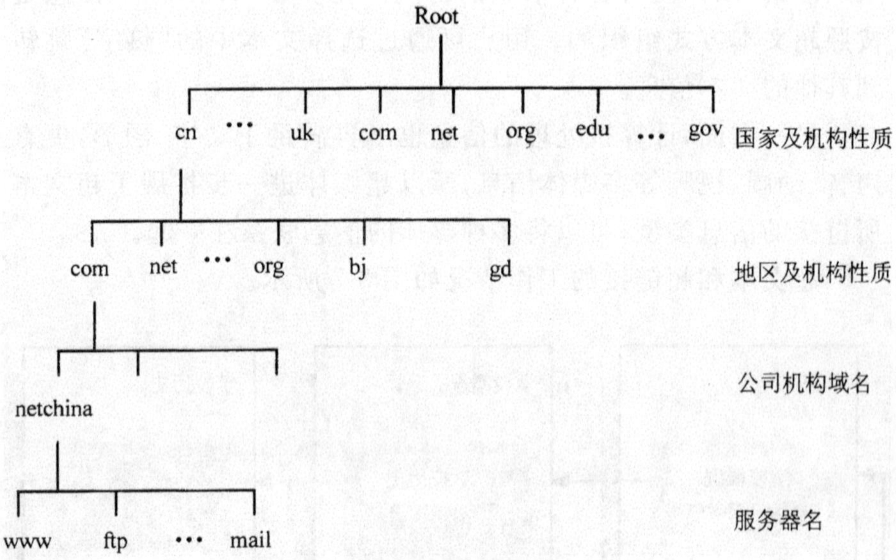

图 3-6 域名的层次结构

四、WWW 服务

WWW(world wide web),也称作万维网,简称 web,是由欧洲粒子物理实验室开发的基于超文本方式的信息检索服务工具。WWW 服务是互联网最方便与最受欢迎的信息服务类型,它的影响力持久而深远,并已进入电子商务、远程教育与信息服务等领域。

(一)超文本与超媒体

了解 WWW 的工作原理之前,必须要对超文本(hypertext)与超媒体(hypermedia)的基本概念有一个详细的了解,因为它们是 WWW 服务的信息组织形式,也是 WWW 服务可以实现的关键技术之一。

一方面,过去人们主要从现有书籍,根据章节的内容阅读获取相关的信息。随着计算机技术的发展,人们不断推出新的信息组织形式,以方便对各种信息的访问。在WWW系统中,信息是按照超文本方式组织的。用户可通过选择文本中的“热字”跳转到其他的文本信息。

另一方面,计算机处理的信息也不再满足于文字、图形,更有声音、动画、视频等多媒体信息,所以超媒体进一步扩展了超文本所链接的信息类型,可以将多种媒体的信息联系在一起。

超文本和超链接的工作情况如图3-7所示。

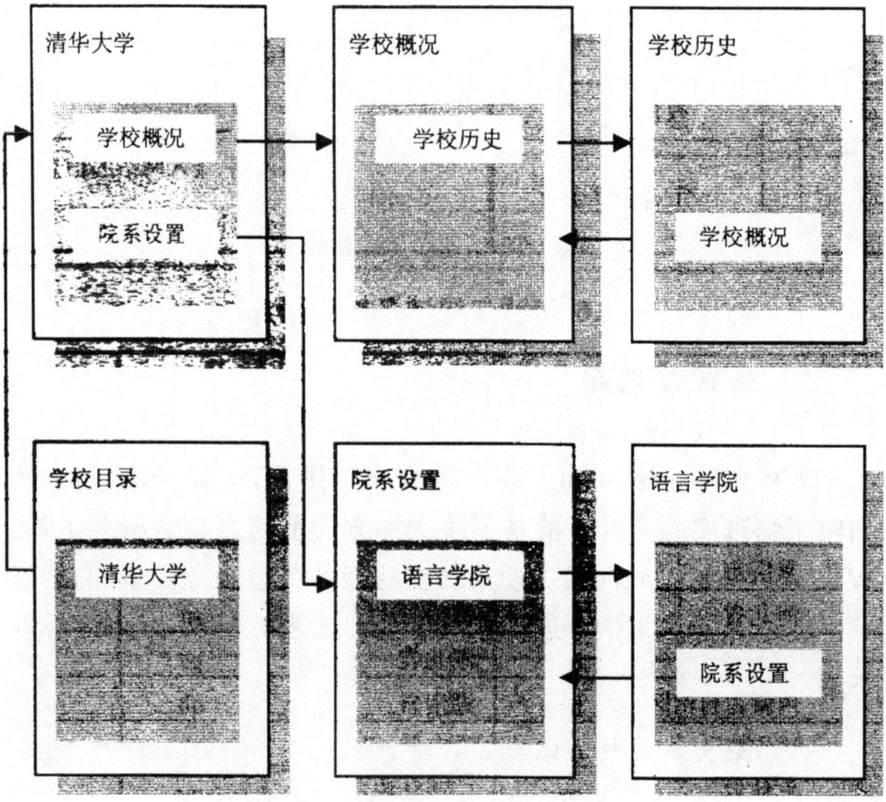

图3-7 超文本和超级链接工作示意

(二)WWW的工作方式

WWW是以超文本标注语言与超文本传输协议为基础,能够提供面向服务的、一致的用户界面信息流线系统。WWW系统的结构采用了客户机、服务器模式，通常说的上网也就是互联网上的用户是通过 WWW 服务器上的 HTML 文件来进行的，如图 3-8 所示。

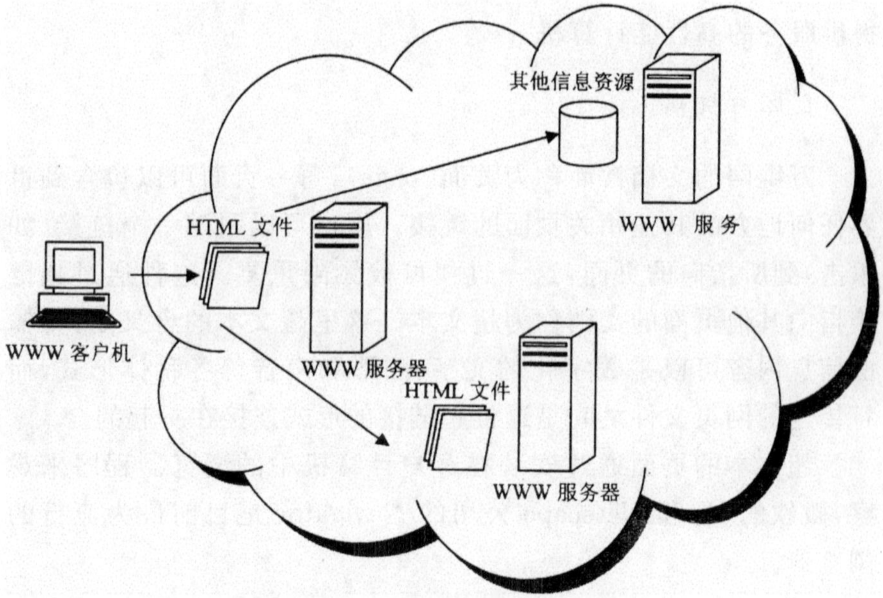

图 3-8 WWW 服务工作示意

（三）URL

在使用浏览器对 WWW 网页进行浏览时，URL（统一资源定位）用于指定资源的类型以及网页地址等信息。

URL 由资源类型、存放资源的主机域名及资源文件名三部分内容组成。

（四）HTTP

在 WWW 中，浏览器与服务器之间通信需要通过 HTTP 进行。HTTP 协议是位于 TCP/IP 协议体系结构中应用层的协议。通过浏览器浏览的网页，实际就是使用 HTTP 协议在互联网中的Web服务器和Web浏览器应用之间传输的。[①]

HTTP采用客户机/服务器(C/S)模式,即在互联网上的计算机不是客户机就是服务器,分别完成不同的工作。客户机供用户提出服务请求(通常是个人计算机或工作站),服务器则是用来提供服务的高性能计算机。

1.客户机端

万维网的文档常简称为页面(page),每一页面可以包含到世界任何地方的其他相关页面的链接。用户可以跟随一个链接(如单击)到所指向的页面,这一过程可被无限重复。这种通过超链接指向其他页面的文档称为超文本。这里超文本的含义是,传输的信息内容可以是数字化的文字、图形和声音等各种体形式,而且传送的网页文件之间是通过超链接的形式连接在一起的。

超文本的页面通过安装在客户计算机中的浏览器程序来观察,微软的IE和Netscape公司的Navigator是目前最为流行的浏览器。

2.服务器端

网站服务器也称为Web服务器。每个服务器站点都有一个服务监听TCP 80端口,看是否从客户机浏览器来连接请求。在建立连接后,每当客户发出一个请求,服务器则发回一个响应,就会释放连接。

客户机端与服务器端通过HTTP交互过程分为如图3-9所示的4个步骤。

(1)浏览器通过TCP协议与服务器建立连接。

(2)浏览器向服务器发出HTTP请求,指定要传输的页面。

(3)服务器做出响应,包括状态码和页面文档。

(4)浏览器断开与服务器的TCP连接。

---

① 王淑华.电子商务基础与应用[M].北京:科学出版社,2009,第51页.

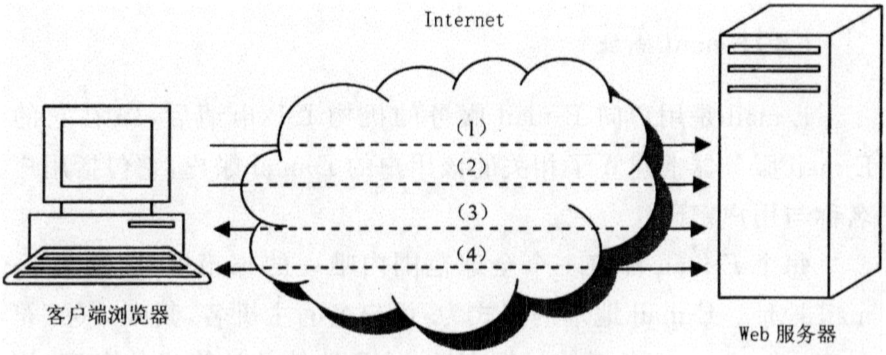

图 3-9 HTTP 访问工作示意

五、电子邮件

电子邮件，又称作电子信箱、电子邮政，它是通过电子手段进行提供信息交换的一种通信方式，在互联网中属于应用最广的服务；通过网络的 E-mail 系统，用户可以用非常低廉的价格和快速的方式，与世界上任何一个角落的网络用户进行联系，这些电子邮件类型众多，可以是文字、图像、声音或视频等。世界上每天发送的电子邮件已经超过 100 亿封。

（一）E-mail 服务器

互联网邮件服务系统的核心就是 E-mail 服务器，它的作用与邮局相似。

一方面，邮件服务器要针对接收用户送来的邮件进行相关的负责，并根据收件人的地址发送到对方的邮件服务器中；另一方面，它负责接收由其他邮件服务器发来的邮件，并根据收件人的地址分发到相应的电子邮箱中。

在互联网上是通过互联网服务提供商(ISP)的 E-mail 服务器（全天 24 小时都运行）作为代理环节实现的。发送方可以在任何时间将 E-mail 发送到 E-mail 服务器中接收者的电子邮箱中并被存储起来（因此不用顾虑接收者的计算机是否打开）。①

① 王淑华. 电子商务基础与应用[M]. 北京：科学出版社，2009，第 52 页.

(二)E-mail 地址

E-mail 是用户向 E-mail 服务的机构 ISP 申请后,IS 在它的 E-mail 服务器上建立了相关的该用户的 E-mail 账户,它包括用户名称与用户密码。

每个 E-mail 都有一个全球范围内唯一的邮箱地址,称为 E-mail 地址。E-mail 地址的格式为:用户名@主机名,其中,"@"符号表示"at",主机名指的是拥有独立 IP 地址的计算机的名字,用户名是指在该计算机上为用户建立的 E-mail 账号。

任何人都可以将 E-mail 发送到某个电子邮箱中,但是查看详细内容,需要邮箱的拥有者输入正确的用户名与密码。

(三)E-mail 服务的工作过程

E-mail 服务基于客户机/服务器结构,它的工作过程如图 3-10 所示。

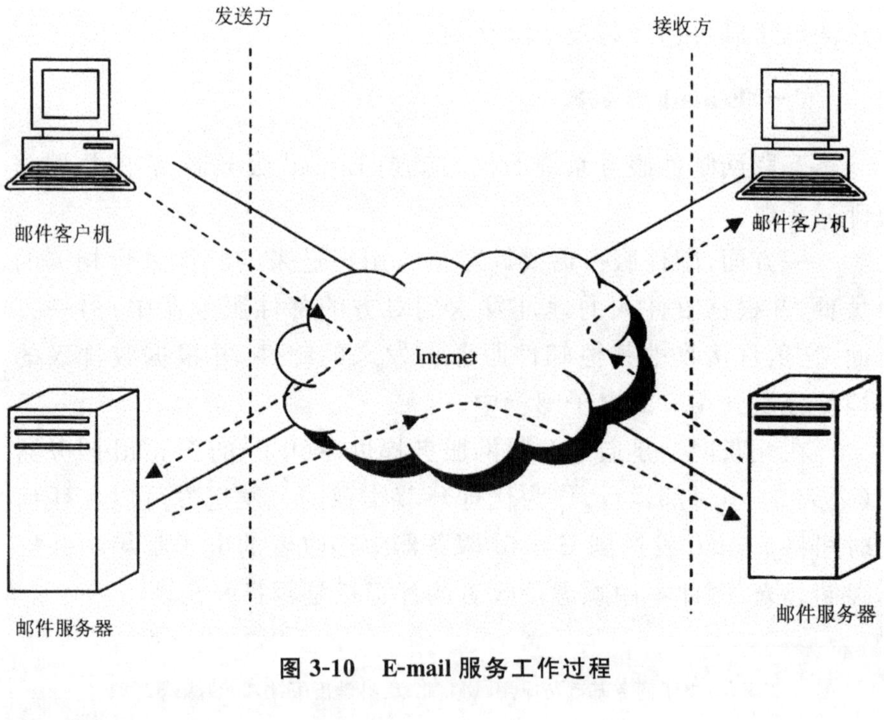

图 3-10 E-mail 服务工作过程

首先,发送方将写好的E-mail发送给自己的E-mail服务器;发送方的E-mail服务器接收用户送来的E-mail,并根据收件人地址发送到接收方的E-mail服务器中;接收方的E-mail服务器接收到其他服务器发来的E-mail,并根据收件人地址分发到相应的电子邮箱中;最后,接收方可以在任何时间或地点从自己的E-mail服务器中读取E-mail,并对它们进行处理。

至于发送方将E-mail发出后,通过什么样的路径到达接收方,这个过程就由互联网自动进行完成。

六、文件传输

将远程文件下载到本地计算机,或将本地文件上传到远程计算机的过程,称作是文件传输。远程文件一旦被上传到本地计算机上,便属于本地文件,与远程系统无关,用户可以对该文件进行读、写相关方面的操作。

文件传输服务是由FTP应用程序提供的,而FTP应用程序遵循的是TCP/IP协议中的FTP(file transfer protocol,文件传输协议),它允许用户把一台计算机中的内容传输到另一台计算机上,并保证传输过程中的可靠性。

(一)FTP服务的过程

FTP服务采用的是典型的客户机/服务器工作模式。提供FTP服务的计算机称为FTP服务器,它是信息服务提供者的计算机,就相当于一个大的文件仓库,用户的本地计算机称为客户机。其工作过程如图3-11所示。

服务属于实时的联机服务,在对FTP服务器进行访问之前,需要登录,输入合法的账户和密码,成功登录之后继续访问,可以对一些授权的文件进行查阅和相关的传输。当然,大多数的FTP服务,不需要输入账号和密码,有FTP为用户提供的公开账户,在赋予访问权限之后，享受免费的服务。①

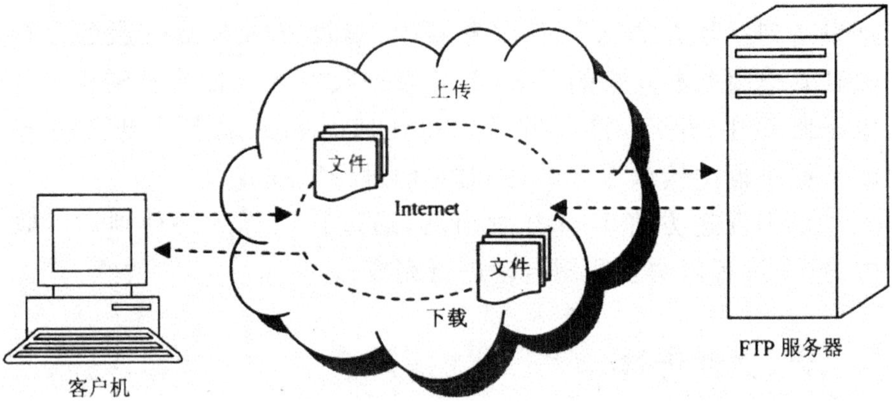

图 3-11　FTP 服务工作过程

（二）FTP 客户机程序

目前，常用的 FTP 客户机程序通常有以下 3 种类型。

1. 传统的 FTP 命令行

它是最早的 FTP 客户机程序，在早期操作系统 Windows 95 中仍能够使用。它包含了 50 多条命令，但是相对于对初学者来说，还是比较难用。

2. 浏览器

目前的浏览器不但能够支持 WWW 方式进行相关的访问，还支持 FTP 的方式进行访问，通过它就可以登录到 FTP 服务器并下载相关的一些文件。

3. FTP 下载工具

采用前面的两种方式下载文件时，会出现这种状况，就是如果网络连接出现了意外中断的现象，之前下载完的那部分文件将

① 王淑华.电子商务基础与应用[M].北京：科学出版社，2009，第 54 页.

前功尽弃，不会自动保存。而 FTP 可以对于这个问题，能够进行很好的解决，它可以通过断点续传的功能进行剩下部分的传输。

目前，常用的 FTP 下载工具有 CuteFTP、LeapFTP、AceFTP 等，这些软件都比较简单，在很多共享网站都能下载，而且使用起来也相对简单。

第三节　Web 开发技术

Web 技术涉及的内容相当广泛，如：HTML 技术、PHP 技术、ASP 技术、J2EE 技术等。

一、HTML 技术

HTML 是超文本标记语言（Hyper Text Markup Language）的缩写。它能对网页中资料显示的标识语言进行控制，也是网页设计中使用最广泛的一种语言。

在 20 世纪 80 年代早期，IBM 提出在各文档之间共享一些相似的属性，如字体大小和版面。IBM 设计了一种文档系统，通过在文档中辅加一种标签，从而可以标识文档中的每种元素。[①] 这样文档的显示和打印可能更少或更多地依赖特殊的硬件，不过这样的系统需要不同的计算机系统提供专门的软件来显示和打印文档。IBM 把这种标识语言称为通用标记语言（Generaized Markup Language，GML）。但 IBM 没在 GML 上做太多工作，直到 1986 年国际标准化组织（ISO）认为 IBM 提出的概念很好，并发布了为生成标准化文档而定义的标记语言标准（ISO8879），称为新的语言 SGML，即标准通用标记语言。SGML 定义了许多不同类型的文档，HTML 是定义了超文本文档的 SGML 的子集。

① 赵冬梅. 电子商务[M]. 北京：机械工业出版社，2012，第 26 页.

人们习惯使用 HTML 表示超文本文档本身(属于一种特殊类型的 SGML 文档)和用以产生超文本文档的标记语言。

二、PHP 技术

PHP 是近年发展起来的一种新兴的语言,是一种服务器端、跨平台、HTML 嵌入式的脚本语言,工作方式与 ASP 相似,其主要功能也是用来开发动态交互式的 Web 服务器应用程序。

(一)PHP 技术的特点

PHP 现在被很多的网站编程人员广泛运用。特点如下。

(1)PHP 独特的语法混合了 c 语言、Java、Perl 以及 PHP 自创新的语法。

(2)PHP 通过把程序嵌入到 HTML 文档中去执行相应的任务,用 PHP 做出的动态页面与其他的编程语言相比,执行效率比完全生成 HTML 标记的 CGI 要高许多。PHP 执行引擎还会将用户经常访问的 PHP 程序驻留在内存中,其他用户再一次访问这个程序时就不需要重新编译程序了,只要直接执行内存中的代码就可以了,这也是 PHP 高效率的体现之一。

(3)PHP 具有非常强大的功能,而且支持几乎所有流行的数据库以及操作系统。

(4)开放的源代码。

(5)PHP 是免费的,使用范围非常广泛。

(6)PHP 是基于服务器端的,因此,运行的速度不会因为多数量的用户、复杂的程序而受到影响。

综上所述,与其他语言相比,PHP 可以用在任何操作系统上,并且具有稳定性较高、执行效率快、开发时间短、学习门槛低、函数支持多等优点。

(二)PHP 的工作原理

PHP 主要的功能是在 Web 环境下,由客户端浏览器传递一些信息给 Web 服务器，再由 Web 服务器去启动所指定的程序代码来完成特定的工作。其工作原理如下。

(1)用户通过 Web 客户端浏览器请求某个功能页面。

(2)Web 服务器接受这个请求，根据系统的逻辑设计，将这个请求对应的 PHP 文件读出，并交给 PHP 处理程序。

(3)PHP 处理程序解释这个文件，执行相应的处理过程，如数据库的访问与操作等。

(4)PHP 从数据库中取得数据后，将按照文件的要求，形成一个标准 HTML 页面。

(5)生成的 HTML 页面交给 Web 服务器。

(6)Web 客户端浏览器将该 HTML 文件解释执行并显示出来。

这样就完成了一次客户浏览器端提出的某个 PHP 请求。从以上可以看出，由于脚本在服务器上而不是在客户浏览器端运行，传到浏览器上的 Web 页面是在服务器上生成的，所以服务器端脚本不易被复制，用户看不到所要浏览页面上的 PHP 源代码，只能看到解释后的结果，这样就可以做到源程序保密。

PHP 易编写，但也存在严重的缺陷：具有对递归的不良支持；缺少标准框架等。由于这些原因，对于非常小的项目来说，PHP 是一个合适的编程语言；但是对于较大的、更为复杂的项目而言，PHP 就显得很薄弱了。

三、ASP 技术

ASP(Active Server Pages)是 Microsoft 推出的 Web 服务器端程序开发技术，是当今最流行的 Web 应用程序开发技术之一，是利用 HTML 语言、服务器端脚本以及 COM 组件快速开发的动态的、交互式的 Web 服务器端的应用程序。ASP 不是一种编程语言，它只是提供了一种使镶嵌在 HTML 页面中的脚本程序得以运行的环境。ASP 是 Microsoft 开发的一种类似 HTML 语言、脚本与CGI的结合体。它允许用户使用VBScript和JScript等多种脚本语言对ASP的应用程序进行编写。它可以创建动态Web页或生成功能强大的Web应用程序。

ASP程序是以扩展名为.asp的纯文本形式存在于Web服务器上的，无论用任何文本编辑器打开。用户只需将.asp程序放在Web服务器的虚拟目录下(该目录必须要有可执行权限)，就可以通过WWW的方式访问ASP程序了。ASP可以包含HTML标签，可以直接访问数据库和ActiveX控件，所以ASP的程序编制比HTML更为方便灵活。ASP吸收了当今许多流行技术，如IIS、ActiveX、VBScript、ODBC等，是一种比较成熟的网络应用程序开发技术，其核心技术是对组件和对象技术的充分支持。通过使用ASP的组件和对象技术，用户可以对Active控件进行直接使用，针对对象方法和属性进行相关的调用，以简单的方式实现强大的功能。

ASP网站的文件由HTML文件、ASP文件、数据库文件、配置文件组成。当浏览器从Web服务器上请求的是.asp文件时，ASP脚本开始运行。Web服务器会调用ASP并执行所有脚本命令，最后将结果Web页传送给客户端的浏览器。由于脚本在服务端而不是客户端运行，传送到浏览器上的Web页是在Web服务器生成的，所以不必担心浏览器是否能处理脚本——Web服务器已完成了所有脚本的处理，并将标准的HTML传输到浏览器。由于只有脚本的结果返回到浏览器，所以用户看不到创建的浏览页的脚本命令源码。

ASP之所以受到广泛的重视和应用，就在于它具有以下独特的魅力。

(1)使用VBScript、JScript(即JavaScript)等简单易懂的脚本语言，同时结合HTML代码，即快速地完成网站的应用程序。

(2)使用普通的文本编辑器，如Windows的记事本，即可进行编辑设计，而利用诸如Frontpage或者Dreamweaver等所见即所得的网页编辑软件可以快捷方便地进行编辑，易学易用。

(3)与浏览器无关,用户端只要使用可执行 HTML 代码的浏览器,即可浏览 ASP 所设计的网页内容。ASP 所使用的脚本语言(VBScript、JScript)均在 Web 服务器端执行,用户端的浏览器不需要能够执行这些脚本语言。

(4)ASP 能与任何 ActiveX Scripting 语言相容。可以使用 Visual Basic、Java、Visual C++、COBOL 等编程语言来编写所需要的 ActiveX Server Components。

ASP 的源程序不会被传到客户端浏览器,因而可以避免剽窃现象发生,在一定程度上提高了程序的安全性。

四、J2EE 开发技术

J2EE 的全称是 Java 2 Platform Enterprise Edition,该平台是 SUN Microsystems 公司推出的 Java2 三个平台之一。除了 SUN 公司之外,该平台还获得了来自 IBM、BEA、Oracle、Intel 等公司的大力支持,已经形成了开放的工业标准。

J2EE 平台构成包括一整套服务、应用程序接口和协议。它对开发基于 web 的多层应用提供了功能支持。下面对 J2EE 中的 13 种技术规范进行简单的描述。

(一)JDBC(Java Data Base Connectivity)

JDBC API 为访问不同的数据库提供了一种统一的途径,像 ODBC 一样,JDBC 针对一些细节问题对开发者进行屏蔽。另外,JDBC 对数据库的访问也具有平台无关性。

(二)JNDI(Java Name and Directory Interface)

JNDI API 被用于执行名字和目录服务。它提供了一致的模型,为了便于对企业级的资源进行存取和操作。

(三)EJB(Enterprise Java Bean)

EJB 提供了一个框架来开发和实施分布式商务逻辑,由此显著地简化了具有可伸缩性和高度复杂的企业级应用的开发。EJB 规范定义了 EJB 组件在何时、如何与它们的容器进行交互作用。容器负责提供公用服务。

但这里值得注意的是,EJB 并不是实现 J2EE 的唯一途径。

(四)RMI(Remote Method Invoke)

RMI 协议调用远程对象上的方法。它使用了序列化方式在客户端和服务器端传递数据。RMI 是一种被 EJB 使用的更底层的协议。

(五)Java IDL/CORBA

在 Java IDL 的支持下,开发人员可以将 Java 和 CORBA 集成在一起。它们可以创建 Java 对象并使之可在 CORBA ORB 中展开,还可以创建 Java 类并作为和其他 ORB 一起展开的 CORBA 对象的客户。后一种方法提供了另外一种途径,通过它 Java 可以被用于新应用和旧系统的集成。

(六)JSP(Java Server Pages)

JSP 页面由 HTML 代码和嵌入其中的 Java 代码所组成。服务器在页面被客户端所请求以后对这些 Java 代码进行处理,然后将生成的 HTML 页面返回给客户端的浏览器。

(七)Java Servlet

Servlet 是一种小型的 Java 程序,它针对 Web 服务器的功能进行了扩展。作为一种服务器端的应用,当被请求时开始执行,这和 CGI Perl 脚本很相似。Servlet 提供的功能大多与 JSP 类似,区别是方式不同。

(八)XML(Extensible Markup Language)

XML 是一种可以用来定义其他标记语言的语言。它被用在不同的商务过程中共享数据。XML 的发展和 Java 是相互独立的,但是它和 Java 具有相同的目标——平台独立性。

(九)JMS(Java Message Service)

JMS 是用于和面向消息的中间件相互通信的应用程序接口(API)。它既支持点对点的域,又支持发布/订阅(publish/subscribe)类型的域,并且提供对下列类型的支持:经认可的消息传递,事务型消息的传递,一致性消息和具有持久性的订阅者支持。JMS 还提供了另一种方式来对实现新应用与旧后台系统的集成。

(十)JTA(Java Transaction Architecture)

JTA 定义了一种标准的 API,应用系统由此可以访问各种事务监控。

(十一)JTS(Java Transaction Service)

JTS 是 CORBA OTS 事务监控的基本的实现。JTS 规定了事务管理器的实现方式。该事务管理器是在高层支持 Java Transaction API(JTA)规范,并且在较底层实现 OMG OTS Specification 的 Java 映像。JTS 事务管理器为应用服务器、资源管理器、独立的应用以及通信资源管理器提供了事务服务。

(十二)JavaMail

JavaMail 是用于存取邮件服务器的 API,它提供了一套邮件服务器的抽象类。不仅支持 SMTP 服务器,也支持 IMAP 服务器。

(十三)JAF(JavaBeans Activation Framework)

JavaMail 通过利用 JAF 对 MIME 编码的邮件附件进行处理。MIME 的字节流可以被转换成 Java 对象。

第四章　网络营销 3.0

随着互联网技术和计算机技术的不断发展,网络营销成了当前十分热门的营销方式。因为网络营销是建立在网络平台上的新型营销方式,拥有许多传统市场营销不具备的优点。企业选择合适的网络营销方式和策略可以帮助他们的产品和服务得到良好的营销效果。

第一节　网络营销的特征

网络营销随着互联网技术的发展而出现,是一种符合当今营销环境的营销方式,是企业整体营销战略的一个组成部分。网络营销是以互联网为平台进行的营销活动,与传统营销相比在营销目的和手段上区别不大,但它有自己独有的营销特点和方式。

一、网络营销的概念

网络营销是信息技术时代下产生的新型营销方式,企业将信息技术作为基础,在互联网平台进行的各种营销活动称为网络营销,其中包括网络促销、网络分销、网络服务等。

从狭义层面来讲,网络营销是指基于互联网平台,对产品、服务进行的一系列经营活动,并通过这些活动达到经营者的销售目标的全过程。例如在当当网、1 号店等平台上进行网络销售,如图 4-1 所示。

图 4-1 网络营销平台

从广义层面来讲，网络营销是贯穿于企业开展网络活动的整个过程的，其中包括通过网络进行信息收集和信息发布的过程等。网络营销具有很强的实践性，进行网络营销最好通过实践来探讨其方法和规律，这样比只注重理论研究更有意义和效果。

网络营销是具有个性化特征的营销方式，企业需要根据自身实际情况制定合适的营销方式。网络营销是系统工程，企业需要根据情况分析市场，对营销做好计划，考虑到各方面的问题在进行实践推行，这样才能保证网络营销发挥其真正作用。

二、网络营销的特点

（一）跨时空

网络营销是基于互联网平台进行的，所以其具有互联网的跨越时空的特征。互联网可以跨越时间与空间随时随地的进行信息传递，这就使网络营销可以随时随地达成交易。企业可以通过互联网全天 24 小时进行营销，随时随地向客户提供全球性的营销服务。

（二）多媒体

网络营销不同于传统营销的单一媒体传播方式，它是通过多种媒体进行信息传播的，其中包括文字、图片、音频、视频等，这样的信息传播与宣传更生动，更加吸引消费者的目光。通过多媒体进行营销，可以更好地激发销售的创造性和能动性。

（三）交互式

网络营销具有较强的交互性。通过网络平台，商家可以及时为消费者提供他们想了解的商品信息，并可以及时与消费者进行沟通交流，这样有利于更方便快捷的达成交易。同时，通过网络营销企业可以更好地收集情报，并可以获得消费者对商品或服务的及时反馈，这样可以帮助企业对商品或服务进行改造升级，从而为消费者提供更好的商品和服务，提高其自身的企业竞争力。阿里旺旺网络营销客服软件如图 4-2 所示。

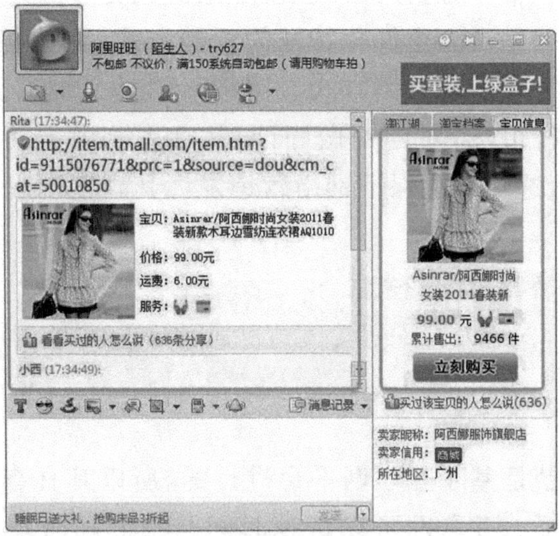

图 4-2　阿里旺旺聊天界面

（四）人性化

网络营销使营销变得更具人性化，这种营销方式更具针对性，对消费者自由度也更大，没有强迫性销售使消费者更容易接受。传统的营销方式比较强势，对消费者来说不够人性化，有时不当的营销反而会引起消费者的反感起到反作用。此外，网络营销可以帮助企业与消费者建立长期的关系，并可以通过交互式的沟通和交流加强二者之间的信任，有利于今后的持续合作。

（五）成长性

目前，网络用户遍布全球且用户数量在不断增加，并且网络用户的构成中有很大比重是年轻群体、具有高学历和高收入的群体，这部分网络用户是最具活力和购买力的群体，同时也是对市场具有较强影响力的群体。网络营销主要针对的网络用户，随着网络用户数量的增加，加上这些群体的整体购买力较高，网络营销具有很强的成长性，这是一种极具潜力的营销方式。

（六）整合性

网络营销是一个整合式的过程，它包括从商品信息发布到交易完成及售后服务的全部过程。同时，网络营销可以将各种营销活动进行整合，通过合理的规划使营销更具效力，可以将整合的营销信息通过统一的渠道进行宣传。

（七）超前性

互联网具有多种功能，包括渠道、电子交易、互动服务以及市场信息分析与提供等，作为营销平台具有强大的功能性。营销会随着时代的进步而发展，未来的营销肯定是更具针对性和个性化的，而网络营销具有一对一营销的功能，可以顺应时代进步而发展，所以可以看出网络营销是一种具有超前性的营销方式。

（八）高效性

网络营销可以通过互联网进行信息储存，在需要商品信息时可以快速进行查询，这种信息查询十分高效，可以保证信息数量和精准度，这种信息查询和传播的效率是传统营销无法比拟的。通过互联网信息技术，商家可以及时更新商品信息，根据实际情况调整商品陈列和价格等，这种高效性可以帮助商家更好地满足消费者的需要。

（九）经济性

网络营销是通过互联网进行信息交换而达成交易的，不同于传统营销面面交易的实物交换。一方面，网络营销可以帮商家减少人力、物力和财力的支出，因为这种营销方式不需要支付店面租金，减少了水电和员工等基础开支；另一方面，网络营销可以减少多次交换带来的损耗，提高交易效率。

（十）技术性

网络营销是建立在互联网平台上，通过计算机技术实现的营销方式，这种营销方式需要企业进行一定技术投入和支持，以此保证网络营销可以平稳展开。通过网络营销进行商品宣传的企业，必须建立或是提升相关信息管理部门的功能，在合适的岗位上安排专业人才，保证这些岗位上员工同时掌握营销与计算式技术，这样才能保证企业在互联网市场上具有竞争力。

第二节　更高效的网络市场调研

市场调研在市场营销中占有十分重要的地位，只有通过科学有效的市场调研才能了解市场状况，充分了解市场是准确制定营销计划，并实施营销的基础。网络营销是基于互联网进行的营销，网络市场调研也是基于互联网进行的，通过互联进行信息的收集、整理、分析和研究。网络市场调研相较传统的市场调研效率高很多，是目前十分常用的调研方式。

一、网络市场调研的含义

市场调查是指以科学的方法，系统地、有目的地收集、整理、分析和研究活动所有与市场有关的信息，尤其关注消费者需求、购买动机和购买行为等方面的信息，通过市场调研可以了解当前的市场状态，根据市场情况可以更有针对性的制定营销计划和策略，这样可以保证较好的营销成果。

网络市场调研是指基于互联网进行的市场调研活动，包括市场信息的收集、整理、分析和研究。其中，可以通过各个搜索引擎查找竞争环境、消费者、供求方面的信息，这称为二手资料的收集。

网络市场调研虽然与传统市场调研的渠道有所不同，但调研的主要内容是一样的。包括市场可行性研究、分析不同地区的销售机会和潜力、影响销售的各种因素、竞争分析、产品研究、包装测试、价格研究、广告监测和效果研究、企业形象研究、消费者研究和市场性质动态变化分析等。

二、网络市场调研的特点

（一）网络信息的及时性和共享性

网络是一个高速的信息传播平台，任何网络用户都可以快速地进行信息接收和传播，所以网络传播可以保证信息的及时性。同时，网络是一个开放平台，这种开放性使网络用户可以更自由的接收和传递信息，通过网络可以十分简洁的进行投票并查看结果，所以网络信息传播具有共享性。通过网络进行市场调研，可以及时对数据进行统计和分析，并可以快速地进行信息处理，调查统计结果可以及时公布，并且还可以进行阶段性的结果查看和统计，这种高效的数据统计方式比传统的市场调查要方便很多。

（二）网络调研的便捷性与低费用

传统的市场调研需要投入大量的人力、物力和时间，但网络市场调研只需要通过互联网和计算机就可以顺利开展，这就可以看出网络市场调研具有的便捷性和低费用是传统市场调研比不了的。信息收集的方式可以通过调查问卷进行，在企业站点发出电子调查问卷，网民可以自愿填写，随后调查者使用相应的数据统计分析软件对调查问卷结果进行处理，对信息进行整理和分析。

同时网络市场调研不需要天气、交通等问题，也不要进行调查问卷的印刷，这可以帮助企业节省一部分开支，也可以保证调查减少外部不可抗力因素的干扰。对于传统市场调研来说，进行数据的采集和录入是十分耗费时间和精力的，通过网络市场调研，这个过程可以交给互联网和计算机进行，大大提高了工作效率。网络市场调研可以不考虑时间，24 小时的接受调查反馈信息，信息检验和信息处理工作均由计算机自动完成。

（三）网络调研的交互性和充分性

网络具有很强的交互性，这为网络市场调研提供了更好的调查依据，因为通过网络调查可以及时获取调查对象提出的建议和看法，这样可以减少因问卷设计得不合理而导致的调查结论偏差等问题。除此以外，网络用户可以通过网络，随时随地自由地发表自己的想法，这使调查结果更全面。传统的市场调研需要被调查者当面进行调查问卷的填写，这就对调查时间有所限制，因为一般的调查不可能占用被调查者太多的时间。同时传统的调查方式对调查人员的要求比较高，而网络市场调研不需要考虑这个因素。

（四）网络调研结果的可靠性和客观性

网络市场调研一般都是在公司站点进行调查问卷发放的，这就保证被调查者是对公司产品有兴趣才填写调查问卷的，相对于没有针对性的市场调查这种方式更能反映市场真实情况，具有较高的真实性和客观性，这样的调查结果更接近实际的消费者心态和市场发展趋势状态。这样的调查方式有很多优势。第一，这种调查是基于被调查者的自愿基础上进行的，保证被调查者对产品具有一定兴趣，增强了调查的针对性；第二，传统的市场调查一般都有强迫填写问卷的现象，所以被调查者填写问卷比较敷衍，但这种调查问卷是由被调查者自愿填写的，所以这些被调查者会更为认真的填写问卷，使调查结果更具可靠性；第三，传统的调查可能存在人为误导等现象，但网络调查不会出现这种现象，因为被调查者不与调查人员进行直接接触，他们处于独立思考环境下，这样的进行问卷填写可以避免外界因素的干扰，保证调查结果更具客观性。

（五）网络调研无时空和地域限制

因为互联网具有跨越时空的特征，所以网络市场调研也具有这种特性，网络市场调研可以保证不分时间和地点的进行，打破了时间和空间上的限制。传统的市场调研需要在调查范围内进行大范围的人力调查，需要区域内所有代理商进行配合，这需要大量的人力、物力和财力投入；网络市场调研只需要与访问率较高的门户网站、有关专业网站及在线网络广告站点联合，就可以展开调查，成本低效率高。如果一项市场调查还涉及海外市场，网络市场调研的优势更加明显。

（六）网络调研的可检验性和可控制性

网络市场调研可以保证对信息采集的质量进行有效的检验和控制。第一，对于网络调查问卷上面的问题可以进行全面规范的指标解释，这样可以避免人为因素导致的偏差；第二，根据检验条件和控制措施设置计算机检验系统，通过计算机对调查问卷进行自动复核检验，这样可以保证100％的复检率，同时保证复检结果的科学有效;第三,网络市场调查可以对受调查者进行身份验证,这样可以避免信息采集过程中出现舞弊现象。

三、网络市场调研的策略

(一)识别网站的访问者并激励其访问企业站点

1.利用电子邮件或来客登记簿获得市场信息

企业可以通过电子邮件和来客登记簿与客户进行交流。企业可以在发给客户的电子邮件中添加 HTML 表单,客户可以在表单界面上点击相关主题并且填写附有收件人电子邮件地址的有关信息,然后回发给企业。来客登记簿也是通过类似方式达成企业与客户的联系的。

客户可以通过电子邮件和来客登记簿了解企业的相关情况,相对的,企业也可以通过这两种途径了解相关的市场信息。例如,企业可以对客户的回复进行分类整理,并对数据进行统计,根据这些信息可以进一步进行市场细分,这对企业之后制定营销策略来说是十分重要的信息依据。

2.给予访问者奖品或者免费商品

企业可以通过给予访问者奖品或免费商品的方式获得其相关个人信息,因为邮寄商品需要获取访问者的姓名、住址和电话等信息。一些访问者担心自己的信息被泄露而使用虚假信息,这种策略可以大大减少这种现象,这样可以在一定程度上提高营销人员进行市场调查的工作效率。

3.吸引访问者注册从而获得个人信息

要善用资源吸引客户进行注册从而获取他们的个人信息,比如可以通过提供有价值的信息或是提供软件免费使用等。例如,易富网会刊登关于股票和投资方面很有价值的信息,但想要阅读这些信息必须进行用户注册才能实现。为了获取这些重要信息,访问者会进行注册,注册的过程就需要提供年龄、职位、个人资金、所在单位、学历等个人信息,这就帮助易富网获得了他们想要的客户信息。

4. 向访问者承诺物质奖励

有些站点会通过承诺物质奖励的方式吸引访问者提供个人信息,物质奖励可以是商品打折权利或是奖金等。访问者想要获得物质奖励就要填写一份网站提供的调查问卷,问卷中可能会包括个人习惯、兴趣、收入等个人信息。这也是一种行之有效的策略。

网络调查问卷有很多种,如图4-3就是一家公司的网络调查问卷。

图4-3 网络调查问卷

（二）网络站点上的市场调研策略

1.科学地设计调查问卷

想设计出成功的调查问卷，应该使其具备两个基本功能：第一，将想要调查的问题清楚明白得表达出来，并传递给访问者；第二，努力与访问者达成合作，使访问者能真实、准确地回复。在进行调查问卷设计时应该遵循以下几个原则。

第一，目的性原则。这是指设计调查问卷时要保证目的明确，保证问卷的问题与调查主题有紧密联系，同时注意突出重点。

第二，可接受性原则。在设计调查时，应该注意将问题设置的容易被调查者接受。一般情况下，一些比较敏感的个人信息不应该出现在调查问卷中，这种问题会引起被调查者的反感。

第三，简明性原则。保证问卷问题简单易懂，尽量将问卷问题设置的简明扼要，使被调查者可以轻松作答，并且不会花费太多时间。所以，在设计问卷时可以采用二项选择法、顺位法、对比法等技巧；合理的设计问题数量，一般的调查问卷最好保证被调查者可以在10分钟之内完成填写；在设计问卷时设计勾选界面，让被调查者鼠标勾选就可以完成答题。

第四，匹配性原则。保证试卷问题的回复便于检查、统计和分析，以此保证网络市场调研的工作效率。

2.监控在线服务

网站的访问者能利用互联网上的一些软件来跟踪在线服务。市场调研人员可以通过监控在线服务对访问者的网页浏览情况进行了解。访问者浏览过的企业、产品，购买过的产品，这些信息都可以被追踪到，通过对这些数据的统计和分析，可以帮助市场营销人员对客户的地域分布、产品偏好、产品竞争趋势进行初步判断。

3.测试产品不同的性能、款式、价格、名称和广告页

网络调查问卷易于修改，调查人员可以根据情况对调查问卷

的内容进行重新组合，将一些重要的调查因素进行不同的组合设计问卷，例如产品的性能、款式、价格、名称和广告页等因素。通过对这些因素进行不同组合的测试，可以帮助调查人员更好地了解这些因素的主次之分，了解哪种因素对产品是最关键的。

4. 有针对性地跟踪目标顾客

市场调查人员可以对获得了信息的客户发送电子邮件，通过电子邮件询问他们对产品和服务的意见和建议，并表明自己十分期待他们的回复。同时在网络调查问卷中也可以直接设置这样的板块，使客户可以直接在这些板块提出自己的想法，可以包括对产品和服务的意见和建议，还可以包括对产品和企业的期望。市场营销人员可以通过这些信息进一步了解市场情况，包括市场动向、发展趋势、消费者偏好等，根据这些信息制定和调整市场营销策略以便营销有更好的效果。

5. 建立企业博客或微博

企业可以通过博客或是微博及时更新产品信息，同时可以与客户和潜在客户进行即时交流，这样可以帮助企业更好地了解客户的消费心理、偏好、倾向，可以更好地了解市场动向和发展趋势等，这十分有利于企业进行营销调整。

第三节　网络营销策略

网络营销策略有很多种，企业选择不同的网络营销策略来达到最佳的营销效果。这节对以下六种网络营销策略进行介绍。

一、品牌策略

网络营销的一个重要目标就是通过互联网建立并推广品牌

形象，以此提升企业的品牌知名度。网络品牌策略是指以企业网站为基础，推行和落实一系列的措施，提高品牌在消费者心中的形象的一种行为。品牌形象对企业的可持续发展有重要作用，所以很多企业都很注意品牌形象的树立和推广。网络品牌价值不仅指直接获得的利益，更重要的是通过品牌价值带来的后续的持续收益。

二、网页策略

企业应该建立企业网站，通过网站向外界及时更新企业信息，以及产品和服务信息，同时可以在网站上对企业的活动进行宣传。企业网站建立后需要有专人进行管理，要有计算机和网络技术人员，以及网页内容编辑人员等专人负责。通过网页进行网络营销相对传统的市场营销可以节省成本，覆盖面也比较广。

三、产品策略

在进行产品策略时，一定要对产品进行定位，确定目标群体。只有保证营销具有针对性，才能保证营销的有效性。通过网络进行产品销售可以节约成本，但是必须明确产品或服务的受众群体，这样才能保证这个策略可以发挥最大的作用。

四、价格策略

价格策略是网络营销中比较难把握的一项策略。网络具有开放性，消费者可以通过网络获取行业各个竞争者之间的产品价格信息，对于企业来说，如何在价格信息如此透明的环境中吸引消费者进行购买是最关键的问题。在这种环境下进行价格策略，不能一味地降低价格争取价格优势，可以通过宣扬性价比的概念来获取价格优势，将消费者的目光转向产品特点和性价比上进行营销。同时，现在各行各业都处在激烈的竞争中，企业应用价格策略时应及时进行价格调整，以适应市场。

五、促销策略

促进销售是网络营销的基本目的之一，可以看到网络营销方法很多都是直接或间接地促进销售。需要明确的是，网络营销不仅可以促进网上销售，很多时候还可以促进线下销售，网络营销是同时影响线上和线下的营销范式。比如，通过网络广告进行产品或服务的宣传，这种促销方式与线下促销不同，消费者不用直接和促销人员进行接触。对于消费者来说，网络促销更易接受不易感到反感；对于企业来说，网络促销可以减少人力投入。

六、渠道策略

目前网络销售渠道很多，企业一定要及时的更新企业信息、产品和服务信息，并将产品宣传与产品促销信息在各个渠道进行发布，这样才能保证消费者可以获得企业和产品的相关信息。同时，为了使消费者可以更便捷地进行购物，企业在进行线上产品销售时应该开通多种支付方式，支持消费者通过多种方式进行付款，避免因为支付形式太过单一而流失客户的现象。

第四节　各式各样的网络BANNER

网络广告是企业在互联网上对产品和服务进行宣传的一种方式，是一种比较传统的网络营销方式。网络广告有许多种类，不同种类的网络广告有不同的优点和特征。

一、网络广告的特点

（一）交互性强

网络用户在网上对某产品广告产生兴趣后，可以通过点击广告进入该广告产品的主页进一步了解产品信息，有些广告点进产品信息页后还可以直接与商家进行咨询或是直接购买，网络广告可以为客户提供一对一的单独服务，同时商家还可以随时获得宝贵的产品反馈信息，帮助他们对产品进行升级。网络广告是一种交互式双向沟通渠道，传统的广告受众只可以单纯的接受信息，不能直接与信息发布者进行交流，但网络广告可以实现受众与商家的直接互动。传统的广告一般都是单向的向客户发布信息，而网络广告是通过各种方式吸引受众，让他们自己选择信息，这样的宣传方式更有效。

（二）具有灵活性和快捷性

传统广告从策划到制作再到投放，需要很繁复的过程，时间周期也比较长，同时投放周期也是固定的，广告发布后就很难对内容进行改变。网络广告的制作不需要过于繁复的过程，制作周期短，并且可以及时的针对广告内容进行更新和改变，这样使网络广告可以配合营销策略及时做出反应，这种及时有效的宣传效果是传统广告不能比的。除此以外，网络广告的信息可快捷地反馈给商家，根据相关的数据统计情况商家可以及时掌握广告的投放效果。

（三）广告成本低廉

网络广告的投放费用远低于传统广告的投放费用。网络广告是通过专门的网络广告制作工具自动进行创作和管理的，所以可以用较低的费用对广告内容进行更改。网络广告每 CPM

(Cost-per-thousand,让1000人看到你的广告的成本)的费用是报纸的1/5,电视的1/8。可以看到,网络广告可以为商家节省一份不小的开销。

(四)感官性强

网络媒体利用多媒体或超文本格式文件作为载体,拥有多式多样的表现形式,例如动态影像、3D动画、虚拟现实等,这些表现方式可以为受众带来更具冲击力的感官体验,感官信息的传达可以让受众更容易产生共鸣,起到更好的产品宣传效果。

传统广告由于受媒体的时间和版面的限制,其内容只能删繁就简,突出重点,而网络广告则基本不受这样的限制,可以将广告做得十分详尽,以满足想进一步详细了解有关情况的用户的需要。广告的创作人员可以根据广告创意需要进行任意的组合创作,从而有助于最大限度地调动各种艺术表现手段,制作出形式多样、生动活泼,能够激发消费者购买欲望的广告。

(五)传播范围广

互联网具有全球性,通过互联网进行广告宣传可以不受时间和空间的限制,可以在全球范围内进行产品宣传。对于广告来说,传播的范围越广,接触到的受众群体就越广阔,这样就会带来更大的广告效应。网络广告可以使世界范围内的受众获得产品信息,可以为产品带来更多消费者。网络具有的跨时空性为网络广告提供了更好地传播空间,网络广告可以24小时不停地进行信息传播,并且只要在可以接入互联网的地方就可以随时随地浏览广告。

(六)信息容量大

网络广告的信息容量不受限制,商家不需要顾虑传统媒体以秒增加的昂贵广告费。商家只需要将重要的产品信息展现在网络广告中,他们需要做的是吸引受众的目光,因为只要点击广告就可以跳转到相应的产品或是企业页面，在这些页面内可以对产品进行详细的介绍和宣传。通过链接可以连接到另一个链接，这种庞大的信息链条是传统媒体做不到的。

（七）受众针对性明确

一般网站的使用者都具有一个或几个相同的特征，可能是共同的兴趣爱好，可能是共同的需求，这样通过网站就可以将人群进行市场细分。网络广告稳定投放就可以根据这种市场细分有的放矢地进行，点阅信息就可以被标注为目标，这样方便商家寻找潜在用户，同时根据不同的受众群体可以进行不同的广告推荐，加强了广告的针对性。

网络广告的准确性包括两个方面。一方面是商家进行广告投放的目标市场的准确性。商家可以根据市场细分在相应的站点投放相应的广告，这样可以加强受众针对性，同时信息受众需要的也正是这类信息，反过来就会对这类信息更加关注。另一方面体现在广告受众的准确性上。受众平时浏览的网站都是自己感兴趣的网站，所以在网站上看到的广告信息也是自己感兴趣的内容，所以从广告受众的角度来说，网络广告的精准性也比传统媒体高。

二、网络广告的类型

（一）按钮型广告

按钮型广告也称图标广告，是最早出现、最常见的网络广告形式。因为这种网络广告设计是一种单击按钮，所以谓之按钮广告。这类广告被设计成单击按钮，因而得名。按钮广告一般放置在网页的左右两端，或是穿插在各个栏目板块中间，现在按钮广告一般采用动态 GIF 或者 Flash 的形式。这种网络广告费用低，效果好，很多商家都喜欢选择这种广告形式。有一些网站会在自己的网站上为一些子栏目、子项目通过按钮广告进行宣传。按钮广告具有一定局限性，它需要浏览者主动进行点选才能实现真正的广告目的。按钮广告如图 4-4 所示。

图 4-4　按钮广告

（二）旗帜广告

旗帜广告是指在页面中分割出一定大小的画面发布的广告，这种广告方式比较传统。旗帜广告一般位于顶部等显著的位置，这样可能更好的引起广告受众的注意力，在广告宣传方面，虽然旗帜广告是比较传统的形式，但是效果很好。旗帜广告可以通过 HTML、Flash、Java 等技术进行制作。旗帜广告如图 4-5 所示。

商家可以在旗帜广告上对产品进行极为简单的介绍，可以运用文字或是动态图片。旗帜广告还可分为非链接型和链接型两种。非链接型旗帜广告是指广告本身不与商家主页链接，点击广告本身可以浏览更为详细的广告信息；连接性旗帜广告是指广告与商家主页相连，点击广告可以直接进入商家页面。为了吸引浏览者，旗帜广告一般都会采用鲜明的色彩，并且添加动画效果，例如跳动、闪烁等。旗帜广告具有可定向性、可跟踪性和交互性等特点。

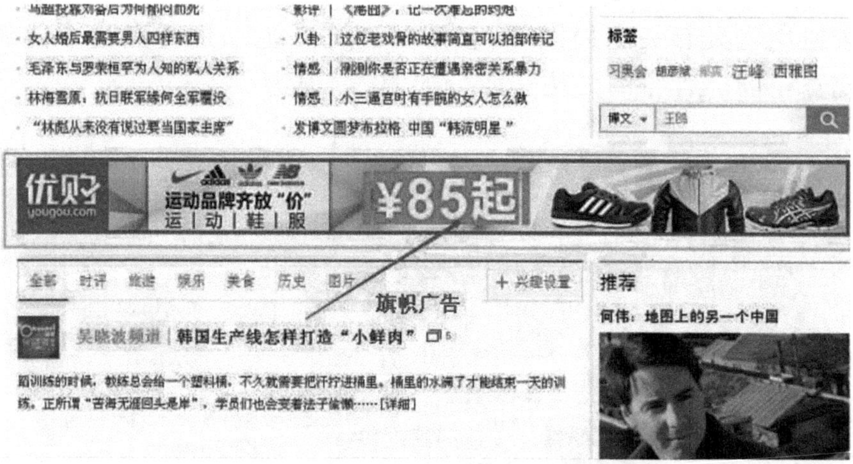

图 4-5 旗帜广告

（三）移动广告

移动广告可以看作是对旗帜广告的一种升级与变形，它是为了改变旗帜广告呆板的形象而产生的。移动广告是在页面上进行移动的小型图片广告，浏览者点击图片，广告就会自动扩大展示广告版面。虽然移动广告改变了旗帜广告较为呆板的形象，但其在页面上移动会影响网络用户的上网体验，所以这种广告具有一定负面效应。

（四）巨型广告

巨型广告又称为“画中画”广告，它占的版面比较大，更容易吸引访问者的注意。巨型广告一般都是嵌入在新闻或者专题报道等文章内页，广告周围是文字，在访问者浏览网页时很容易注意到广告内容。目前，巨型广告通常会使用 Flash 技术使广告内容更丰满、画面更具吸引力，同时还有互动功能。巨型广告在现在是运用比较多的一种网络广告形式。巨型广告如图 4-6 所示。

图 4-6 巨型广告

(五)全屏广告

全屏广告顾名思义是在网页上以全屏模式向访问者展示的一种广告形式。相较于巨型广告有更大尺寸,更能引起访问者注意。这种广告可以采用静态页面的形式,也可以采用动态页面的形式。一般都是以全屏模式维持 3～5 秒,随后缩小到普通旗帜广告的大小。在进行一些大型活动时,商家喜欢用全屏广告来吸引消费者。全屏广告如图 4-7 所示。

图 4-7 全屏广告

（六）游戏植入式广告

游戏植入式广告是依托网络游戏进行宣传的一种网络广告形式。商家将自己的品牌标志、产品信息、品牌内涵等通过静态或是动态的画面植入游戏中，还可以进一步设计将广告内容融入游戏情节中。游戏玩家在平时游戏过程中就可以浏览广告，这种形式可以潜移默化地影响游戏玩家，加深品牌和产品印象。这种广告更易被接受，广告效果也更自然。游戏植入式广告如图 4-8 所示。

图 4-8　游戏植入式广告

第五节　新零售时代的网络营销

网络营销发展速度很快，目前企业可以应用的网络营销方法有很多种，不同的营销方法可以带来不同的营销效果。本节对微信营销和微博营销进行一定分析。

一、微信营销

（一）微信营销的方法

1. 朋友圈

朋友圈是微信的一个基本功能，用户可以将自己想要传递的信息在朋友圈发布，并可以实时更新状态。商家利用朋友圈进行营销，可以在朋友圈内发布商品信息、分享链接等，营销内容可以采用文字、图片、视频等多种形式。这种营销方式可以让微信通信列表中所有人看到朋友圈发布的营销信息，同时用户通过转发可以将营销信息传播的范围更广。微信朋友圈营销如图 4-9 所示。

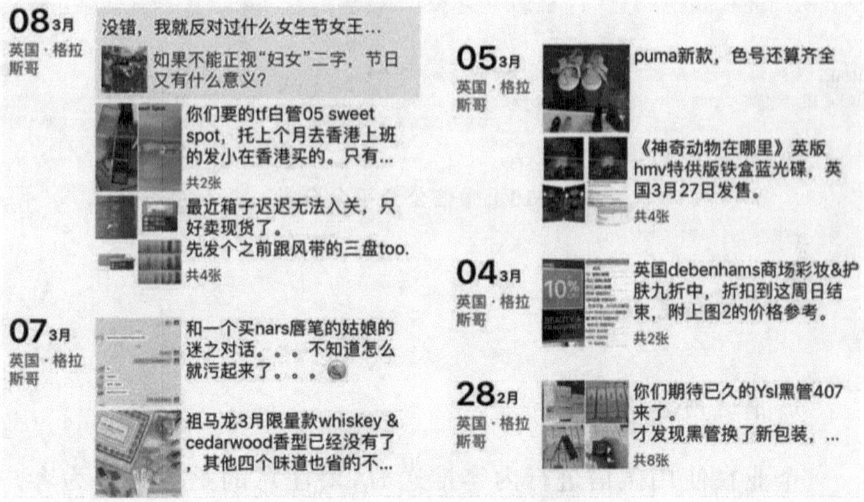

图 4-9 微信朋友圈营销

2. 扫一扫

如今，人们的生活节奏很快，时间也变得碎片化，所以人们喜欢那些简单省时的东西，微信扫一扫就符合人们的这种需求。微信扫一扫与二维码有机结合，人们通过扫一扫功能就可以轻松关注企业公众号，省去了搜索的麻烦。企业可以在其他广告上将二维码进行展示，使人们更加容易添加。同时，企业可以利用二维码技术，使人们扫二维码就可以成为企业会员。

3. 微信公众平台

企业可以建立微信公众号，这样可以更好地为用户提供企业和商品信息。微信公众平台根据不同的功能分为三类，订阅号、服务号和企业号，企业可以根据需求进行注册和使用。微信公众平台分类如图 4-10 所示。

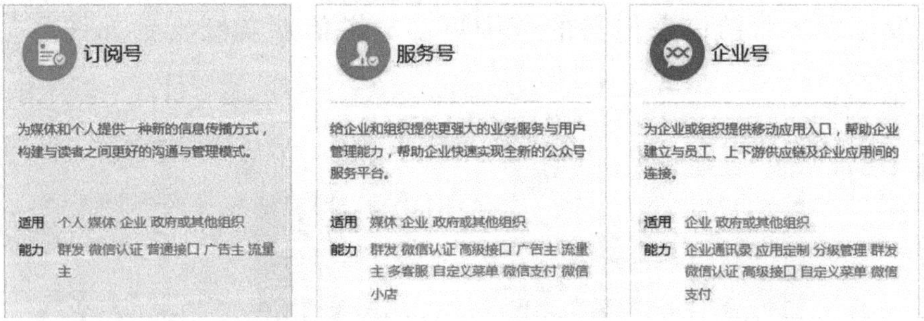

图 4-10 微信公众平台分类

（二）微信营销技巧

1.推送内容设计

企业在使用微信进行内容推送时，要注意的是微信是为客户服务的，要从客户的角度思考该如何制定微信内容。企业使用微信的目的是吸引用户，只有使用户满意，他们才会进一步和企业合作。只有保证企业与用户之间的良好关系，才能保证营销活动的顺利开展。

企业在推送内容时，可以采用“1＋X 模型”，这是指一个核心内容与多样性的其他内容相结合的内容设计方式。这样既可以保证企业的核心价值内容可以得到宣传，还可以丰富内容，更加具有吸引力。

2.推送方式选择

企业进行内容推送时，应该注意次数和频率。一般情况下，一天只能进行一次群体推送，最好一周推送的次数不要超过五次。把握好推送频次很重要，要多到可以引起用户的注意，但不可以多到让用户感到厌烦。

推送的内容也可以多样化，除了图文专题式的内容，也可以推送一些短文本。选择可以引起用户思考和共鸣的短文本，可以博得用户好感，有利于建立与其良好的关系。

3.用户对话内容

随着社会不断进步，人们生活水平不断提高，人们对生活品质的要求逐渐提高，更期待个性化的服务。为了符合时代特征，许多企业公众号将回复内容设置的个性化，通过“拟人化”的方式对用户问题进行回复，这样的方式可以让用户对企业更感兴趣，可以拉近企业与用户之间的距离。甚至一些企业可以通过这种拟人化的客服回复吸引到一批用户前来关注。

4.微信营销宣传技巧

(1)“病毒式”口碑营销技巧

微信具有很强的即时性和互动性，还具有可见度、影响力以及无边界传播等特质，这就使其很适合运用病毒式口碑营销技巧。通过群发功能，企业可以将文字、图片和视频等内容发送给用户；企业可以将优惠信息以二维码的形式发送给用户，这样的营销方式效率高、有效度高。同时，企业发送给用户的内容，用户可以转发给其他用户，这是一种十分高效的宣传方法，可以激发口碑效应，将产品和服务信息传播到互联网和生活的每个角落。

(2)“意见领袖型”营销技巧

企业家、企业的高层管理人员大都是意见领袖，他们的观点具有相当大的辐射力和渗透力，这些观点对公众也具有一定影响力，企业可以通过意见领袖的观点潜移默化的影响用户的消费行为。微信互动营销可以有效综合运用意见领袖型的影响力和微信自身强大的影响力刺激需求，激发购买欲望。

(3)“视频、图片”营销技巧

运用这种营销技巧，需要做到两点。第一，从与用户的互动中了解他们感兴趣和喜欢的产品;第二,善于运用各种技术,可以灵活地将企业的产品信息推送给潜在客户。通过这种方式可以提高企业的服务质量,得到用户的好评,以此提升自己的竞争力。

二、微博营销

(一)微博营销的概念

微博营销是指商家通过微博平台对产品进行宣传的营销方式。微博相较博客更简单,对用户的技术要求门槛很低,而且现在人们的微博使用率高出博客使用率,通过微博进行营销是一种符合当代人们生活习惯的营销方式。微博营销的特点主要体现在以下几个方面。

第一,微博营销是一种多媒体营销方式,可以通过文字、图片、视频等进行产品宣传,还可以将几种媒体相结合共同运用,这样可以更生动和立体的向用户展示商品信息。

第二,微博营销在发布信息时,程序比较简单,不需要经过繁复的行政审批流程,节省了大量的时间和成本。

第三,微博平台具有极强的传播性,信息发送后在很短的时间内就可以在很大的范围内传播开,是一种十分高效的营销方式。同时,微博还有相应的手机平台,更方便人们进行信息浏览和传递,在信息传播方面有很大的优势。

第四,微博营销可以借助粉丝的力量进行传播,一个企业微博的粉丝数量越多,它的信息被转发的次数就可能越多,这样其信息的传播范围也就越广。除此以外,通过名人效应可以更好地帮助企业进行微博营销。

(二)微博营销技巧

1.推广内容技巧

微博营销不仅是注册一个微博就可以了,微博需要经营和打理，在微博的内容更新上要用心设计。企业注册微博不经营就会让其就此荒废，但如果每日推广的信息太多也会起到反作用，合理地进行内容推广才可以发挥出微博营销的作用。

微博的推广内容要讲究技巧，不可以总是发布一些无法引起用户兴趣的信息，那样会逐渐失去用户对企业的关注，也就无法顺利地开展营销。一条热门的微博传播速度快、范围广，可以为企业带来非常好的宣传效果。如图 4-11 所示，就是一条人们的微博的转发、评论和点赞情况。

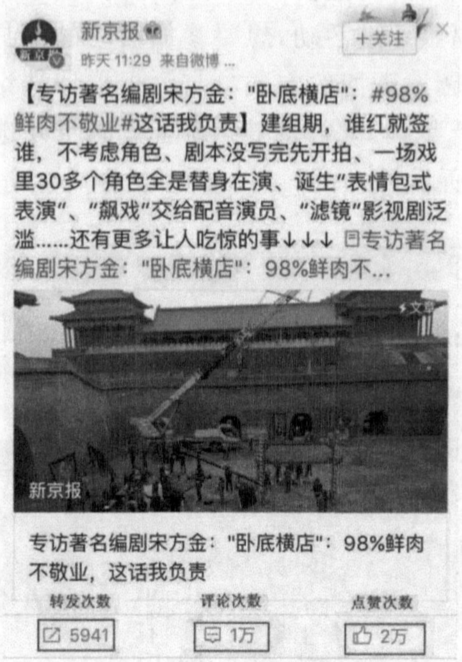

图 4-11　热门微博转发量、评论量、点赞量

微博内容推广技巧要注意以下几点。

第一，坚持进行原创内容更新推广，适当地进行内容转发。

第二，不要使微博内容过于单一，更多地使用多种媒体，加大对用户的吸引力。

第三，微博内容要贴近生活，拉进用户和企业之间的距离。可以多关注新闻热点、突发事件、热门转发等内容，可以适当地参与转发和评论。

2. 品牌营销技巧

微博平台可以帮助企业和用户进行实时互动，企业可以对用户进行实时跟踪。这种快捷性可以帮助企业及时获取用户的反馈，并根据实际情况及时帮用户解决问题。这就很大程度上避免了顾客因为回应不及时而产生的不满，提高了顾客满意度，增加了品牌真诚度，从而加强了顾客黏性。

例如，餐饮品牌“海底捞”就运用品牌营销举行了一次在海底捞拍摄最佳幸福照评选活动，想要参加活动的用户可以在规定时间内，通过带话题发微博的方式参与。根据评选结果“海底捞”会对中奖用户给予奖励。“海底捞”最佳幸福照评选活动微博宣传图片如图 4-12 所示。

图 4-12 “海底捞”最佳幸福照评选活动

此次活动得到了广大微博用户的欢迎，许多用户都积极参与了此次活动。从参与活动的用户中，“海底捞”评选出十名参与者，并利用微博的投票功能公正公开的发起粉丝投票，进一步激发粉丝的积极性，进一步提高了自己的品牌知名度。

当今社会与以往不同，对品牌的真正话语权已经转移到消费者手中，想要提升自己的品牌形象，就要充分满足消费者的需要，品牌口碑是通过消费者进行传播的。而微博是一个可以帮助企业提升品牌形象的平台，企业一定要把握好品牌营销的技巧，与消费者进行良性沟通交流，提升企业在消费者心中的品牌形象。

3. 互动营销技巧

微博互动营销就是通过互动的方式对企业或产品进行宣传，所以这就需要企业主动地与用户进行互动。要积极的对评论进行回复，同时可以举办一些抽奖或是促销互动等活动，通过主动地建立与用户之间的关系进行营销活动。进行微博互动营销最主要的一点就是要主动与别人互动。

很多企业都会采用抽奖活动或者促销互动来进行宣传，这种办法会为企业带来不错的营销效果。通过抽奖或是促销等方式进行互动营销时，一定要注意文案编写，文字要有亲和力和吸引力，并配合相应的宣传图片，图文并茂的方式更容易吸引用户注意。除此以外，如果得到微博人气博主的转发，将会得到更好的营销效果。微博转发抽奖活动如图 4-13 所示。

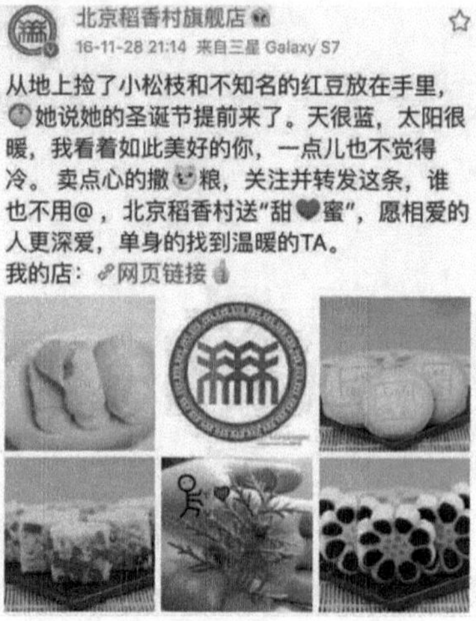

图 4-13　微博转发抽奖活动

想要获得用户的信任，加强用户黏性，就需要与用户不断互动，拉进与他们之间的关系，让他们感受到企业的真诚与热情。只有全心全意为用户服务，用户才会支持企业，才会自愿帮助企业进行宣传。

第五章　APP营销

当前，很多企业把建设一个宣传型网站作为互联网宣传的第一步，在互联网上展示企业形象和主营业务，吸引浏览者关注其网站，从而达到促进销售、提升企业价值的作用。同样，在移动互联网时代，谁先占领用户的手机桌面，谁就是“明日霸主”。可以说，APP是移动互联网时代的企业标识。

第一节　APP——新零售时代的流量之王

一、手机APP的内涵及营销特点

（一）APP的定义

APP是智能手机应用程序的简称，也称手机客户端。APP安装方便，使用简单，可以结合图片、文字、音频、视频、游戏等方式生动展现品牌和产品信息，已经成为占据手机屏幕的第一入口。APP的分类如图5-1所示。

手机APP的承载平台目前主要有三种，分别是Windows、IOS和Android，其优缺点见表5-1。

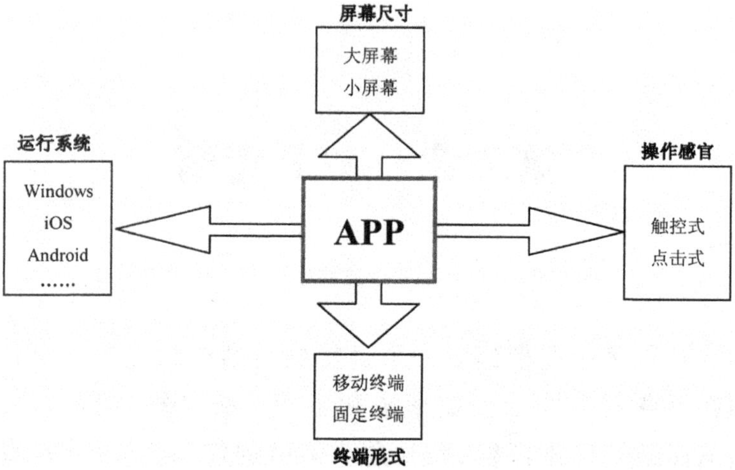

图 5-1　APP 的主要分类

表 5-1　三大平台的 APP 的优缺点分析

平台名称	优点	缺点
Windows	(1)用户体验一致,细节优化体验好,方便快捷:动态磁贴实时更新＋滑动触屏(在全新 Metro 开始界面下,强调信息本身为主要对象,而非应用) (2)Office 中心:可实现 windows Phone 和个人 PC 版本的 Microsoft Office 之间的互相操作 (3)"人脉"沟通联动更直接:强化了"人脉"APP 中的社交功能,具有各种社交更新等 (4)智能应用安全:APP 均由微软认证,更加安全	(1)APP 数量较少 (2)铃声 & 外放调节被绑定 (3)重力感应无法关闭 (4)没有消息中心
IOS	(1)丰富的 APP:拥有全球最大、最成熟的移动网上商店 APP Store,现有 APP 已超过百万 (2)炫酷的娱乐体验:iTunes 支持大量音乐、影视等下载和播放 (3)运行流畅:软硬件无缝搭配,优化程度好 (4)易用性好:优雅、简洁、直观的界面,以及完善的多点触控技术,带来良好的用户体验 (5)安全性高:低层级的硬件和固件功能;高层级的 IOS 功能,加密网络通信	(1)大部分 APP 要收费,第三方免费 APP 偏少 (2)蓝牙、u 盘模式等功能品牌兼容性差 (3)产品过于单一化,目前只支持苹果公司自己的产品 (4)受众面小,不能定制

续表

平台名称	优点	缺点
Android	(1)良好的平台开放性,成本低:Android是一个完全开放的平台,拥有数量多、种类最丰富的免费APP (2)实现个性化APP设定,操作便捷:Android系统的用户可以自由设定屏幕上各种APP、小插件,操作直观方便,更符合使用习惯,打造完全符合自己使用需求的个性化手机 (3)与Google应用的无缝结合:Android是Google主导研发的,完美地结合了Google优秀的网络应用,如Google地图、Google搜索、Gmail等,能带来更好的互联网体验	(1)未建立完善的应用审核制度,有一定的安全隐患,如何控制血腥、暴力等方面的程序和游戏还是个难题 (2)蓝牙、USB功能等兼容性不强 (3)版本太多,升级速度较快,导致用户体验不一致

(二)APP的营销用途与创意表现

APP最初只是作为一种第三方应用的合作形式参与到互联网商业活动中去的,随着互联网越来越开放化,APP作为一种新型应用软件与iPhone的盈利模式开始共同被更多的互联网商业大亨看重,如淘宝开放平台、腾讯的微博开放平台、百度应用平台等都是APP商业化的具体表现,一方面可以积聚各种不同类型的网络受众;另一方面,借助APP平台获取流量,其中包括大众流量和定向流量。

目前,APP在营销过程中的主要用途如图5-2所示。

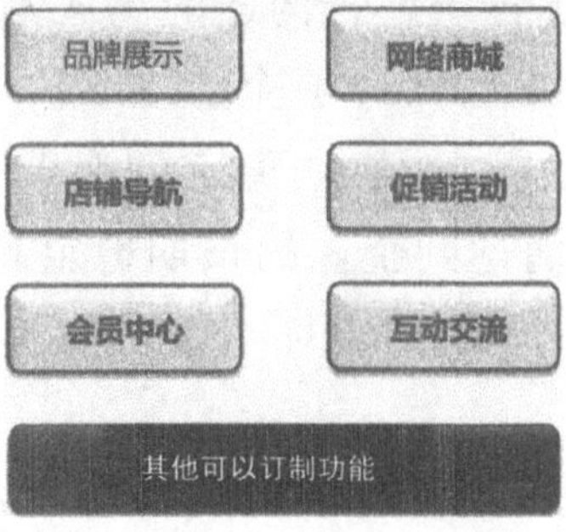

图5-2 APP在营销中的应用

同时,APP 还具有丰富多样的创意表现形式,如图 5-3 所示。

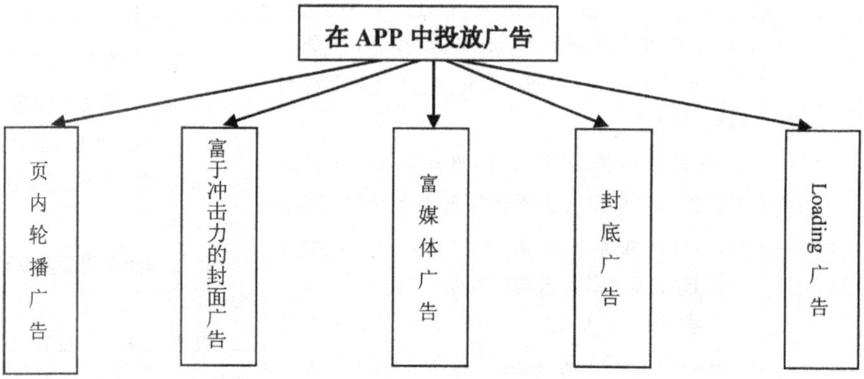

图 5-3　APP 营销中的创意表现方式

(三)APP 营销的特点

1. 成本较低

APP 营销的主要特点就是成本低,可以说比现有任何一种宣传方式都低。APP 营销的模式,费用相对于电视、报纸、甚至是网络都要低很多,只要开发一个适合于本品牌的应用即可,可能会有少量推广费用,但这种营销模式的效果是电视、报纸和网络所不能代替的。

2. 稳定高速

APP 营销摆脱了传统广告沟通的高成本束缚,使企业低成本快速增长成为可能,并且保持了企业和客户的密切互动沟通,从而不断满足客户个性需求,建立稳定的企业忠实顾客群,实现客户链式反应增殖,从而达到企业的长期稳定高速发展的需求。

3. 持续性强

一旦用户将 APP 下载到手机成为客户端,那么持续性使用就会成为必然。建立一群满意度高的 APP 用户能够驱动 APP

的成功，这意味着 APP 必须给用户带来很好的体验，功能必须有价值，这样才能让品牌在用户的下载和更长久的使用中获益。

很多企业由于缺乏竞争性的营销战略，虽然在前期开发市场中投入了大量的资金、人力和物力，但效果并不明显。如果营销策略缺乏变通，就会无法实现企业销售的可持续、稳定增长。APP 营销明显可以弥补这一问题，只要产品做得够好，那么企业的营销思想就会一直存在用户的手机中。

4. 精准度高

APP 营销的本质是将企业的产品、品牌和相关企业附带的信息借助应用程序展现出来，并利用相关的移动互联网平台开展网络营销。随着 APP 不断融入人们的生活，娱乐、社交、生活、购物、工作等类型 APP 无处不在，随之相当多围绕 APP 开发营销的商家也不断增长，无孔不入。

通过 APP 进行营销，即使消费者只消费一次，商家也可以终身精准锁定，直接收集消费者的个人信息。APP 通过可量化的精确的市场定位技术，突破传统营销定位只能定性的局限，借助先进的数据库技术、网络通信技术及现代高度分散物流等手段保障和消费者的长期个性化沟通，使营销达到可度量、可调控等精准要求。

精准定向营销解决方案的首要任务是区分企业不同客户关系的价值，使企业只针对有价值的受众投放广告，帮助企业更好地分配广告投资，减少时间、精力及预算上的浪费。研究显示，有价值的客户只占总客户数量的 20%，价值最低的 30%客户则会耗费企业年利润的 4 倍。APP 精准定向营销解决方案可以帮助企业精准定位具备最高终身价值顾客的客户关系。

相对于传统广告的单向传播、网络广告的散而泛滥，APP 广告可以出现在用户需要的任何时刻，精准地满足用户“潜藏于心”的各种需求，让用户上下班等无聊的“碎片化”时间感觉到充实快乐，而这一切源于它更加“精准”。

原因在于，拥有智能手机的人，一定会有自己喜好的APP应用，而当一群人因为相同的爱好喜欢上同一款APP的时候，这群人的需求就激发出了巨大的精准营销价值，且APP广告可实现基于终端、时空、行为、兴趣四维定向后的精准投放，也能让用户随时随地获取所需要的信息。

目前，“电商大佬”都是依靠APP来抢占客户，比如凡客诚品也开发APP，而且还开发了一个闹钟APP——“凡客闹钟”，提醒用户可以设定时间，来凡客诚品网站抢购商品。

5.促进销售

APP营销是一种通过手机应用推送、传播的移动应用营销方式，所传播的信息影响受众者的意识、态度以及行为从而形成营销结果。由于APP营销具有网络媒体的一切特征，能够随时随地接收信息、分享信息，所以它比互联网信息传播更具优势。有了APP的竞争优势，无疑增加了企业的产品和业务的营销能力。

越来越多的用户在打算购买东西时，转向他们的移动手机和平板，这致使零售商和营销公司纷纷寻找将浏览者转换成购买者的方法。例如，提供特殊的优惠，或者追踪商店附近买家的一举一动，通过数据分析来向他们推送促销信息。

根据Google调查显示，44%的智能手机购物者表示，他们使用移动设备购物是因为省钱。因此，Google的搜索引擎在比价购物方面非常受欢迎，而且现在智能手机上可以配备大量的移动APP能够扫描条形码和其他编码产品识别符。

例如，奔驰smart推出了“奔驰smart”移动应用。相比于服装、图书等轻型商品，笨重且昂贵的汽车要在移动端实现交易还太过遥远，但无论是品牌厂商还是经销商，都并未怠慢APP的开发。

“奔驰smart”APP以Smart风格的智趣新风将线上线下灵动结合带来全新移动体验，用户可登录苹果APP Store下载该应用程序，通过手机随时查找附近的Smart经销店，还可以随意比对 Smart 各款车型，分享自己的心得，如图 5-4 所示。

除了汽车品牌商之外，一些 4S 连锁店也正在通过移动端来辅助销售。与汽车品牌商的 APP 主要以强化品牌形象、传达品牌理念不同，4S 店移动应用的目的很直接，就是提高销售转化率。消费者选择汽车品牌主要还是受传统广告的影响，经销商的移动 APP 主要目的是提高到店转化率，减少客户的流失。

图 5-4 奔驰 Smart 的 APP 界面

6. 信息全面

APP 能够全面地展现产品的信息，让用户在没有购买产品之前就已经感受到了产品的魅力，降低了对产品的抵抗情绪，通过对产品信息的了解，刺激用户的购买欲望，提升转化率。

例如，“布丁优惠券”APP 支持全国大部分城市，囊括了市面上常见的优惠券信息，对于经常出差的用户来说相当方便。用户无须注册即可使用，首次使用 APP 还会自动定位用户当前所在的城市。确定城市之后，“布丁优惠券”APP 会显示当前城市支持优惠券的商家，而且还会将支持电子优惠券和需打印后使用的商家分开，点击喜欢的商家就可以查看它们当前的优惠券信息，如图 5-5 所示。

对于支持电子优惠券的商家，用户只需在就餐的时候出示手机电子优惠券即可;而需要打印优惠券的商家,用户就需要将该优惠券回发至邮箱打印出来才能使用。

对于用户感兴趣的商家,当前用不到但是有效期又较长的优惠券,还可以收藏到“口袋”之中以备以后使用(应用会自动删除过期优惠券)。如果用户担心下载优惠券浪费手机流量,可以在Wi-Fi 环境下将感兴趣的商家所有优惠券一键下载到手机中。

“布丁优惠券”APP 首先解决了用户省钱的需求,而这也是最基础的思路,过去的优惠券大多都是纸质的,想用时未必找得到。但有了手机这个平台,可以随时发现,随时使用,而这个需求是天然的。从商家的角度来说,“布丁优惠券”APP 的价值在于信息全面和资源被用户更快速地发现,并且是被特定的目标用户所发现。

图 5-5 布丁手机优惠券 APP

7. 互动性强

APP 营销的互动性主要表现在以下 3 个方面。

第一，用户可以利用地图定位功能查看商家具体位置或拨打商家电话，如图 5-6 所示。

图 5-6 百度地图上的营销案例

第二，用户在购物时可以在线查看他人对某件产品的评价，并发表评价，如图 5-7 所示。

第三，不用借助第三方平台，企业直接面对终端用户。企业的移动手机 APP 比电脑更具备灵活性，可以随时随地和用户进行一对一的信息交流。

8. 品牌建设

APP 可以提高企业的品牌形象，让用户了解品牌，进而提升品牌实力。良好的品牌实力是企业的无形资产，为企业形成竞争优势。

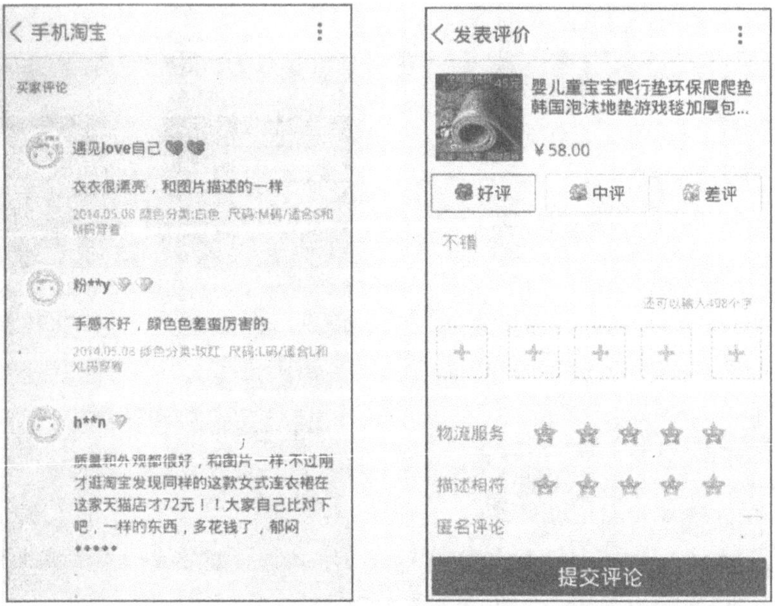

图 5-7 手机淘宝营销

如今，全球各大品牌商已经意识到 APP 可以为其提供推广品牌、接触消费者，甚至展示销售内容的渠道。媒体、商业服务以及汽车制造业在这一方面的认识更加深刻，非常积极地把应用商店作为他们发布内容的渠道。

2008 年 7 月 10 日苹果 APP Store 上线，2008 年 10 月 22 日谷歌 Android Market 上线，2010 年 10 月 21 日微软 Market Place 上线，这些时间点，不仅对移动技术、开发者和用户来说是一个里程碑，对品牌来说也是一个新的挑战和机遇的标志，各大消费品公司都相继在主流平台应用商店推出了自己的品牌 APP，如图 5-8 所示。并且越来越多的品牌开始同时推出 IOS 和 Android 平台 APP，增强品牌在智能手机上的曝光度和接触消费者的机会。目前，多数品牌推出手机 APP 几乎都是为了能够增强品牌的曝光度。

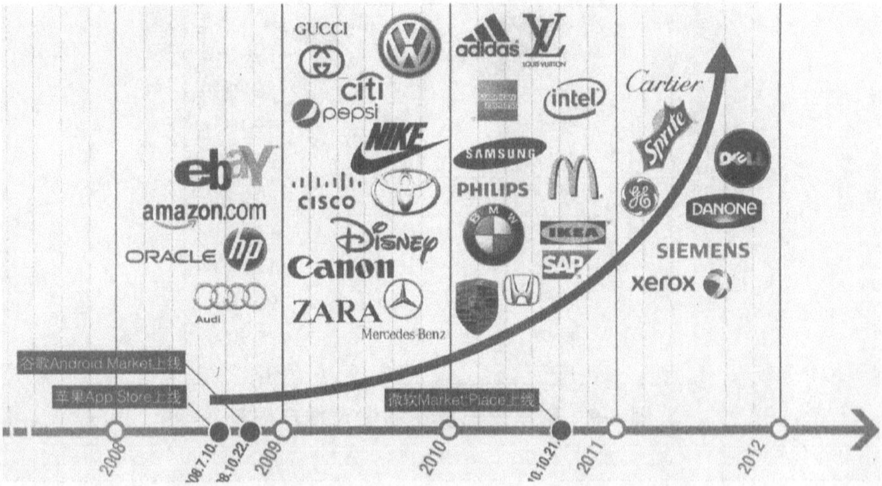

图 5-8　Andriod 和 IOS 上的一些著名品牌 APP

9. 用户黏性

APP 本身具有很强的实用价值，用户通过应用程序可以让手机成为一个生活、学习、工作上的好帮手，是手机的必备功能，每一款手机都或多或少的有一些应用。APP 营销的黏性在于一旦用户将应用下载到手机，应用中的各类任务和趣味性的内容会吸引用户，形成用户黏性。

例如，“糗事百科”APP 应用，它的用户黏性高得惊人，其用户每天泡在上面的时间将近 4 小时，这样一个 APP，潜藏的商机不容忽视。根据阿里巴巴每周发布的橱窗推广周榜发布排行榜 Top10 中显示，糗事百科和另外两个笑话网站占领了排行榜中的 3 个位置，并且稳居此排行中 Top10，如图 5-9 所示。

另外，“糗事百科”在世界 Alexa 排名中也在 2000 以内并稳步上升，百度来路为 62197～80319 IP，24 小时收录量高达 39800 篇。根据网站资料显示，这只是一个个人的网站，并且从来没有做过任何广告，仅仅靠用户与用户之间的口碑传递及开发新的用户，在 APP 整个页面设置上也异常的简单，甚至连精美一点的装饰都没有，整个界面看上去很粗糙，如图 5-10 所示。

排名	网站名称	网站类型	收入（元）
1	淘**	影视	786614
2	中****	生活	767569
3	爱**	影视	494001
4	新***	影视	218080
5	糗***	笑话	209436
6	快***	快递	126646
7	大**	门户	121734
8	快***	笑话	92980
9	电**	资讯	90502
10	捧**	笑话	82024

图 5-9　阿里巴巴发布的橱窗推广周榜

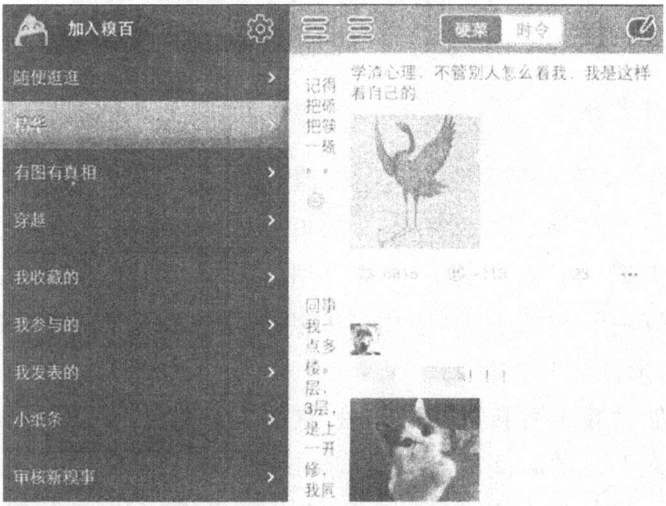

图 5-10　“糗事百科”APP 界面

就是这样的一个个人平台，不做广告不做推广，用户黏性却很高。糗事百科的成功，除了它的选材与运营方式别出一格之外，也跟它的经营理念有关。糗事百科摒弃外表的华丽而从内容出发，用新颖的主题、简单的网页设计加上不断更新的丰富内容吸引并赢得了客户的好感，从而将用户发展成为最忠实的用户，靠用户的口碑进行推广而非网站自身的形式进行推广。

10. 灵活度高

APP 营销的灵活度非常高，比现有任何一种宣传销售活动都简单、灵活。例如，用户只需要扫描商家二维码即可下载该商家的 APP，如图 5-11 所示。

图 5-11　扫描二维码下载 APP

用户只需在手机上点击商家 APP 即可看到商家所有活动信息，并及时参与消费。对于商家来说，也可以随时随地用手机或者电脑发布、管理营销信息，查看实时的营销数据。另外，利用手机和网络，易于开展商家与个别用户之间的交流。用户的喜爱与厌恶的样式、格调和品位，也容易被商家一一掌握。这些数据对产品大小、样式设计、定价、推广方式、服务安排等，均有重要意义。

例如，西班牙 Inditex 集团旗下的一个子公司 ZARA，它既是服装品牌，也是专营 ZARA 品牌服装的连锁零售品牌，为全球排名第三、西班牙排名第一的服装商，在 56 个国家内，设立超过两千家的服装连锁店。

走进 ZARA 的店内，消费者可以发现柜台和店内各角落都装有摄影机，店经理随身带着 PDA(Personal Digital Assistant，又称为掌上电脑)，如图 5-12 所示。当消费者向店员反映"这个衣领图案很漂亮""我不喜欢口袋的拉链"等个人喜好时，店员会通过

PDA 中的 APP 系统将信息向分店经理汇报。经理通过 ZARA 内部全球资讯网络，每天至少两次传递资讯给总部设计人员，由总部做出决策后立刻传送到生产线，改变产品样式。

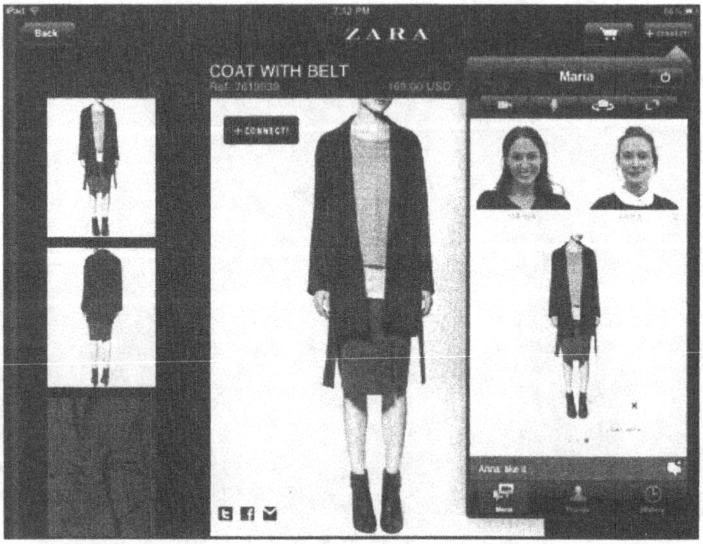

图 5-12 ZARA 品牌 APP

据悉，根据收集的信息，ZARA 最短 3 天可以推出一件新品，一年可推出 12000 款时装。同时，根据这些 APP 和电脑网络数据，ZARA 可以分析出相似的“区域流行”，在颜色、版型的生产中，做出最靠近客户需求的市场区隔。

二、APP 营销快速发展的原因

当互联网进入移动互联网时代，众多企业与个人开发者希望从中掘金。2014 年整个 APP 生态圈中占比较重的开发市场规模超过 500 亿元，全国数百万企业网站潜在的 APP 开发需求呈爆发式的增长，而目前国内 APP 开发年营收综合不到 20 亿元。由此可见，企业级 APP 定制开发将是移动互联网中孕育着巨大商机的新兴项目之一。

随着智能手机和 Pad 等移动终端设备的普及，人们逐渐习惯了使用 APP 客户端上网的方式，而目前国内各大电商，均拥有了自己的 APP 客户端，这标志着 APP 客户端的商业使用已开始初露锋芒。

据悉，有 90%的用户做到了 24 小时手机不离身，用户在各种场景下使用手机上网的比例都超过 50%，其中八成手机用户在家中利用手机上网，六成手机用户在乘坐交通工具时使用手机上网。由此可见，“第三屏”的重要性日益上升，未来将成为“第一屏”，成为时刻在线的移动互联网设备。

APP 作为营销工具，受到人们的欢迎并实现快速发展的原因是，它在费用、效果、效率、客户信息收集、客户二次开发、活动推荐等方面都要优于传统的营销方式，如表 5-2 所示。

表 5-2 APP 营销与传统营销方式的对比

营销方式	费用	效果	效率	客户数据	二次开发活动推荐
DM 宣传页	提前付费，包括设计费、印刷费、工作人员工资等	效果未知，而且不可控，通常浪费较多	设计、印刷都需要专业人员操作，并且需要时间	无法收集	难度较大
传统媒体	提前付费，包括设计费、广告费等，成本较高	效果未知，而且不可控，无法锁定精准投向用户，效果取决于第三方媒体的收视率	跟着媒体的广告版位走，需要提前约定并审查广告内容	无法收集	难度较大
网络营销	提前付费或者点击量收费，需要推广人员，而且好的广告位需要较高的费用	用户转化率低，关键在于网站流量，流量越大效果越好，需要专人管理维护，效果取决于第三方网络平台	在网上可随时发布促销信息，但无法精准用户，通常是撒网式的发布	可以收集	短信、邮箱等

续表

营销方式	费用	效果	效率	客户数据	二次开发活动推荐
团购网站	按效果付费，通常是成交订单销售额的10%	效果比较明显，但关键在于团购网站的排列以及网站的流量，效果取决于第三方团购平台	效率较低，需要提前准备好活动的图片和文字说明，并通过团购平台的审核，有排期	客户数据被团购平台掌握，不会开放给商家，需要二次付费	商家难度较大，网购网站可以实现
APP营销	按效果付费	通过后台可以灵活控制，效果明显	灵活、高效，随时随地调整发布促销内容	可以快捷、方便、精准地收集数据，客户只要消费一次，系统就会永久记录其信息	方便，可主动推荐

随着移动互联网的兴起，越来越多的互联网企业、电商平台将APP作为销售的主战场之一。相关数据显示，APP给手机电商带来的流量远远超过了传统互联网(PC端)的流量，通过APP进行盈利也是各大电商平台的发展方向。

同时，各大电商平台向移动APP的倾斜也是十分明显的，原因不仅仅是每天增加的流量，更重要的是由于手机移动终端的便捷，为企业积累了更多的用户，更有一些用户体验不错的APP使得用户的忠诚度、活跃度都得到了很大程度的提升，从而为企业的创收和未来的发展起到了关键性的作用。

三、APP的历史发展阶段

(一)第一阶段

PC端的移动化曾经一度被认为是APP的未来。

所谓的PC端的移动化，就是将PC端的网页、游戏等，全盘端到移动端，如图5-13所示。

需要注意的是，PC版的移动化，只是APP发展的第一步。如果现在还在发展这类APP的话，只能说明太过缺乏APP理念。

图5-13 PC端的移动化

(二)第二阶段

APP发展的第二阶段是智能化。从初级的移动化过渡到智能化，发展到这一阶段的前提是智能手机功能开始强大。各种技术的支持，拥有了这些技术支持的APP，化身侦探，可以轻而易举地破解传感器的各类数据。

它通过GPS能确定用户所处的位置，通过用户的注册信息可以精确地掌握用户的年龄、性别、消费能力等关键信息……这些信息足以描摹出用户的具体消费习惯。如图 5-14 所示。

图 5-14　APP 通过 GPS 确定用户位置

掌握了用户的具体消费习惯，接下来就可以量体裁衣，为其进行私人定制了。推送最适合对方的内容，这种“个性化导购”，会大大地提升营销成功率。这让敏锐的企业和团队意识到了 APP 市场的大有可为，如果利用得当，不仅能为用户提供最佳舒适的服务，同时也能“润物细无声”地获取到更多的企业粉丝。

（三）第三阶段

对于用户而言，单纯的智能化远远不能满足他们。用户更希望获得“完整的”内容。所谓的完整的内容，就是在看到我们推送广告的同时，能直接获得的信息。这就是 APP 发展的第三阶段，我们将这个阶段称之为“得到”。在第二阶段中，APP 还只能帮助用户找信息，而在第三阶段，APP 却能让用户直接得到心仪的商品或者服务。

朋友圈内的广告，用户看完了非常心动，产生购买欲望。这个时候，只需要点击广告下方的链接，或者是扫一扫二维码等，就可以直接下单购买，如图 5-15 所示。或者在阅读一些有趣的推送内容时，对推送内容中涉及的商品感兴趣，那么 APP 就要向用户提供购买方式等。

图 5-15 “得到”阶段

到目前为止，很多 APP 都在向第三阶段发展。

APP 发展到第三阶段影响非常深远，这种影响不仅对传统电商而言，对于新兴微商也同样深远。面对 APP 的这种发展阶段，传统电商会不再局限于以前的“跑马圈地”，而是要提供平台，打“平台战”。同样，微商也要转变思维，确定自己并不是商人，而是服务的提供者。

这就是 APP 的发展未来。

第二节　品牌 APP 营销的策略

一、品牌 APP 营销的含义

品牌营销是指通过市场营销使客户形成对企业品牌和产品的认知过程，是企业要想不断获得和保持竞争优势，必须构建的高品位的营销理念。最高级的营销不是建立庞大的营销网络，而是利用品牌符号，把无形的营销网络铺建到社会公众心里，把产品输送到消费者心里，使消费者选择消费时认可这个产品，投资商选择合作时认可这个企业，这就是品牌营销的“魔力”所在。

随着智能手机的普及越来越广，移动设备应用的覆盖面也越来越广，开发人员越来越多，成熟的框架越来越多，门槛和成本越来越低，为品牌 APP 开发提供了更有利的市场环境。品牌作为技术的尝鲜者和践行者，成了推动移动新技术的领头人。于是就有了品牌 APP 营销的概念。

简单来看，品牌 APP 营销就是把企业的产品特定形象通过 APP 深刻地映入消费者的心中。从在线战略专家看来，品牌营销是指企业通过利用消费者的产品需求，用质量、文化和独特性的宣传来创造一个牌子在用户心中的价值认可，最终形成品牌效益的营销策略和过程。

品牌 APP 营销是通过市场营销运用各种 APP 营销策略使目标客户形成对企业品牌和产品、服务的“认知—认识—认可”的一个过程。高层次品牌营销就是把企业的形象、知名度、良好的信誉等通过手机 APP 展示给消费者或者顾客，从而在顾客和消费者的心目中形成对企业的产品或者服务品牌形象，如图 5-16 所示。

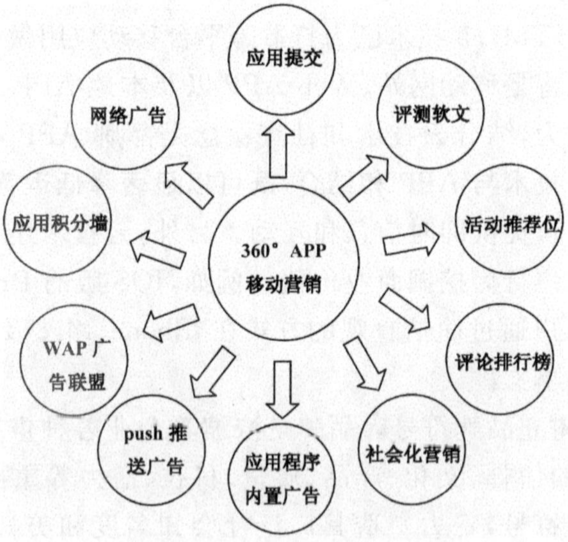

图 5-16 360°品牌 APP 营销

二、品牌 APP 营销的要素

要做好品牌 APP 营销，需要掌握以下六个方面的要素。

第一，把好质量大关。任何产品，其恒久、旺盛的生命力无不来自稳定、可靠的质量。

第二，确保诚信至上。人无信不立，同理，品牌失去诚信，终将行之不远。

第三，进行准确定位。著名的营销大师菲利普·科特勒曾经说过：市场定位是整个市场营销的灵魂。的确，成功的品牌都有一个特征，就是以始终如一的形式将品牌的功能与消费者的心理需要连接起来，并能将品牌定位的信息准确传达给消费者。

第四，打造鲜明个性。单一可以赢得目标群体较为稳定的忠诚度和专一偏爱；准确能提升诚信指数，成为品牌营销的着力支点。个性十足、鲜明独特的诉求，就较容易得到消费者的认同，品牌形象也伴随着这些朗朗上口的广告语而迅速建立。

第五，传播途径巧妙。在同质化的市场竞争中，唯有传播能够创造出差异化的品牌竞争优势。随着 HTML 5 标准化进程的快速发展,HTML 5 技术已为打造跨平台移动应用做好准备。品牌移动阵地将是移动网站、Web APP 以及本地 APP 多种形式并存。本书认为,结合云技术和社交概念是品牌 APP 最直接的卖点。通过云技术与 APP 相结合,既可以显著降低运营维护成本,又可以为用户提供即时信息和互动。另外,云技术还有助于通过深入了解用户行为挖掘商业价值。例如,IOS 版的 Dropbox 云平台可以让用户通过简洁直观的方式在 iPhone、Mac 及 PC 平台无缝保存及共享文件。

第六,树立品牌符号。品牌是浓缩着企业各种重要信息的符号,把企业的信誉、文化、产品、质量、科技、潜力等重要信息凝练成一个品牌符号,着力塑造其广泛社会知名度和美誉度,烙印到公众心里,使产品随品牌符号走进到消费者心里。这个过程就是打造品牌。生活中,这些品牌符号已经留给用户很深刻的印象,非常容易从众多 APP 的图标中胜出。因此,在设计知名品牌的 APP 启动图标时,应该充分使用它的品牌 LOGO。

三、品牌 APP 营销的价值体现

在知识产权模仿越来越容易,产品同质化程度越来越高的今天,企业产品的核心竞争力就在于它的附加值。附加值则来自于消费者对品牌的认同。实现品牌认同就需要营销,广而告之,移动互联网时代则是利用品牌 APP 营销的方法把好产品的价值激发出来。

• 利用 APP 广告自身的特点,如:精准性、互动性、位置化、延续性、强用户黏性等,决定了它能够为企业提供更具个性化、到达率的广告服务。

• 智能手机的价格决定着它所对应的消费群收入水平(也较高),而 APP 是打发碎片化时间的最好方式。

• APP 的形式丰富,种类繁多,可以针对不同的人设计不同的 APP，而且 APP 的广告位唯一，精准性更强，结合手机表现的创意空间更大，这也为经典且难以复制的营销案例的诞生创造了条件，促使品牌和产品在竞争中脱颖而出。

如今，越来越多的品牌选择用 APP 来讲述品牌故事。如果是以现有消费者为中心的品牌 APP，那么它应该为目标受众解决问题并提供所需的品牌信息。如果品牌 APP 是以潜在消费者为中心，则需要向潜在消费者讲述一个关于品牌或产品的故事，或是通过娱乐互动展现品牌精神。

四、品牌 APP 营销的策略

从互联网与移动互联网在全世界范围内迅猛普及以来，电商早已抛弃了陈旧的 Web1.0 内容平台概念和正在抛弃 Web2.0 的大众门户与用户推荐概念，而逐渐进化到 Web3.0 的个性化门户、O2O（线上线下互通）、SoLoMo（社交、本地、移动）等概念，这些概念，配合新工具与新技术的快速发展，为新型商业模式带来无穷的创意来源与商业机会。

在这些新的营销模式中，结合了移动互联网的手机 APP 成了重中之重。开发手机 APP 其实已经是非常容易的事了，不论是 Android 还是 IOS，都已经存在许多非常容易上手的开发平台。因此，对品牌商而言，究竟应该外包还是自制，取决于自己的技术能力。

如今，善于利用移动互联网的品牌厂商，已经把营销战线拉到了用户的手机上，开展一系列的品牌 APP 营销活动。许多手机 APP 其实是免费下载的，但是其中暗藏商业模式，根本目的有以下几点。

- 赚取 APP 内部消费的收入。
- 搜集并挖掘用户的行为信息。
- 通过游戏 APP 来刺激消费欲望。
- 提供与品牌相关的产品、服务、门店位置与营销活动信息。

•提升用户对营销活动的参与热度，直接创造线上或线下的业绩。

•构造品牌社群，提供品牌粉丝互动空间，巩固用户的品牌忠诚度。

•打通O2O闭环，传递品牌知识，扩大品牌的知名度，进而导流线上浏览到线下消费。

品牌APP营销的策略包括以下4个。

(1)品牌个性(brand personality)：简称bp，包括品牌命名、包装设计、产品价格、品牌概念、品牌代言人、形象风格、品牌适用对象等。

企业品牌个性可以定义为公司所有员工作为一个整体，所具有的人格特征或特质，它所涉及的内容比产品品牌个性的内容更广，并指出公司品牌个性包括Creative(独创性)、Collaborative(合作)、Passionate(热烈)、Compassionate(同情)、Agile(敏捷)、Disciplined(有纪律的)六个维度。

(2)品牌传播(brand communication)：简称bc，包括广告风格、传播对象、媒体策略、广告活动、公关活动、口碑形象、终端展示等。品牌传播是企业的核心战略也是超越营销的不二法则。品牌传播的最终目的就是要发挥创意的力量利用各种有效发声点在市场上形成“品牌声浪”，有声浪就有话语权。APP传播是品牌力塑造的主要途径。

在品牌传播中，其系统的构成主要为品牌的拥有者与品牌的受众，两者由特定的信息、特定的媒介(手机APP)、特定的传播方式(移动互联网)、相应的传播效果(如受众对品牌产品的消费、对品牌的评价)、相应的传播反馈等信息互动环节而构成。由于品牌传播追求的不仅是近期传播效果的最佳化，而且追求长远的品牌效应，因此品牌传播总是在品牌拥有者与受众的互动关系中，遵循系统性原则进行操作。

(3)品牌销售(brand sales)：简称bs，包括通路策略、人员推销、店员促销、广告促销、事件行销、优惠酬宾等。在APP品牌销售中，主要指企业以电子技术为基础，以移动互联网和手机APP为媒介和手段，进行各种营销活动。

（4）品牌管理（brand management）：简称bm，包括队伍建设、营销制度、品牌维护、终端建设、士气激励、渠道管理、经销商管理等。品牌管理，是营销管理的一个重要组成部分，主流经管课程如EMBA、MBA等均将品牌管理作为其对管理者进行教育的一项重要内容包含在内。在品牌APP营销过程中，品牌管理也同样是其重要的一个部分。

第三节 玩转微信

作为时下最火热的即时聊天工具，腾讯的跨平台通讯APP——微信向世人展示着其强大的生命力。从微信诞生至今，短短几年用户已经破亿，如此迅猛的发展速度，让众多商家看到了微信营销背后的商机。尤其是微信公众平台的推出，更加预示着微信营销的时代到来了。

微信是腾讯旗下的一款语音产品，当前比较火爆的手机通信APP，支持发送语音短信、视频、图片和文字，可以群聊。相信喜欢体验移动APP用户手机里都会有这么一款应用，而作为深度体验用户的作者也使用将近3年了。

一、微信营销的特点

微信营销主要体现在以Android系统、IOS系统的手机或者平板电脑中的移动客户端进行的区域定位营销，商家通过微信公众平台，结合微信会员卡管理系统展示商家微官网、微会员、微推送、微支付、微活动，已经形成了一种主流的线上线下微信互动营销方式。

微信营销是移动互联网经济时代企、世营销模式的一种创新，是伴随着微信的火热而兴起的一种移动APP营销方式。微信不存在距离的限制，用户注册微信后，可与周围同样注册的“朋友”形成一种联系，用户订阅自己所需的信息，商家通过提供用户需要的信息，推广自己的产品，从而实现点对点的营销。微信营销的主要特点如图5-17所示。

LBS定位式营销	全面地毯式营销	精准富媒体营销
全城定位搜索，锁定大量的优质客户资源。足不出户，轻松操作锁定全城任意地点，进行企业营销，真正做到不漏掉每一个潜在客户，网罗全城的微信用户为企业所用。	针对传统营销模式客户资料更新慢的问题，微信营销系统更直观、全面，不仅可以发送文字、图片，还能及时传送音频视频，多角度对企业进行宣传推广，和目标客户进行一对一沟通。	传统营销模式主要靠短信、电话，往往目标分散或者不能概括所有潜在客户群。微信营销可以针对不同潜在客户群运用不同的营销宣传模式，多管齐下，达到更好的宣传效果。

图5-17　微信营销的主要特点

二、微信营销的机遇

微信营销重在互动，重技术，重服务，涉及更多的人工和技术开发，投资回报率却高得惊人，一对一传播到达率100%。开展微信营销的第一步，就是建立公共账号粉丝群。

微信时代，商家和企业最为关心的应该是：怎么增长粉丝数量。微信增长粉丝数量有以下这些特点。

①微信整个平台交互性强，比较适合客户互动，增加客户黏性。

②微信是截至目前最经济最便捷的客户关系管理平台。商家所加进来的粉丝一定要是企业的目标用户群，包括老客户或者是跟品牌调性相符合的潜在客户，借助微信消息，向他们传递品牌文化、维护客户关系、发布活动促销通知、组织微信互动等。

③粉丝添加商家的微信，一定是被某些利益点触动的，不可

能平白无故。所以,商家应该抓准用户的心理,了解他们想要什么。

粉丝经济,也就是一种注意力经济,没有粉丝的关注,那就无法完成营销。在粉丝经济的影响下,微信 APP 营销有以下这些方面的特点。

①粉丝买卖。随着微信的火热,越来越多的人参与其中,企业迫不及待地需要提升关注度,而用户则是纷纷对有影响有号召力的微信账号趋之若鹜。这种情势催生了粉丝买卖的形成,粉丝已经成了一种流行的“商品”。很多企业和用户为了显示自己的影响力,满足自己的虚荣心,在私底下选择了购买粉丝,这也就是所谓的“僵尸粉”。

②广告植入。广告所带来的收益是目前微信最主要的效能,不管是用户的口碑,还是实际购买量,对商家而言,都是宝贵的回报,如图 5-18 所示。企业公众微信账号针对目标群体的需求,在平台上发送广告,招徕公众参与并购买,从而实现经济上的获利。

图 5-18 微信广告植入

③商业活动。商家如果充分了解自己的粉丝群,就能针对粉

丝需求，制定符合粉丝兴趣的商业活动，有的放矢，通常宣传效果会更显著。当然，商家在推出这样的商业活动时，要考虑一个适度的问题，太频繁的活动推送只会让用户感到厌烦，因此过度的广告推送是不建议的，商家需要制定合理的频率推送，坚持适度的原则。

④微信租赁。在日常营销中，冠名是一种很常见的方法，不少电视节目都会表明由某某品牌冠名，或是由某某大力支持。观众在欣赏节目的同时，也记住了这个商家品牌，最重要的是，它的植入方式巧妙而不会引起人反感。商家在微信运营上也可以效仿这个方法，打造品牌友情赞助，甚至提供转发的奖品、冠名权、活动赞助等等，同时也可以为企业做宣传，并且广告性质比较淡薄。

微信 APP 一对一的互动交流方式具有良好的互动性，精准推送信息的同时更能形成一种朋友关系。基于微信 APP 的种种优势，如图 5-19 所示，借助微信平台开展客户精准营销也成为继微博之后的又一新兴营销渠道。

图 5-19 微信商业活动

三、微信的营销方式

微信营销已经成为很热的话题，被称为传统企业进入移动互联网商业领域的入口，移动商务也是未来的主流，不仅减少企业运营成本，也大大方便了群众。自从微信上市以来，各种微信营销方法层出不穷，下面笔者介绍的 5 种微信营销方式，希望能帮助商家走出微信营销的困境，实现营利的目的。

（一）草根植入式

这种草根式植入的方法，主要是利用微信“查看附近的人”的功能。签名栏是腾讯产品的一大特色，用户可以随时在签名栏更新自己的状态，自然也可以打入强制性广告，例如 QQ 个性签名，但这些事只有用户的联系人或者好友才能看到。而微信中基于 LBS 的功能插件“查看附近的人”便可以使更多陌生人看到这种强制性广告。

营销人员在人流最旺盛的地方后台 24 小时运行微信，如果“附近的人”使用者足够多，这个广告效果也会不错。随着微信用户数量的上升，可能这个简单的签名栏会变成移动的“黄金广告位”。

（二）品牌活动式

品牌活动式主要依靠“漂流瓶”进行，漂流瓶是源于 QQ 邮箱的一款应用，该应用在电脑上广受好评，许多用户喜欢这种和陌生人的简单互动方式。移植到微信上后，漂流瓶的功能基本保留了原始简单易上手的风格。

依靠“漂流瓶”进行品牌活动这让我们看到了“扔”与“捡”互动之间的营销效应。俗语说，“一个巴掌拍不响”，当双边互动的时候，营销也随之而来。微信官方可以对漂流瓶的参数进行更改，使得合作商家推广的活动在某一时间段内抛出的“漂流瓶”数量大增，普通用户“捞”到的频率也会增加。加上“漂流瓶”模式本身可以发送不同的文字内容甚至语音小游戏等，如果营销得当，也能产生不错的营销效果。

（三）O2O 折扣式

O2O 折扣式主要是借用微信 APP 的“扫码”功能，“扫描 QR Code”这个功能原本是“参考”另一款日本的社交工具 Line，它是用来扫描识别另一位用户的二维码身份，从而添加朋友。但是二维码发展至今其商业用途越来越多，所以微信也就顺应潮流结合 O2O 展开商业活动。

将二维码图案置于取景框内，微信会帮助用户找到好友企业的二维码，然后用户将可以获得成员折扣和商家优惠。

O2O 的运营模式主要是在移动应用中加入二维码扫描，然后给用户提供商家折扣和优惠，这种 O2O 方式早已普及开来，而类似的 APP 在应用超市中也多到让人不知如何选择。充分利用 O2O 折扣模式，坐拥上亿用户且活跃度足够高的微信，其价值不言而喻。

（四）社交分享式

社交分享式主要借用微信开放平台和朋友圈。微信开放平台是微信 4.0 推出的功能，应用开发者可通过微信开放接口接入第三方应用，还可以将应用的 LOGO 放入微信附件栏中，让微信用户方便地在会话中调用第三方应用进行内容选择与分享。

社交分享在电商中一直是热门的话题。在移动互联网上，以之前腾讯公布的合作伙伴为例，用户通过微信把“美丽说”网站上的商品一个接一个传播开去，达到社会化媒体上最直接的口碑营销。

微信除了异步通信的功能，“朋友圈”分享功能的开放，为分享式的口碑营销提供了最好的渠道。微信用户可以将手机应用、PC 客户端、网站中的精彩内容快速分享到朋友圈中，并支持网页链接方式打开。

一般来说，能在“朋友圈”营销并取得效果的人，多数是某个行业的专业人士。因为唯有专业才能让人信服，才能吸引人进行咨询、了解并有合作意向。例如，李小姐是一位专业的美容师，她利用微信朋友圈营销做到月销售额五六万元左右，其中，有近一半的利润来自朋友圈。虽说整体销售额不多，但是相对于只有两个人的公司来说，能做到这样的成绩已经很不错了。

（五）互动营销式

互动营销方式主要借助微信公众平台，对于大众化媒体、明星以及企业而言，如果微信开放平台加上朋友圈的社交分享功能的开放，已经使得微信成为一种移动互联网上不可忽视的营销渠道，那么微信公众平台的上线，就使得这种营销渠道更加细化和直接。

通过一对一的关注和推送，公众平台方可以向“粉丝”推送包括新闻资讯、产品消息、最新活动等消息，甚至能够完成包括咨询、客服等功能，成为一个称职的 CRM 系统。可以说，微信公众平台的上线，直指微博的认证账号，提供了一个基于过亿微信用户的移动网站。

互动营销的方式很容易操作。通过发布公众号二维码，让微信用户随手订阅公众平台账号，然后通过用户分组和地域控制，平台方可实现精准的消息推送，直指目标用户，接下来则是借助个人关注页和朋友圈，实现品牌的病毒式传播。

微信公众平台对于经常上微信聚的朋友并不陌生，微信聚应微信公众平台而生，在微信聚里可以发布自己的微信公众号，让大家一起来关注，让我们共享 2 亿微信用户带来的营销机会，加入微信聚，抓住微信营销的大时代。

第六章　大数据营销

随着信息时代的到来，各种数据围绕在我们的工作和生活中，我们的每一个行为都会伴随数据的产生。伴随着互联网技术和信息技术的不断发展，数据化趋势越来越明显，大数据时代也随之而来。大数据可以为企业开展营销提供大量的数据基础，合理运用大数据技术可以帮助企业在营销中获得更多的利益。

第一节　大数据的价值和机遇

大数据中蕴藏着极大的价值，这需要企业对大数据本身进行了解，并在充分了解的基础上进行进一步的探索和应用。大数据在各个行业和领域中都有很大价值，也为企业带来了全新的机遇。目前的关键就在于，该如何利用大数据创造更多价值。

一、大数据的营销价值

（一）形成商业营销模式

1. 租售数据模式

这种商业模式是指，将广泛收集、精心过滤、时效性强的数据进行出租或售卖，以从中获得利润。根据不同的销售对象，可以将这种租售数据模式分为客户增值服务和客户数据有偿提供。

第一种是对购买商品或服务的消费者提供附加的数据服务，例如消费者购买导航仪，同时可以得到导航仪公司提供的即时交通信息服务；第二种是指一些公司将客户信息提供给第三方，并从中收取费用，例如证券交易所就属于这种租售数据模式，把股票交易行情数据授权给一些做行情软件的公司。

2.租售信息模式

租售的信息是经过加工的数据集合，这些信息还是具有一定的行业特征的。在不同的行业和领域一般会出现一个或几个租售信息的霸主企业。信息需要将某一行业的大量数据进行广泛收集，之后对这些数据进行深度整合处理，最后将有价值的信息进行提取集合。

3.数字媒体模式

这个模式具有极为丰沃的土壤，全球广告市场空间是5000亿美元，在这样的背景下数字媒体企业更易发展和成长。这类企业在数据方面的核心价值是获取实时的海量数据，企业通过数据处理技术对这些数据进行深度分析，利用经过处理的信息进行精准营销和信息聚合。对于当前的全球市场来说，数字媒体行业是十分生机盎然的行业，也是很好地体现了大数据价值的一个行业。

4.数据使能模式

这类业务倚仗于海量数据，以及科学有效的数据分析技术。目前有很多企业都通过数据分析技术提供这类业务，例如阿里金融提供的小额信贷业务，就是通过强大的数据分析能力为企业提供贷款服务的。这类金融服务的原理是，通过对企业的交易数据和财务数据进行在线分析，根据结果计算可以提供给这些企业的贷款金额以及时间等，通过数据分析技术，可以将贷款风险降到最低。

5. 数据空间运营模式

传统的互联网数据中心(IDC)就是这种运营模式,许多互联网企业都提供这项服务。随着全球企业注意到了大数据带来的巨大商机,各家企业都开始利用各项技术和资源抢占大数据市场,例如 Dropbox、微盘、百度云盘都属于这种运营模式。对于这类公司来说,随着大数据与数据处理技术的不断发展,可以成长为数据聚合平台,其获取利益的方式也会变得不再单一。

6. 大数据技术提供商

在所有的数据中,非结构化数据是结构化数据的 5 倍以上.所以各个领域都需要提供相应的数据处理提供商。随着目前图像、语音、视频、语义领域对数据处理技术的需求,这些技术提供企业都会进入快速成长阶段。

(二)创造新业务与服务

大数据带来的经济效益不只是体现在目前现有的行业和领域中,在开发新业务的方面其同样蕴含着极大价值。下面通过几个实例对大数据在新领域中的作用进行阐述。

1. 健康领域

美国旧金山的 SeeChange 公司应用大数据技术建立了一套新的健康保险模式。公司可以通过技术支持对客户的个人健康记录、医疗报销记录以及药店的数据进行分析,通过分析结果判断客户是否是慢性病的易感人群,以此为基础判断是否可以向客户推荐定制化的康复套餐。同时,以大数据技术为基础公司还设计了健康计划,鼓励客户完成健康计划中的内容,对于完成相应活动的客户会予以奖励。

2. 零售领域

创业公司 Retention Science 设计了一个电子平台,并向电子商务公司提供服务，电子商务公司可以通过平台的数据分析功能加强用户黏性或是进行市场策略设计。这一平台是具有自学功能的，可以通过使用算法和统计模型来设计优化用户黏性的策略。这个平台会实时收集并分析相关客户数据，保证分析结果具有时效性，这样实时动态的分析预测可以为商家提供较为精准的促销策略。

3.能源行业

美国一家软件运营公司 Opower，通过数据技术提高消费用电的能效。Opower 与多家电力公司合作，收集并分析客户的家庭用电情况，将统计和分析结果按照报告的模式提供给客户，客户可以通过报告得知自家用电在整个区域或全美类似家庭所处位置，通过这种排位和对比的方式帮助客户更好的理解自己的用电情况，以此鼓励他们采取节电活动。

可以看出，大数据的出现的确为我们带来了很多机会，这也正是它的意义和价值所在。不论是已有的业务和领域，还是对新业务和领域的开发，大数据都帮我们打开的新局面，帮助我们更好地为客户提供更科学、更具个性化的产品和服务。

二、大数据的营销机遇

（一）挖掘大数据的营销价值

在企业的运行与经营中，到处都充满了各种数据，尤其是在当今这个时代，海量数据充斥在我们周围。不论在金融、医疗、零售、餐饮、制造还是其他行业，数据都是以几何级进行增长的。在这种海量数据中，有许多机遇与挑战。

大数据时代的来临，为各个行业带来了全新的机遇，对未来的发展方向进行展望，可以看出大数据在所有领域的重要地位。并且有调查表明，应用大数据技术的企业与没有应用大数据技术的企业相比,其未来的财务状况会有很大差别。在目前这个大背景下,企业应该重视对大数据技术的应用,并开始着手尝试或是进行完善,建立和完善系统详细的,具有可实行性的方案进行大数据管理。

大数据本身蕴含着丰富的商业价值,不论是在什么领域、什么平台,都可以利用大数据获取相应的利益。目前的微博、微信、淘宝等,都有十分庞大的用户流量,这一庞大的数据蕴含着极大的商业价值,对于目前的企业来说,最大的问题就是如何将这些大数据加以运用,如何将商业价值挖掘出来并充分利用。

(二)大数据已进入4G时代

自从2013年12月4日,国家工信部正式向中国电信、中国移动和中国联通发放4G牌照开始,中国正式迎来了4G商用时代。这是一个十分重要的时间节点,中国开启了赶超世界之路。

1G是指第一代移动通信技术,随着移动通信技术的飞速发展,目前中国已经正式进入4G时代,即第四代移动通信技术时代。每个发展阶段的移动通信技术都具有不同的特征,每个阶段之间的区别可以从下表6-1所示。

表6-1 不同类型移动通信网络的区别

类别	主要服务	典型业务
1G	语音服务	语音通话
2G	语音和低速率数据业务	语音通话、短信、彩信等
3G	语音和相对快速的数据服务	语音通话、数据流量
4G	更快速的数据服务	高清视频传输、云端游戏等

移动通信技术的发展为人们带来了全新的上网体验,网速的大幅提升,提高了人们的上网体验,随之而来的还有各类全新的应用和服务。4G时代为人们的移动互联网活动带来了更广阔的想象空间,新型应用也相继而来。

4G技术会在大数据在集、传输和应用等各个方面发挥作用,引起大数据革命。同时,随着数据规模的不断扩大,很多时候数据需要经过处理才可以加以应用，这就促进了大数据处理行业的发展。相较传统的通信技术，4G 的数据传输最大速率超过 100Mbit/s，是移动电话数据传输速率的 1 万倍。4G 技术投入使用后，会为各个行业带来新发展和新变化。

第一，网络基础设施的建设会加快，进一步推进信息高速公路的建设，与之相关的通信设备厂商之间的竞争也会发生改变，呈现出全新的竞争格局。

第二，促进终端设备市场的发展，推动其采购和销售。随着终端设备市场的发展，可以推动该行业进军国际 4G 市场。

第三，4G 业务开展后，电信运营商业绩表现将得到一定的助力，有助于运营商转型创新。

第四，随着 4G 网络的搭建和不断完善，还有不断发展的 4G 业务和应用相继开发，手机用户将越来越多的使用移动互联网，大范围的将移动互联网代替电脑终端互联网的使用，这就直接促进了用户对建移动流量和数字内容的消费。

4G 技术会为大数据的采集和传输提供更快速的通道，数据的规模也会不断增加，这就会推进大数据存储、计算和分析技术的革新。而这些方方面面的变化也带来了大数据产业链上的商机，大数据技术行业也会越来越繁荣。

第二节 大数据的商业智能和发展趋势

大数据与商业智能的结合为人们的生活带来了更多便利，为企业经营带来了更多价值。随着科技不断发展，BI 也会不断发展，大数据作为 BI 的完美补充也会呈现出全新的面貌。

一、大数据的商业智能

大数据为人们的生活带了无限的可能，智能商业随着大数据时代的来临应运而生。智能商业正在人们的身边不停发展，在不知不觉中它已经为人们的生活带来了越来越多的便利。

（一）商业智能的六大发展前景

总体来看，商业智能（Business Intelligence，简称 BI）的发展具有实时、操作型、与业务流程的集成、主动以及跨越企业边界等特征。商业智能的实时性可以帮助企业快速地进行数据处理，保证数据是最新的，以此保证处理结果的时效性，这样才能向客户提供及时、有效的决策。

商业智能为商业带来了巨大的转变，在商业分析、企业绩效管理、企业绩效优化等方面都起到了很大作用。但目前商业智能还处于不断发展的阶段，关于其发展趋势可以通过下表 6-2 看出。

表 6-2 商业智能的发展前景

发展前景	趋势预测
内存分析	内存技术是一项关键技术，随着不断扩大的数据规模，内存分析的数据快速分析能力是必不可少的。将来企业会越来越多地采用 HANA 和 Exalytics 这类高端应用，但一般客户还会继续使用 QlikTech、Microsoft 及 Tableau 等供应商提供的灵活的内存解决方案，或者使用 MicroStrategy 等使用方法之类的纯软件解决方案
数据可视化	数据可视化技术是商业智能一个重要的发展方向，这是指将大型数据集中的数据以图形图像形式表示，这需要更高级的技术才能实现。虽然在一些行业，会将可视化与内存技术混同，但实际上这两者是不同的。不少可视化发现工具也内置了内存引擎
大数据	庞大的数据规模会影响硬盘的读取速度，为了改进这一点，就需要一个快速到让用户感觉不断卡顿的平台，同时还要保证该平台可以简单地让业务人员投入使用。大数据让更灵活的框架和拥有灵活数据挖掘算法的商业智能解决方案.拥有了更广阔的发展空间
移动 BI	随着移动互联网的不断发展，移动 BI 的性能也会不断提高。为了适应移动互联网时代，BI 供应商会对相关产品和应用进行调整，一次适应移动 BI，会提供安全性更高、功能更齐全的移动 BI
云计算 BI	云计算 BI 是为了应对大数据时代的一项有效技术，它可以帮助减少内存消耗，可以在计算高峰时期提供灵活的数据解决方案

续表

发展前景	趋势预测
协作型商务智能	从数据出发,可以在供应商、企业内部和客户之间共享分析的结果,来获得某些行动可能会产生的风险

(二)大数据为商业智能构建基础

数据库管理员(DBA)清楚地知道数据在商业智能解决方案中的重要地位,因为数据是商业智能的基础。商业智能是一种数据处理的工具,它可以对企业中的数据进行有效分析,将分析结果提供给企业,帮助决策者在数据分析结果的基础上做出正确的判断和决策。商业智能可以帮助企业更快速、更有效地进行数据处理,从而提高决策的质量,是一种十分实用的商业工具。

大数据 BI 有别于传统 BI,它是对大数据进行分析的 BI 软件,可以进行 TB 级别数据的实时分析。大数据 BI 的应用,可以通过阿里巴巴的“双十一”活动进行分析。阿里巴巴看到了资源共享与数据互通创造出的商业价值,将云计算作为基础,为“双十一”活动提供了大数据服务,对亿万消费者的需求信息进行捕捉,并根据实时动态进行实施销售决策调整。

现在,信息技术的更新速度十分快,技术更新不断地刷新着信息市场,也不断地对 BI 市场环境进行改变。技术的革新带来了更多应用和服务,例如微博、云计算、物联网、移动互联网等,这又带来了信息爆炸,这就为 BI 的发展提供了丰富的数据土壤,让其能够蓬勃发展。

大数据为 BI 带来了丰沃的数据土壤。对数据挖掘来说,大数据量要更容易对比,这就加速了 BI 效率和整合性能力的提升。可以看出,与大数据相关的 BI 分析将会进入高速发展期,这将会是一个重要的发展方向。

(三)商业智能成就行业价值机会

1989 年,Howard Dresner 首次提出了商业智能的概念,这一概念一经提出就引起了广泛关注，不久后就被人们广泛获悉。当时将商业智能是指集合了数据仓库、查询报表、数据分析、数据挖掘、数据备份和恢复等，以帮助企业决策为目的的技术及其应用。

在大数据时代，企业需要足够的能力才能抢占大数据市场，而这就需要对大数据具有一定的分析和应用能力。对于企业来说，报表的呈现和简单分析只能说明技术具有商业性，却不能体现智能性。想要体现智能性，就要求技术或是应用具有结合环境进行数据分析的能力，不是单纯地对数据进行简单的统计和分析，而是结合目前的社会、市场和行业等环境的状况，对数据进行有效分析，并根据分析结果提供有价值的信息的建议。想最大程度地发挥出 BI 的智能性，就要尽量的挖掘范围更广、深度更大的数据，并以此为基础建立起更为科学有效的分析模型。

商业智能与大数据有一定区别，大数据通过对商业智能工具的应用对大容量数据和非结构化数据进行处理。相较于传统的数据仓库系统，大数据分析对数据的分析和处理具有一定延展性，让不仅关注结构化的历史数据，而且倾向于对 Web、社交网络等非结构化数据进行分析和处理。大数据可以向商业智能没有触及的领域进行伸展，它是商业智能的一项补充。

例如，在 2002 年，民航旅客量突破 1 亿人次。对于 1 亿人次带来的海量数据，航信团队意识到了数据挖掘的必要性。为了更好地对这些数据进行收集、分析和处理，航信团队在数据仓库平台方面做了早期的挖掘。在随后的调查研究中，IT 团队利用专业的商业软件对此进行科学部署，通过一系列活动为客户带来了更多价值。

随着商业智能的不断发展，许多大企业都将其作为强有力的掘金石，与信息化建设有机结合、无缝连接，对数据进行分析、处理，随后通过 BI 提供相应的解决方案，这已经成为企业信息化发展的基本流程。但对于一些中小型企业，关于 BI 的开发和使用还存在一些难点，这需要他们加深对 BI 的了解，并通过加大投资积极开发。

根据 Gartner 的研究，BI 市场正在以很快的增长速度进行发展，2020 年市场价值将达到 1360 亿美元。目前，已经有很多企业将 BI 融入到了他们的生产经营中，这也为他们带了更多的便利、创造了更多的价值。BI 的运行模式如图 6-1 所示。

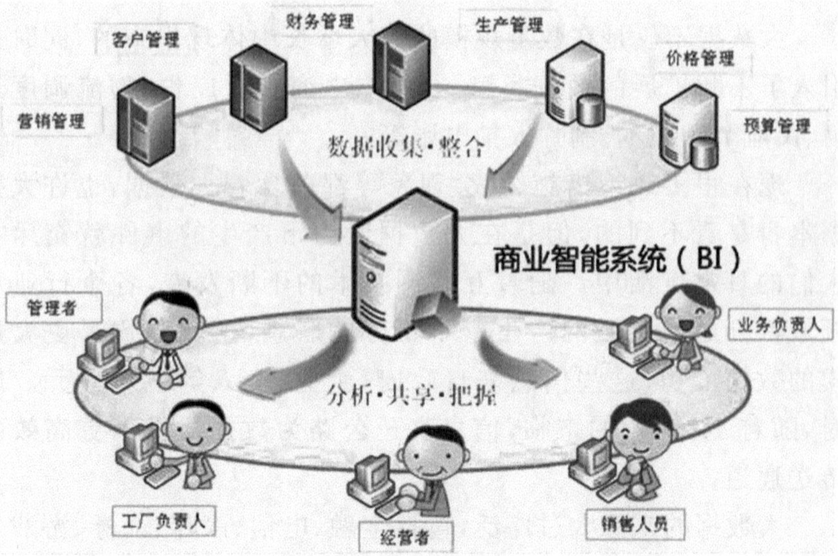

图 6-1　BI 运行模式

二、大数据的发展趋势

随着互联网技术的不断发展和创新，互联网领域发生了很大的变化。移动互联网、社交网络和电子商务的出现，扩大了互联网的应用范围和领域。互联网的发展为人们的生活带来了前所未有的方便与快捷，但同时互联网也通过数据技术更快速、更轻松的掌握了人们的各类信息。

通过大数据技术，可以对庞大的数据进行快速的收集和分析，并从中获取有价值的信息，这种功能便是大数据技术的价值。大数据的来源有很多渠道，卫星信号、传感器、网络数据传播等，我们生活的空间中无处不被海量数据包围。如果可以将这些海量数据进行有效的综合利用,将会带来不可估量的巨大社会价值和经济价值。同时,通过大数据技术,对未来的预测也许也不再遥不可及。

(一)大数据推动世界发展

大数据不仅是在数量规模的惊人增长中体现出来的,同时还引入了不断扩展的数据类型。例如,电商投放广告、物流调度运力、民航节约成本、制片人拍电影等。

现在很多政策措施、社会现象等都蕴含着大数据,也许大数据本身是看不到的,但是在大数据发力下产生的事件就充斥在人们的日常生活中。随着互联网技术的不断发展,各个行业和领域都开始与互联网产生密不可分的联系,这就导致了更大规模的数据堆积,这些信息来自政府、企业、个人等多个单元。同时,随着4G时代的来临,信息高速公路为数据提供了更高效的传送通道。

大数据的来源太过广泛,包括金融、电信、医疗、证券、游戏等各个行业,并且数据不仅来自于人类,动物、植物、甚至非生命体都可以提供数据。并且,大数据的规模还在不断增长,涉及的范围也在不断扩大。

例如,Lytro是世界上第一部“先拍照后对焦”的光场相机,它在拍着照片时及利用了大数据处理分析理念。Lytro在进行拍摄时,会记录光场内的所有光,而不像其他相机那样只记录一束光线,因为它拍摄时包含了所有光,人们就不需要在拍照前进行对焦,而是可以在拍照后再进行选择。

可以看出,大数据蕴藏了太多的商业价值,如果能够找到正确利用它的方法,那么将会获取不可估量的回报,这也正是所有行业和领域都对大数据应用痴迷的原因之一。随着不断的变革,互联网企业成了大数据时代的先头部队,站在最前沿对大数据应用发起了挑战。Facebook、谷歌、苹果、亚马逊是后PC时代的四巨头，它们的商业活动都涉及大数据领域，而关于大数据的应用它们有其各自不同的特点。

1. Facebook

Facebook 是全球最受欢迎的社交媒体，根据《全球社交媒体研究概要》的数据统计，2016 年 Facebook 拥有 15.9 亿的活跃用户，市场份额高达 18%。2016 年 4 月全球最受欢迎社交媒体排行榜前五名如图 6-2 所示。依靠着庞大的用户群，Facebook 已经成了业界最大的大数据生产者，它无时无刻不在生成海量信息。

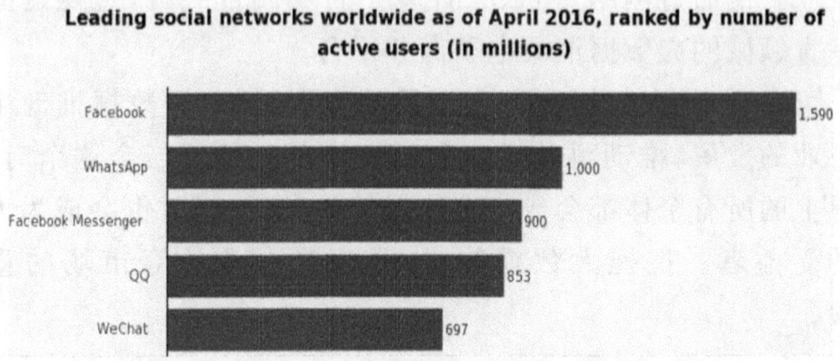

图 6-2 2016 年 4 月全球最受欢迎社交媒体排行榜

2. 苹果公司

苹果公司是当今一家极具影响力的高科技公司，其总是能够开发出行业领先的产品，并受到全球用户的喜爱。目前，为了适应当前的大数据时代，苹果公司依靠操作系统和颠覆性的终端，不断努力建设大数据的生成场所，想要站在时代前沿的运用大数据技术。

3. 谷歌公司

谷歌公司是一家大型的跨国科技企业，其拥有全球最大的搜索引擎，除此以外还开展云计算、广告技术等业务，还以互联网为基础提供多项产品和服务。谷歌公司凭借其操作系统、搜索引擎和“Google＋”平台整合终端产品，提供空间对可以利用的大数据进行储备。同时，谷歌开展云计算服务，建立云计算平台 GCP(Google Cloud Platform)，不断完善自己的数据库服务功能。

4. 亚马逊公司

亚马逊公司是一家网络电子商务公司，最开始亚马逊在网络上进行书籍的销售，之后随着业务扩展现在成了综合性的网上购物平台。亚马逊是云计算的最早倡导者之一，在大数据领域是领军企业。他通过网络平台、云计算平台和阅读终端，想要建立一个垂直领域的大数据汇聚电子商务平台。

可以看出，大数据是当今世界的发展趋势，大数据推动了各行各业的发展，推动科技进步和经济增长。处于当今这个时代，世界上的所有个体都会成为大数据的提供者，同时也会成为大数据的受益者。把握大数据技术，是当今企业抢夺市场的重要手段。

（二）大数据时代的转变

移动互联网高速发展，在很大程度上使人们使用移动互联的时间和频率比传统互联网的长和高。随着智能移动设备的推广和普及，带来了海量数据的爆发。在这种背景下，人们都在讨论什么是大数据，又该如何正确利用大数据创造价值。

大数据的实质是数据云，将其科学合理的营运到日常的生产经营中是企业应该追求的效果。将实时感知、分析、对话、服务能力作为基础，让数据流成为商业、营销活动的核心。为了更好地利用大数据，应该明确大数据时代的业界生态。

1. 互联网生态结构发生转变

根据全球数据公司 IDC 发布的报告显示，2016 年全球智能手机出货量达到 14.7 亿部，较 2015 年增长了 2.3%，创造了历史最高出货量。庞大的智能手机用户群，象征着目前移动互联网的蓬勃发展。随着移动数据的爆发式增长，对于移动数据挖掘和利用的需求愈加明显。移动互联网高速发展的节点，为实现大数据提供了前提。

Analysys 易观智库发布的《2016—2018 中国移动互联网市场预测》中显示，2015 年中国移动互联网用户规模达到 7.9 亿人，预测到 2018 年该数据会达到 8.9 亿人。2015 年中国移动互联网市场规模达到 30794.6 亿元，是 2012 年市场规模的 16.7 倍，并且预测中国移动互联网市场规模到 2018 年会达到 76547 亿元。从统计数据中可以看出，目前我国移动互联网的发展规模极其庞大，这就导致互联网的生态结构发生了转变，传统的计算机终端互联网开始向移动互联网转化，移动互联网为大数据提供了大量数据来源。2016—2018 年中国移动互联网用户规模预测如图 6-3 所示，2016—2018 年中国移动互联网市场规模预测如图 6-4 所示。

图 6-3 2016—2018 年中国移动互联网用户规模预测

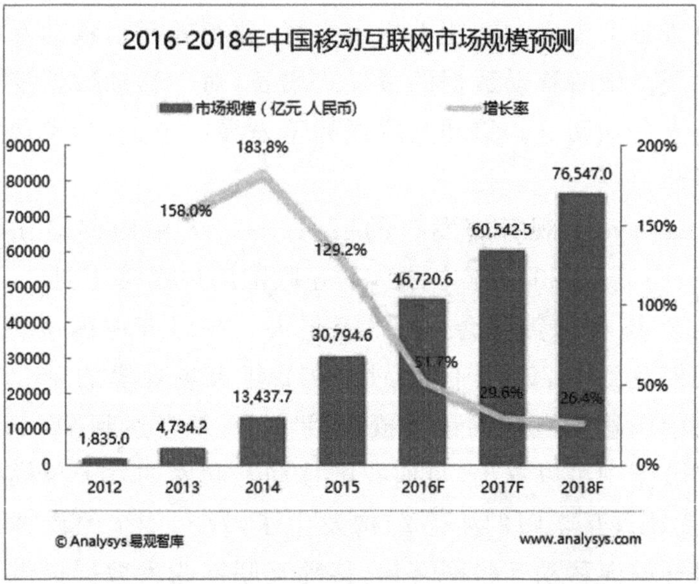

图 6-4　2016—2018 年中国移动互联网市场规模预测

2.数据方式发生转变

随着互联网生态结构的转变，人们在工作和生活中产生越来越多的数据。随着科技的发展，人们将会产生更多数据，对于这些海量数据的应用也将更加科学合理和多样化。如果将这些越来越多的海量数据进行单纯地储存，那将无法将这些数据的价值发挥出来，也就不能达到应用大数据技术的目的。

2015 年，中国大数据市场规模达到 115.9 亿元，增速达 53.10％，并且大数据市场规模还将不断扩大。可以看到大数据的市场增速多么惊人，同时也可以预见大数据带来的巨大商机。但问题的关键是，企业该如何合理的利用大数据创造价值，放在那里的数据是没有价值的，只有找到合适的应用方法才能发挥其效力。

3.互联网营销方式发生转变

目前数据结构正在发生转变，从单一转向多样，文字、图像和视频占了很大比例。在大量的用户信息数据的基础上，互联网营销也会开始向个性化转变。在人们的日常生活和工作活动中，都在不停地制造大数据，例如用户发送微博、通过百度进行搜索、在购物网站进行买卖等，这些行为都会生成大量数据，而企业需要做的就是利用这些数据进行个性化的网络营销，通过对数据进行收集和分析，提升服务质量，加强营销效果。

截至 2016 年 12 月，我国网络用户规模达到 7.31 亿，互联网普及率达到 53.2%，手机网上支付用户规模达到 4.69 亿，年增长率达到 31.2%，我国手机支付的发展十分迅速，很多人养成了用移动互联网进行购物和支付的消费习惯。因为人们在消费时开始倾向于网络消费，所以我国在广告投放方面也要发生转变，开始转向个性化营销，从流量购买转向人群购买。商家想要占据市场上的有利地位，就需要主动迎合用户需求，这就需要利用大数据技术来分析数据，再利用数据。

第三节 价值数据的挖掘

数据挖掘是从海量数据中获取有效信息的过程，是数据库知识发现中的一个重要步骤。只有进行科学有效的数据挖掘才能保证之后的数据分析的有效性，数据挖掘是进行大数据分析的基础。

一、数据挖掘的过程

数据挖掘(Data mining)是数据库知识发现中的一个重要步骤，这是指通过算法在大量数据中搜索有效信息的过程。数据挖掘需要对每个数据进行分析，并通过分析探索其中的规律，是一项十分重要的数据技术。数据挖掘的一般流程如图 6-5 所示。

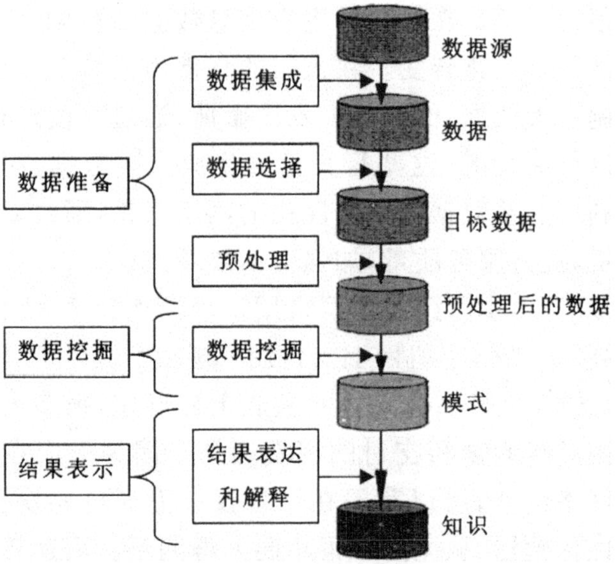

图 6-5　数据挖掘的一般流程

数据的挖掘过程是指对所得到的经过转换的数据进行挖掘，其一般流程如表 6-3 所示。

表 6-3　数据挖掘过程的流程

挖掘步骤	具体内容
第一步：建模	在建模阶段，可以选择一个或几个模型进行测试，并确定最佳数值。一般情况下，同一类的数据挖掘可以使用相同的模型技术。有些时候，一些技术在数据形成上有特殊要求，因此需要经常跳回到数据准备阶段
第二步：评估	经过模型建立阶段，应该已经建立了一个高质量显示的模型。在这个阶段，需要对建立好的模型进行评估，检查构造模型的步骤，确保模型可以完成业务目标。通过详细认真的模型评估，检测是否有被遗忘的部分没有进行充分考虑。经过这个阶段后，一个数据挖掘结果使用的决定必须达成
第三步：部署	经过模型的创建和评估不意味着项目结束，最后还要进行部署。模型的作用是从数据中找到信息，获得的信息需要便于用户使用的方式重新组织和展现。根据不同要求，在这个阶段可以生成简单的报告，或者是实现一个复杂的挖掘过程。同时，数据部署很多时候都是通过顾客进行的

商家想要创造最大的价值，就需要把握客户生命周期中的不同阶段中的不同事件。数据挖掘技术就可以帮助商家更好的处理客户关系，可以在争取客户、维护客户关系、保持或是创造更多客户价值等，通过数据挖掘对客户关系进行管理是十分有效的。

二、从网络中挖掘营销价值

随着互联网高速发展，它已经成为现代人们生活的一部分。互联网实际上就是一个庞大的数据库，其中蕴含了海量数据，这些数据涉及各个行业和领域。下面通过一些案例，对数据挖掘技术在互联网上的应用进行介绍。

（一）邮件数据挖掘分析工具 Immersion

美国麻省理工学院媒体实验室的一个团队开发了一款 Web 应用 Immersion，这个应用可以通过邮件挖掘其中的数据。根据挖掘这些用户邮件信息，就可以建立一张以个人为中心形成的巨大的“邮件联系网络”。

Immersion 可以挖掘用户通过接收和发送邮件产生的数据，通过对这些数据进行挖掘和分析从而得到个人关系网。Immersion 包含了自我反思、艺术、隐私和策略四层含义，它不仅仅只是进行简单的数据挖掘而已。它使人们了解到邮件中包含的巨大数据，让人们了解我们日常生活中的一个小举动所产生的数据。

Immersion 可以利用 Gmail 的 MetaData，在短时间内搜索出某人的社交关系，如图 6-6 所示。该应用可以监控到邮件的发送和接收情况，并可以通过图像将人际邮件交往关系进行体现。例如，下图中每一个圆都代表一个个体，通信次数越多，圆形则越大，其中代表 Anita 的蓝色圆形很大，意味着该个体与 Anita 的交往频繁。同时可以看到，Immersion 可以将本没有直接联系的两人，通过邮件交际网络连接起来。

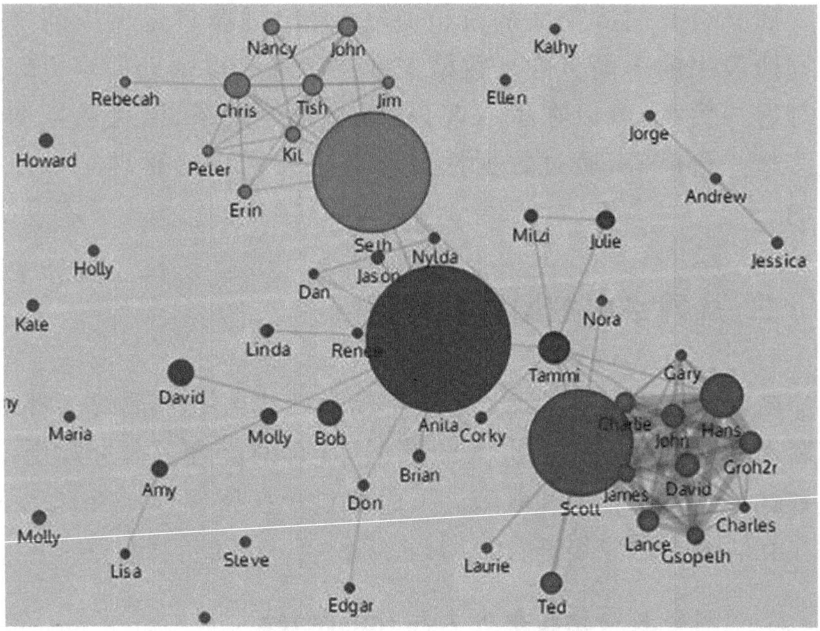

图 6-6 Immersion 邮件联系网络

Immersion 只对邮件涉及的个体和时间进行分析，并不会涉及邮件内容，这种方式有利于保护个人隐私，但同时也导致其提供的信息价值仅限于单纯地联络关系。

（二）利用身体中的大数据进行营销

在这个信息爆炸的时代，DNA 数据也提供了海量基因数据库。据统计，2013 年全球约有 25 万人进行了完整/部分 DNA 测序，随着市场不断成熟，这个数值会持续攀升。据预测，到 2018 年，全球基因测序市场规模将达 117 亿美元。随之而来的也会有越来越多的行业和领域接入到基因市场，基因数据会被越来越多地被应用。

就目前市场现状来说，大范围的进行基于基因数据营销的时机还不成熟，但是很可能会基于基因数据产生全新的行业和领域。阻碍基因营销发展的一个重要原因就是基因测序的成本问题，过高的成本使这项技术还没有普及，但随着测序技术的不断进步，以及测序市场的不断成熟，在未来基因测序的成本也会降低到人们可以轻易接受的程度，那样就会为基因营销提供基础。美国创业公司 Miinome 开展基因测序计划，提出若用户愿意把自己的 DNA 数据用作市场营销的话，可以免费为该用户提供一次基因测序机会。

与之相应的，网络广告模式也需要同步更新，也许需要一种全新的广告模式帮助分析用户数据进行精准定位。Miinome 的数据专家认为，类似亚马逊、Twitter 这样的消费级互联网企业，具有专业的服务器运算能力、软件技术支持、数据挖掘和算法等资源，将会成为其主要客户。

以现在的科学研究水平，以及基因市场状况来说，基于基因数据进行大规模营销还比较遥远，但是对广告公司来说这是十分可行的。如果可以通过基因数据分析精准的定位客户需求，那么基因数据的价值会被很多公司看中，进而成为各家公司争抢的数据资源。

（三）Facebook 在北极圈建立数据中心

Facebook 将其开源试验中心建立在北极圈以南 100 公里的瑞典吕勒奥镇边沿的森林中，它由数以千计的矩形金属板组成，看起来就像一个外表不规则的飞船，如图 6-7 所示。

图 6-7　Facebook 位于北极圈的开源试验中心

数据中心的选址与系统的效率有很大的关系。瑞典拥有非常多水电大坝，这可以为数据中心提供大量廉价且可靠的电力能源。同时，该地区大部分时间温度都在零下50度以下，Facebook的这个数据中心经过设计后可以充分利用这种寒冷的天气。他们将外部的冷空气通过巨型风扇抽入为服务器散热，这样可以提高10%的效率，同时可以减少将近40%的用电。

第四节　大数据与精准营销

大数据为企业带来了无限商机，抓住机会的企业可以获取巨大利益。在当前的市场背景下，大数据营销已经成为很多商家的选择，通过大数据技术可以进行很多传统营销无法想象的事情。

一、大数据在营销中的作用

（一）分析消费者的行为特征

在全渠道零售模式下，消费者在进行购物活动时会留下相关数据，商家可以通过对消费者的购物数据进行收集和分析，掌握消费者的消费习惯和偏好，这很大程度上帮助为商家进行具有针对性的营销提供了基础。尤其是在当前这个时间碎片化、需求多样化的时代，具有针对性的营销是商家提高销售额的关键。同时，这些信息还可以帮助商家提高消费者黏性，避免或减少消费者的流失。

例如，1号店会通过大数据技术对消费者数据进行挖掘和分析，以此了解消费者状况，避免或减少消费者的流失，如果发现一些有流失趋势的消费者会采取相应的刺激手段，以此挽留消费者。根据消费者填写的个人信息，还会在其生日时发送祝福信息，加深消费者对消费平台的印象。

（二）实现个性化精准推送信息

传统的市场营销缺乏针对性，开展营销活动时面向的一般都是广大群众，其中有目标客户，但也有很大部分不是目标客户，这就导致营销效率低，还会造成广告投入费用的浪费。而在大数据技术的支持下，市场营销会变的更具针对性，对消费者消费数据的分析就是商家进行营销的开始。通过对消费者数据的整理和分析，可以精准的对消费者的潜在需求进行判断，根据这个判断向消费者个性化的推送营销信息，实现精准营销。

现在很多商家和购物平台都具有大数据分析能力，可以根据消费者购买偏好和习惯进行个性化的信息推送，这不仅方便了消费者，同时可以实现更高效率的产品营销。

（三）有利于改善消费者体验

消费者会在自媒体平台对其购买的商品或服务进行评价，商家可以收集并分析这些数据，通过分析结果了解消费者的诉求和愿望，根据这些诉求商家可以对自己的产品和服务进行改进和升级，以便促成更好地用户体验，这样可以提高老顾客的黏性，同时还可以吸引新的消费者。

“三只松鼠”拥有一套基于互联网技术的大数据系统，这个系统可以帮助企业对客户评价进行关键词筛选。通过对关键词筛选分析，企业可以对客户的诉求更加明确，以此为基础进行产品和服务的改进可以有效地改善用户体验。例如，不论是对产品的口味、口感，还是产品的包装和物流等方面，都可以通过数据挖掘和分析制定改进策略，从而改善消费者体验。

（四）预测趋势，为企业提供决策支持

大数据分析可以帮助企业对社会、经济和市场等方面的发展趋势做出预测，根据预测结果企业可以更为科学、合理地进行决策。

大数据技术的预测能力是得到了认可的，在 2012 年美国总

统大选过程中，微软研究院的大卫·罗斯齐尔德教授使用大数据技术对选举结果进行了预测，结果准确率高达98%。此后，他还通过大数据技术对第85届奥斯卡的获奖情况进行了预测，结果也十分惊人。

可以看出，大数据的预测能力是很精准的，所以商家可以利用该技术预测市场，在此技术上推出新产品。基于消费者消费需求，符合市场未来发展状况的商品，很大程度上保证了销量。意识到大数据技术在这商品前景预测方面的能力后，很多商家都开始利用大数据分析进行预测再决定商品推出。

影视领域也可以利用大数据分析技术，例如，美剧《纸牌屋》就利用了大数据分析来编写剧情走向。制作组通过对观众观看影片时的进度条停、放时间来判断观众对内容的喜好厌恶，在这个数据分析的基础上编写和优化剧本，以此保证收视率。

亚马逊通过大数据分析进行预测实现了“预判发货”，这是基于大数据挖掘和分析才得以实现的一项技术。“预判发货”是指在消费者还未下单时，就将消费者可能购买的商品进行打包并寄出，商品可能会直接寄给消费者，或者寄到离消费者最近的仓库中，这样可以大大缩短消费者获得商品的时间。这种技术的实质是通过大数据的挖掘和分析，对消费者行为进行预测，将发货过程交给“算法”处理，实现大数据处理的智能化。

（五）监测和防范品牌危机，维护品牌形象

互联网具有自由度高、开放度大的特点，人们可以在互联网上自由地发表个人观点，互联网上的信息是公开透明的，并且信息的传播速度也很快，这就导致所有信息都可以在很短的时间内大范围的传播开来。在这种情况下，企业应该对品牌形象和口碑进行监控，防止一些负面消息在网络上肆意蔓延，品牌形象是维持品牌生命的重要环节，所以一定要对其加以重视。

通过大数据技术对网上有关企业的信息进行实时监控，发现不良信息及时采取相应的公关措施，防止信息传播，将损失降到最低，同时可以及时发现数据来源并进行跟踪，可以找到消息的

源头和关键节点。为了品牌的生命，通过大数据技术对品牌口碑和形象进行维护是必不可少的。

（六）监测竞争对手的行为

知己知彼百战不殆，在激烈的市场竞争中，想要长期生存下去，不仅需要对自身不断的改进提高，还要对竞争对手进行充分了解。企业会对市场中的竞争企业的动向进行追踪和了解，通过数据分析判断对方的战略，从而在对自己的战略方针进行制定和调整。通过互联网可以获取海量数据，这就帮企业利用大数据技术分析对方企业的行为提供了基础，可以帮助企业更好地在竞争中生存。

二、新市场的大数据营销实例

（一）朝阳大悦城的大数据战略

朝阳大悦城的生命力不仅在于及时的业态调整和富有新意的营销活动，更在于其运用大数据技术实现的高效运营管理。朝阳大悦城的所有营销、招商、运营等活动都是以大数据分析报告为基础进行的，整个商城的运行都是依靠大数据战略实现的。

1.促销信息精准推送

大悦城对会员的刷卡消费数据进行收集、统计和分析，通过分析结果将会员按照消费习惯和偏好进行分类，按照不同类别对会员进行管理。按照会员分类结果，进行有针对性的促销信息发送，保证为会员提供个性化的营销服务。

2.监控到店频率，了解产品偏好

朝阳大悦城在商场内配备安装了近200个客流监控设备，并通过无线网站点的登录情况获知客户的到店频率。同时，还根据与会员卡关联的优惠券情况对客户的品牌和商品偏好进行数据收集和分析。在此基础上，朝阳大悦城可以更好地掌握消费者的消费习惯，以便开展更有效的营销活动。

3.改善消费者流动路线

朝阳大悦城应用客流统计系统对顾客动线进行追踪分析，发现消费者的常走消费路线，以及不常光顾的区域，根据这项统计结果采取相应的手段，改善消费者动线。之前，朝阳大悦城经过统计分析发现，4 层的新区开业之后消费者不太光顾，导致该区域的整体销售不景气，为了改善这一现象，招商部门在 4 层的新老交接区的空区开发了休闲水吧，将那里打造成欧洲风情街，并提供无线急速上网休息区。通过一番改造和设计，顾客动线发生改变，4 层新区的销售水平也出现了提升。

4.绑定微信与实体会员卡

朝阳大悦城打通微信与实体会员卡，使消费者可以通过绑定会员卡的方式实现微信会员卡使用。一方面，不再需要实体会员卡。方便了消费者进行消费；另一方面，大悦城可以通过微信更好地掌握客户数据，进而了解消费者的消费习惯和偏好，以此为基础可以提供更具个性化的会员服务，提高顾客满意度。

（二）京东商城：大数据方针造就电商巨头

1.电商云

京东电商云旨在打造一个完整、成熟的电商产业链，是京东开放生态的云信息平台。京东电商云如图 6-8 所示。

京东电商云有 5 个解决方案，分别为京东宙斯、京东云鼎、京东云擎、京东云峰以及京东云汇。这些方案向合作 ISV（独立软件开发商）和个人开发者提供京东系统开放接口、服务交易市场、电商应用云托管平台、应用开发云平台、社区生态环境等电商云服务，从而形成一个完整的云服务链条。

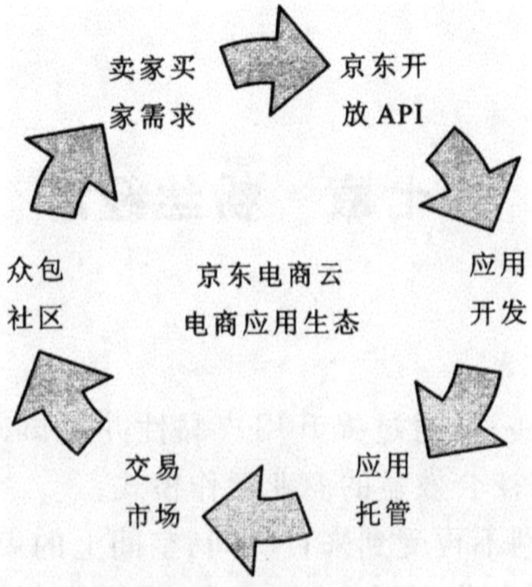

图 6-8 京东电商云

2. 数据管理

京东商城成立于2004年，在2013年其交易额突破千亿元，经过在互联网零售业近十年的不断探索与革新，正式迈入了PB级数据管理的新时代。同时，京东商城在大数据应用领域实现了分布式架构与传统BI工具的有机融合。

京东商城会将各个购物频道的交易数据、出货和入货数据、逆向物流、用户浏览日志等数据进行全面收集和汇总，这些汇总起来的数据将会储存在京东的大数据平台中，以便京东可以对这些数据进行下一步分析和利用。京东自主开发的大数据平台可以支持不同的数据集市，例如分布式数据集市或关系型数据集市。

京东是一家电商企业，零售业务数据基本上属于结构化数据，而消费者相关的行为数据是非结构化数据，所以京东在进行数据管理和分析时，需要将这些机构化数据和非结构化数据以及其他数据进行融合处理。为了满足这一要求，京东在数据仓库层面采用可扩展性强的分布式架构，在应用层面采用与BI工具相结合的架构，这样既可以满足数据汇总和储存的基本要求，又可以满足个性化、智能化的现代化购物要求。

第七章 粉丝经济

粉丝经济是一种通过提升用户黏性并以口碑的营销形式来获取经济利益与社会效益的商业运作模式。

现在，互联网不再受到来自时间、空间上的束缚，粉丝经济也被宽泛地应用于文化娱乐、销售商品、提供服务等多个领域。商家通过借助一定的平台，通过某个兴趣点引发朋友圈、粉丝圈的聚集，给粉丝用户提供多样化、个性化的商品和服务，最终转化成消费，实现盈利。[①]

第一节 粉丝思维

针对构建企业的粉丝经济，没有任何可借鉴的相关经验和案例，传统的运营管理、客户管理、会员积分、数据分析等将面临新的挑战，因为如今的消费者身份发生了一定的改变，成了社交粉丝，对于粉丝经济的构建，意味着我们要有新的思维模式和思考方向，而这些都是不拘泥于旧思维的创新尝试和探索。

一、Social CRM

这个时代是客户和粉丝主导的新媒体时代，移动互联网和社交网络给粉丝更多的选择和更大的权利，尤其是把移动互联网和

---

① 王红蕾. 移动电子商务[M]. 北京：机械工业出版社，2015，第 24 页.

社交网络融合到一起的智能手机，使粉丝的控制权达到了前所未有的范围，可以说，现在已经进入了前所未有的 Social CRM 的世界

（一）GRM 的核心本质与误区

要想对 Social CRM 进行全面了解，首先从 CRM 的本质入手。站在客户的角度思考事情和问题，或者说是由客户来驱动事情和问题，是 CRM 的核心。

传统的 CRM 一般基于客户细分来进行差异化，而客户细分的终极目标是一对一，也就是每个人都是一个细分群，这又很难获得技术上的支持。但是，在以个体粉丝为主导的社交网络中，就可以实现一对一的细分，而且可以在每一个实时的客户交互点上，进行信息的采集和响应。①

说到底，品牌要想成为一个粉丝的企业，就需要针对粉丝的需求进行对应驱动，最后通过粉丝进行生产和传播。这样一来，就可以对粉丝进行随时随地地连接，或者说粉丝可以随时随地地连接你，甚至于品牌和粉丝都可以在一个社区或者社群里面密不可分，浑然天成。

（二）Social CRM 运营体系

Social CRM 与传统 CRM 不同，它的驱动借助粉丝，中心围绕社群，核心是信任关系，参与和互动是其主要的手段。这意味着企业要发生一定的转变，成为消费者的企业，同时使品牌通过多种渠道对消费者进行连接，并要求其社交网络和物联网络不断采集大数据。

Social CRM 的核心是信任关系，整个系统也会基于消费者的信任管道来展开。对于消费者和粉丝在跨渠道上产生的数据，尤其是社交大数据，系统要进行实时管理和响应，从而实现“客厅—

① 叶开.粉丝经济[M].北京:中国华侨出版社,2014,第 238 页.

圈子—社区—社群”的交互发展，最终形成一个复杂而统一的品牌社群。

在这里，消费者可以说是产生内容、消费内容的人，以前的商品却成为了资源、礼品等，传统线下的终端店不再单一销售终端，而是开始向体验中心、活动中心和异地接待中心等角色转变。随之消费者带来的价值更多的是社会资本和口碑推荐。

二、社群思维

（一）社群——社交关系的商业价值载体

社交客户关系管理是基于客户关系管理和社交网络进一步发展的。粉丝经济，需要对于社交网络中能够产生商业价值的主要载体——社群进行相关考虑。

（二）构建企业的社区营销体系

一个企业采取社区营销的手段，绝不仅是跟某个社区合作就能顺利进行，这需要一个具有完整、可跟踪的体系。在这个体系中，社区与企业的应用应该无缝地融合在一起，并在企业相关的社区营销策略下，有效地推动企业和消费者以及消费群之间的沟通互动.

三、O2O新模式

O2O模式虽然来自国外，但在国内的发展速度却远超国外。这是因为国外的信息较透明，经济环境较成熟，O2O更多的是从线上到线下；而国内的经济环境和消费信用比较复杂，信息不对称，零售业态更为复杂，加上从一线区域到三四线区域差异跨度很大，所以国内的O2O绝不是从线上到线下这般简单。

(一)核心本质

根据国内 O2O 的发展,可以简单归为以下几种模式:

(1)信息点评类,如携程、大众点评网属于中国最早的 O2O 模式;

(2)导航导流类,如地图导航、优惠模式;

(3)支付类,如团购、预约、点卡券模式;

(4)二维码类,如产品二维码、品牌二维码模式。

这四类 O2O 模式有共同的缺点:都是借助信息或物体传播,缺少人的传播,缺少人就缺少了相应的客户体验,没有人和客户体验的 O2O 是一种静态的 O2O,是没有生命力的。要考虑人和客户体验,就要对消费者的相关过程进行周全考虑。而如果从相关的消费阶段或者接触点出发,就可以在消费者结账时打印出来的水单上设计二维码,让他们扫描并在朋友圈分享此次的交易,如果截图回复公众号可以获得××元现金券,这就是从一个交易到口碑分享的阶段变化,也是从线下交易的接触点跳转到线上分享的接触点。

企业实行品类数字化,对于每项服务或产品都有数字凭证的要求,还要使信息和数据都实现网络化,而且还要管理物与物之间的关联关系。运营能力的精细化,就意味着对商品、服务、价格、促销、人员、渠道等内容进行精细化管理,然后才可以在 O2O 中对各种细分后的元素进行组合,形成真正的 O2O 实时促销。

(二)新模式实战

企业实现 O2O 新模式需要一定的过程,从汉拓科技目前参与规划和部署的 O2O 项目中,可以总结出 4 个实战步骤。

1. O2O 基础阶段

(1)门店数字化;

(2)订单数字化;

(3)导购数字化；
(4)库存数字化；
(5)供应链融合；
(6)会员融合；
(7)促销融合。

2. 精细化运营阶段

(1)客户分级分类；
(2)产品分级分类；
(3)服务分级分类；
(4)权益分级分类；
(5)渠道分级分类；
(6)人员分级分类。

3. 客户体验阶段

(1)客户接触点；
(2)消费状态；
(3)生命周期；
(4)个性化需求
(5)现场体验。

4. 口碑推荐阶段

(1)体验内容；
(2)口碑内容；
(3)粉丝自媒体；
(4)推荐动作。

O2O的"O"已经不单纯是"Offline"to"Online"，可以是"point"to"point"，也可以是"Open"to"Open"。相对于当前比较简单的扫码或者卡券的O2O而言，只有结合客户接触点、客户生命周期阶段和消费状态分析，设计的O2O情景才是真正深入企业运营的 O2O,未来或许我们可以称之为“O2O2.0”。

四、自媒体

“自媒体”在智库百科的定义是:“自媒体是指私人化、平民化、普泛化、自主化的传播者,它是以现代化、电子化的手段,向不特定的大多数或者特定的单个人传递规范性及非规范性信息的新媒体的总称,也叫‘个人媒体’。”[①]自媒体包括 BBS(电子布告栏系统),Blog(博客),Podcasting(播客),Group Message(手机群发)等。

美国新闻学会的媒体中心于 2003 年 7 月出版了由谢因波曼与克里斯·威理斯两位联合提出的“WeMedia(自媒体)”研究报告,里面对自媒体下了一个十分严谨的定义:“自媒体是普通大众经由数字科技强化、与全球知识体系相连之后,一种开始理解普通大众如何提供与分享他们本身的事实、他们本身的新闻的途径。[②]”

到现在为止,自媒体可能还涵盖微博、微信订阅号、来往公众号等新渠道。那么,在这些新的自媒体面前,企业如何进行有效的利用呢?是否要对之前的品牌广播模式进行颠覆呢?

(一)品牌自媒体

在个体主导和消费者声音为主的时代,企业的品牌媒体如何定位,显得极为重要。

传统企业的市场营销部针对有关的传播和广告,都强调以品牌为主导。注重“推”的形式进而展开品牌传播,而如今的网络时代,如此的举动根本无法获得消费者的关注和参与。因此,需要做出相关决策的改变。

现在的企业品牌面临的是以人为本的社交媒体和以智能终

---

① 叶开.粉丝经济[M].北京:中国华侨出版社,2014,第 258 页.

② 同上.

端为介质的移动互联网，由于互联网强大的功能，反传统的碎片化、移动化和社交化的特点，而且即时即地发生，在时间和空间的特征上也有所不同。这个时候，企业必须一改传统的传播流程等方式来进行品牌传播，否则将会与新媒体的节奏脱轨。

所以，企业的品牌要考虑放权，不再是大一统的集权决策，而是下放到能够体现某个品牌特性或者主题的小团队，甚至是落实到员工个人，由他们组成全员参与的新媒体，建立更具个性化的品牌形象。当然，这样在一定程度上来说，较难控制，风险大，但是相比固守传统，还是有一定的优势的。

全员参与，能够做到从不同的维度去阐述一个共同的品牌故事，描绘一种共同的生活方式，使这种具有人性化、个性化的内容充分地发挥出来。这样的品牌自媒体组合足够在新媒体中让企业的品牌发出自己的声音，企业可以用这种个性化、中性的声音和一些不和谐的声音形成中和。构建一个品牌自媒体矩阵，形成一个多维度的品牌故事。

（二）粉丝自媒体

企业还有一块自媒体阵地就是粉丝自媒体，从传统角度来看，消费者的自媒体对品牌的传播和分享有一定的形成难度。但由于目前的企业构建了粉丝社区平台，可以有效地鼓励消费者在平台上进行自组织的活动来发展，从而可以进一步针对粉丝社区平台上的自媒体机制进行构建，激励消费者参与到粉丝自媒体的体系中。

粉丝自媒体的机制是在企业的粉丝社区基础上建立起来的，当粉丝在社区里分享图文内容到一定级别时，就能拥有自己的主页和自媒体后台。企业可以提供平台和激励机制，让粉丝的好友社交关系、社区的其他粉丝甚至是社区之外的消费者也可以订阅，从而形成一种多层级的负责关系的网络。

企业需要建立相关的激励机制，对粉丝和达人的自媒体进行鼓励，对自媒体的内容、订阅量以及互动活跃度等用虚拟货币进行激励。而这些虚拟货币,又可以在小范围进行流动。品牌在粉丝社区平台提供礼品和福利,让粉丝自媒体可以用虚拟货币来兑换,从而发起对订阅用户的活动和激励。

粉丝自媒体的关键点在于,更多地体现了粉丝的消费者体验,通过个性化、生活化的方式呈现出来,同时比较生动鲜活地展现了一个围绕品牌的生活方式,延续着自己粉丝网络中的口碑推荐。

第二节 粉丝互动的四个特点

粉丝的互动和参与构成了粉丝经济的核心。缺少粉丝的互动,粉丝的信任关系就不会存在;而缺乏了信任,品牌社群也很难建立起来。与此同时,建立了品牌社群后,粉丝的互动也是品牌社群中的关键内容。因此,基于当前最流行的移动社交工具,研究粉丝互动的特点就显得非常关键。

本节以微信为例,进行相关分析,由此总结出粉丝互动的四大特点:快速、碎片、信任和平台。

一、快速

(一)即时

即时与随时的区别,就在于"随时"强调的是任何时候,而"即时"指的是当下,即消费者在当下,可以即时即地地进行相关动作,需要即时做出反应。

"即时",体现了粉丝主导的核心,突出了粉丝的个体主动性,整个动作是粉丝当下发起的拉式的动作,而且是因为当下,所以企业不知道什么时间什么地点,包括时间的长短,因为这是个碎片化的时空,碎片化的动作。

经过移动和社交变异的 MSIM 工具，比如微信，所提供的新商机与以往有所不同，消费者需要即时即地地接入，也改变了先前传统的企业与粉丝的接触方式。

在社交网络时代，主导权是粉丝更为关注的，更加突出以个体为主导，在消费关系中更加强调：即时交互、随时比价等。实际上，他们对于企业之间的信任度、隐私权、尊重感等更加个体的体验更为关注。

个性化和即时即地是移动社交时代的关键。在时间和空间方面，粉丝们的要求越来越高，而且越来越要求掌控权。即时的程序可能性是：接触—发信息—互动—交易—互动。

比如，微信的询问，带上一个位置信息，就能帮助消费者找到最近的咖啡店、或必胜客；如果消费者感觉文字不利感官的理解，那么就可以使用语音交互的方式进行查询。消费者只要有需求就可以即时的发起，就看企业能不能精准的抓住机会向客户提供相对应的服务来满足他们的需求。

（二）交互

交互是社交的核心，所谓的交互，也就是进行交谈、交流。传统社交关系，是一种人际关系处理得很好的人的活动；而社交网络中，交互也是关键所在。但这个交互，处在可以产生信息的移动互联网平台上，因此比之前有更多的特殊性。

首先，粉丝掌握了交互的主导权；其次，交互有了方向，分别有入口和出口；再次，交互有索引，与方向相对应有入口索引和出口索引；最后，具有信息属性的交互会因为交互的内容而有标签。

从许可营销和客户驱动的角度来看，快速获取信息是根据消费者进行查询或者索引以快速获取信息。只是这个快速，需要对信息建立标签，包括内容方的信息和消费者的需求信息；同时，基于这个标签体系，建立对话的入口索引（消费者咨询或求助）和出口索引（内容方的输出和交互）。

当建立了标签体系、入口和出口索引后，强大的自助服务体系也就可以建立了。以前，企业总是大包大揽，提供相应的产品和服务；现在，自助服务更容易受到粉丝的关注，他们要求掌握控制权，他们希望在碎片化时间内尽快自主地完成所需要的服务。

自助服务需要满足粉丝随时随地的需求，要让他们具有强烈的控制感，可以实现全天的客户服务，这才是消费者需要的。

（三）私密

对于大多数的粉丝来说，当前互动的渠道首选是微信，其次是微博，最后是论坛。然而，不同渠道在私密程度上也有所不同。微信和易信的本质是IM，无论其经过了Mobile的变异还是Social的变异，IM的核心是一对一的私密通讯，变异后核心功能还是一样；从私密角度而言，微信是以手机通讯簿和QQ好友为基础的拓展，这就确保了强关系的发展，这与通过媒体和意见领袖的模式，即基于弱关系的发展迥然不同。

当然，开放和私密的关系是相辅相成的。从技术上讲，开放和私密微博都兼备，只是由于新浪微博过于秉持媒体的本性，通过新媒体、意见领袖和大号等方式快速发展和膨胀，忽略了微博私信方面的私密性。这跟微博和微信的本质是有一定关系的。

从粉丝运营角度来看，微博传播将无关系变成潜在关系，基于微博和微信的交互可以将潜在的关系变成弱关系，基于微信的强大交互功能提升与弱关系的一对一的信任关系和情感层次，达到强关系后，再以一对多的朋友圈和微博传播分享出去，效果最好。

同样的问题，微博如果能够对信任的重构做到重视，对于意见领袖和大V、大号的媒体特征逐渐淡化，重点针对一对一的交互和点对点的传播进行强调，重视现实群体的协作，鼓励越来越多的企业和粉丝的共同参与，或许会有出乎意料的改变。

二、碎片化

（一）碎片

品牌与粉丝之间的互动信息大多是一个碎片化状态，尤其在微博和微信上的互动。虽然微信的接口传递信息相对较少，但微信是信息的出入口，因此对企业来说，庞大的商机隐藏在微信带来的数据机会中。

根据微信与二维码的实践情况来看，社交图谱（人的链接和信息的流动）和实体图谱（物体的链接和信息的流动）是相互融合的状态。就微信的目前情况而言，尽快建立对内容的索引机制，是一个比较紧迫的任务。

从互惠互利的角度来看，当前的O2O还处在初级层次。从消费者生命周期管理的角度看，O2O营销可以大致分为六个层次：客户接触、客户识别、单次促销、差异化营销、自营销和大数据营销，同时相对应的关系强度有六个阶段：无关系、潜在关系、弱关系、强关系、长关系和亢关系。①

（二）语音

根据粉丝互动的相关效果来看，人与人之间的影响，视频的效果要超过声音，声音的效果超过图片，图片的效果又比文字有感染力。从信息量角度而言，人更容易对视频中的信息和内涵快速做到把握，能否识别声音中的情绪，通过图片把握核心信息，而文字则是最弱的信息传递方式。

因此，从客户体验的角度出发，企业运营的案例大多通过制作视频发布到视频网站，再进行推广、传播。而Twitter，近期推出的6秒视频功能，达到了很好的视频社交效果。同样，微信的

① 叶开.粉丝经济[M].北京：中国华侨出版社，2014，第53页.

风靡有一部分原因也来自于其语音对讲功能，该功能也是充分利用了语音社交带来的客户体验。

通常粉丝会被文字吸引，不过能给粉丝带来情感体验的更多是语音和视频。从传播角度而言，基于语音和视频的社交，其情感体验以及信任体验远远强于文字的体验。

微信的一个优势就是适用于任何智能手机，基于APP形式，不论是苹果、安卓还是微软手机上都可以存在。唯一的问题就是，它不适用于非智能手机。但同样，即使有大多数的消费者用智能手机，他们也有拒绝使用微信或其他软件去和陌生人对话。

由于语音文本识别的技术不是完全的成熟，类似语音助手的应用还在初步应用阶段，不能进行复杂的文字识别。不过，在语音情感识别方面却已经比较成熟，基于语音的音强、音长、音质、音高等可以进行语音方面的情感识别，通过情感识别，来对语音进行分类或打标签。

（三）移动

移动粉丝互动的碎片化，简单来说也可以指时间和空间上的碎片，而移动通讯智能客户端创造出了新技术：能够随时随地的对粉丝进行定位。但是必须清楚，这种接触一定是在客户许可的前提下进行，确保客户的隐私和信任不受到伤害。因此，微信不仅要能够设置隐身和不公开自己的位置，还有一种许可的触发机制，而不是简单的两种设置而已。

如果位置营销得到好的利用，对企业和消费者来说，是具有双赢作用的。它不仅为品牌提供了定位粉丝的功能，而且为粉丝随时随地找到他想去的地方。缺乏隐私和安全的保护，位置营销会让人反感，就像被跟踪一样。要知道，这样的消息都会具有侵犯性，有的人接受，有的人反对，所以这时企业需要把客户喜欢的人以及消息进行分类搜索。

因此，对于位置服务，企业要构建拉式索引服务或者许可触发服务。

移动智能手机让二维码迎来了第二个春天。微信结合二维码的“扫一扫”,实现了O2O的多种功能,使其受到众多企业的热捧。但我们前面提到,O2O营销分为六个层次:客户接触、客户识别、单次促销、差异化营销、自营销和大数据营销,现在的微信二维码只实现了前面三个层次的营销功能。

微信O2O营销的关键在于:信任、许可、最佳时间和地点,适当的等待而不是主动出击。对于企业而言,信任、许可是很重要的。当然,也不能贸然地主动出击,过多的推送只会将消费者推开。

三、信任

信任可以说是品牌与粉丝互动的目的和基础,与粉丝互动可以建立信任,而互动的过程中,信任是源头。

(一)关系

从品牌原来的角度来看,无论是QQ还是Facebook,粉丝好友都是一个静态的点,最多给自己的粉丝好友分组分类,但对一个粉丝进行关系强弱的标识却没有那么容易。

人之间的关系也是有强弱、分层次的,有时候在现实社会中有着很严谨的规则。这就涉及朋友圈和群组。由于关系是有分类和层次的,因此朋友圈也需要有分类和标签,不能混为一谈;群组需要有属性或主题,以便对人群或内容进行过滤和控制。

在微信上,更多的是强调一对一的交互,因为交互而带来的关系转化和信任提升,从而在营销上实现转化率的提高;而在微博上,目的往往是传播到达,忽略了到达后的持续的一对一交互,但一对一交互的关键往往是建立信任、实现价值转化。如果微博补充这部分内容,也可以实现较高的转化率。这就是Social CRM的存在价值。

如果要对社交信任关系进行一个衡量,可以尝试一下这个公式:关系回报=(相关性+时效性+空间性)×信任系数。其中,相关性为内容和属性的相关程度,时效性为与好友的关系时间和互动频率,空间性为与好友的空间距离,而信任系数则为关系强度的权重系数转化。

(二)许可

早期鼓吹微信营销的人常说的话是“微信是真正的许可营销”。其实只是他们将客户识别和客户许可混为一谈了。消费者加入你的微信,只是加入和让你识别他,并未许可你任意推送消息,这与许可营销不是一回事。

那么,粉丝的客户许可到底是什么?

客户许可的一般步骤:

(1)激励或者吸引,通过促销、送礼品等方式吸引客户进行许可;

(2)交换,通过订阅或参与营销活动获得某种权益,由客户设定许可的规划或主题;

(3)自发推荐,鼓励或者设定条件激励消费者自发地推荐。

许可,不等于接入,而且要给粉丝 opt-in(选择性加入)的许可选项,包括渠道、时间和内容范围,而这个内容范围即相关内容的标签。所以,出入的内容都应该有标签,没有标签就无从认知是否属于许可的范围。

作为企业,应该时刻明白一个关键所在,就是有没有进一步了解他们的需求、许可的渠道和时间,然后再进一步发送个性化的、差异化的消息。

客户许可是微信营销的基础,但是加入仅仅是一个开始,这是最关键的原则:每一个消费者都不希望被打扰,包括你自己。

(三)协作

粉丝互动离不开社群内共同参与、共同协作的成分。作为一对一交互的社交工具,部分协作功能在微信的群组、朋友圈等功能有了实现。除了群组的文字沟通，现在还开通了群组的语音沟通，未来再结合富媒体或多格式文件的即时共享，可以形成一个基本满足企业协作的平台。

企业联盟之间的促销、数据和动作的联合也属于协作之内。比如通过统一的微信会员或微信支付，形成客户信息的分析和交叉利用、基于整合数据的联合促销、内容服务和物流等服务的协作等，从而分摊客户关系开发的成本，提供新的对话和接触的机会，提供分享收益的机会。

四、平台

品牌与粉丝进行互动，需要建立起相应的平台和体系。仅有通道的互动是远远不够的，还需要对平台进行相应的整合，这就包括对多个互动渠道进行相关整合，以及延伸到服务层的互动、协作平台的互动。除了对话之外，还包括物联、服务和协作，它们都是互动的一个类型。

（一）整合

整合，成为粉丝互动的一个特点。从互动的社交通路角度来讲，微信会成为通路上内容和人的出入口，通路是搜索和索引；人，通路是关系和属性、群组。从移动智能终端的角度，微信成为人的一个影子，因此又成为协作和交易的出入口。

其实，作为一个最佳的促销票券的整合点来说，微信再合适不过了。实现识别并储存和管理各个商家的票券和促销活动，进行提醒、使用和分享、推荐等动作，甚至通过 LBS 等预设条件进行触发和更新，都可以通过微信进行。

不可否认，我们面临越来越多的类似 MSIM 的应用软件，从飞信、到最近的易信，相信新的社交软件还会不断产生。但合并是未来的趋势所向，不是创造更多的 IM，而是创造出一个融合的大家庭。

在互动过程中，粉丝虽然依赖于不同的社交交互工具，但人与人之间的交流是一种自由交流，这就需要克服语言工具所携带的障碍，对于文本向语音以及视频的深化进行相关的处理，还要处理不同地方语言、国际之间的人与人的交流。

作为整合的基础来说，微信的插件生态起到很关键的作用。

插件可以在第三方系统平台的整合通路上进行定位，如此一来，就涉及关于数据的整合。针对第三方的外部相关数据，微信该如何进行整合？是通过 webservice 进行整合，还是通过外延数据库进行整合，或者通过云数据平台进行整合？这是一个需要深入思考的架构问题。

当然，对整合模型的相关设计，是数据整合的一个关键所在。外部的数据源可能是关系型数据，可能是非结构化数据，可能是文档文件，又可能是云数据服务，因此，能够有效地融合各种不同来源的数据的一个关键点，就是针对主数据的模型和扩展模型进行相对应的设计。

（二）服务

目前，微信最需要解决的一个问题，就是与手机 QQ 定位存在很大差异的问题，其实像微博等类似的应用也都需要解决关于定位的问题。眼下，大部分的设计和定位都是围绕个人消费者展开，而涉及企业的却又少之又少，它们只是延续了互联网的那套广告服务。所以，无论对于个人还是企业来说，用新创意重新设计服务的角色迫在眉睫，刻不容缓。

企业应用市场由 5 个层次共同组成，分别是：感知层、通信层、平台层、应用层、服务层。而对于微信和微博来说，它们都在应用层，关于它们的下一个计划，要向哪个层次继续延伸，这将是一个很宽泛的定位问题。

在通讯服务中，微信可以提供基础的语音对讲、语音群聊、视频对讲等功能，而语音对讲中的关键词过滤、同声传译、语音情绪判断等增值功能，则可以由第三方 ISP 来提供，而它们又是仅仅依托于语音通讯基础服务的。

第三节 粉丝经济的运营要素

在对粉丝互动的特点和优势有了一定细致入微的了解之后，企业就需要考虑在粉丝经济运营中使用快速有效的方法来分阶段的落地执行了。

一、个体—信息/对话

（一）消费者管道

能够淋漓尽致地体现出社会化消费者的生命周期，实际上要靠消费者管道，它是一个对消费者周期阶段和状态的标识。当然，我们也可以理解为是消费者的信任管道。

每一个企业并不是只有唯一的消费者管道，根据企业目标客户群体和行业业务特征地不同，管道可以进行不同的分解。之所以称之为社会化消费者管道，是因为在移动社交时代，消费者的角色有了变化，已经逐步演化成了社会化消费者，而他们的管道阶段已经有了大的范围，不再局限于传统的环境下了，很多一部分都是在移动社交的环境下进行的。用户最终的真正参与、创造和分享内容是构成社交网络的核心。

图 7-1 显示了一个简单的社会化消费者管道。

与互联网消费者的管道阶段相比之下，提供问题和答案是传统营销的方案，关于考虑和决定，他们让消费者自己来定夺。但是，社交网络把有关认知和考虑的两个层面同时解决掉了，就在一个交互空间中，并且还有更实质性的验证来支持购买决策。社会化的消费者在后管道所体现的使用感受、意见以及口碑体验等可以成为最好的考虑和购买的决策依据。

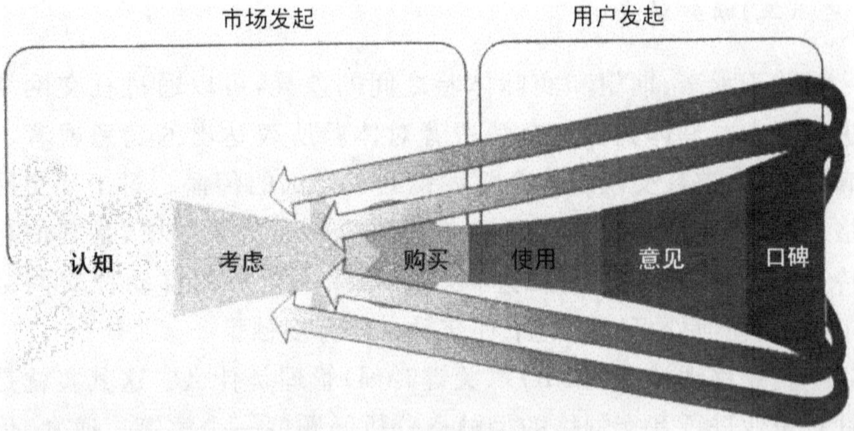

图 7-1 社会化消费者管道

（二）社交反馈周期

关于社交信任这点，企业与消费者之间在短期内是不可能建立起来的，但是社交信任却可以在短期内轻而易举的毁掉。因此，在建立社交信任的过程当中，企业要积极地参与并进入到社交网络，同时还要对消费者的真实声音予以保留，不要覆盖。

在进行相关的一对一的移动社交中，企业应该创建自己的社交反馈周期，当然其中包括消费者发起的交互元素。对于这一点，企业要花时间去认真做工作，仔细分析和建立每一个步骤。通过深入分析和设置管道的阶段，企业可以对于理解如何使信息与客户的实际经验和比较好的口碑进行有趣的结合做到进一步的认识，并有效地将其输入到企业的营销系列的考虑阶段点上。

与此同时，企业还应该建立一个反馈循环，并且决定如何去绘制地图。这个过程就需要企业对于确认一个产品或者品牌的核心目标做一个清晰的明确，只有明确了方向，才可以在后续的相关措施中更好地进行配合实现。

对于现阶段的工作任务，企业需要做出相应的评估，以便提高对消费者的认知，并明确测量方法。因此画出一个完整的社交反馈周期，并确保细节是企业必须去做的事情。

（三）社交触点

关于承诺、期望和实际体验之间的差异，可以通过社交网络进行放大。具体到每一个消费者对体验所表达出的满意或者不满意，都会被社交网络这个放大镜给予详细的传播。对于社交网络来说，它往往结束在实际上使用这个信息的人手中，是其信息传递的一个特点。关键的问题在于：在一对一的移动社交网络中，企业在何处可以与这个社交触点进行接触。

企业移动社交的 MOT（关键时刻）管理是什么？这其实就是针对企业进行社交网络的接触点分析问题的一个解答。通常，传统营销也会仔细对每个企业与客户之间的接触点的规律进行相关的评估，这么做的目的主要是为了确保在一系列的渠道中能够提供一致的信息和较好的体验。但是，话说回来，因为在社交网络中你已经不能完全控制一对一的交互，你的客户可以随时与他的社交网络交换信息，随时可以断开与你的社交对话，所以重新分析接触点至关重要。

挑选一些重点领域和收集相关的数据，是对一个基本的接触点进行分析的首要条件。那么，对接触点开始分析的第一个步骤，就是决定你将要测量的点。拿一个记事本，并通过一个实际的客户体验之旅或者神秘客户之行来进行记录，可以说是最简单和最快捷的操作方法了。当然，如果是线下的，就要选择去拍照；如果是线上的，就通过截屏；如果是电话的，就要打开录音笔，记录好相关的内容。

对当前的现状和实际发生的量化是需要依靠接触点来进行分析的，不要做任何前置的假设。把上面提及的通过照片、截屏，以及任何你可以收集到的数据，就可以对客户的体验开始进行相关的整理了。

先去寻找传统的接触点，是最为简单、便捷的方法了，根据接触点去找出所有现有客户和潜在客户直接体验你的品牌的地方。完成传统的接触点分析，再在这些接触点的线条和缝隙中寻找移动客户端的信息、社交网络的信息。进一步完善或者补充你的接触点方案。

（四）数字化的营销

数字化营销有着极为丰富的模式，其中里面包括文字、图片、富媒体或者网页等。但到了社交网络时代，就需要注意了，是依旧像以前一样，把它们一股脑儿地推送出去，还是换个角度考虑，选择一种新的消费者订阅机制，这需要我们好好考虑。

正因为如此，这个讨论营销的话题，对传统广告和营销方式在社交网络里的应用做出了放弃的选择，采用一个片段来看一下有什么新鲜好奇的广告与营销，以便与个体消费者进行更好的互动。

（五）内容和信息体系

谈到个体消费者与品牌之间的相接触，就要数信息的传递或是交换更为多一些了。对于营销者而言，内容很重要，因为那意味着创意和文案；而对于经营者而言，内容也一样至关重要，因为意味着重要信息。在社交网络中，内容和信息两者的关系相辅相成，是不可分割开来的，创意的内容再好，也要承载特定的相关信息，并通过信息流来进行传播和转化。因此，认识内容和信息是关键一环。

二、类群体—交互/体验

（一）交互索引

在粉丝由个体逐步形成类群体的这一过程中，交互是核心所在，这种交互具体指代的是人与人之间的交谈或者借助通信工具，是一种信息的出和入，也就是粉丝之间进行的互动。交互一旦产生大量信息的时候，就需要有一个交互菜单进行规模化和标准化,并建立起信息的出口、入口的索引机制。

聊天虽然是交互的核心,文字是对话的前提基础,但微信又给对话增加了语音对讲的形式。总而言之,无论是文字也好、语音也好,最关键的还是内容。从个体主导的角度来看,内容必须具有个性化的特征,能够迎合、针对每一个具体客户的差异化需求。当然,语音内容还涉及相关的文本转换和语音识别。

同时,关于文字内容和语音内容等都需要进行适当的增加标签进行索引,不管是出口的推送索引,还是入口的导航索引,只有这样才能对信息进行结构化处理和智能检索。对于消费者而言也是一样,有入口的订阅索引,有出口的查询索引,才可以在使用和交互的过程中,简单便捷。

(二)客户服务

在消费者与品牌交互的过程中,往往会因为对产品和服务有相关的问题,使得消费者聚集在一起,这意味着形成消费者的类群体的一个因素就包括品牌的客户服务。但是,如何利用客户服务做好消费者的类群体的聚合呢?

在企业应用方面,做营销传播这块,微博是比较适合展开的,做客户服务这块,就是微信了,这是众所周知的事情。因此,对于客户服务来说,微信在品牌的企业应用中占有关键领域。

在传统客户服务中,大多服务的都是企业的一些相关存量客户,或者对企业的电话号码有了知晓后,而直接拨打的潜在客户。那么,微信客户服务也是一样,已经成为企业公众账号好友的消费者是其目标,这些消费者里面可能部分是存量客户,部分是潜在客户,总之,他们都是在线下刷过微信二维码或者在微信上搜索添加的。对于存量客户,微信客户服务可以提供最基本的受理类业务。

微信的自定义菜单和关键字回复,能够对智能交互菜单进行好的实现,类似于呼叫中心的IVR(Interactive Voice Response,互动式语音应答)机制,从而让微信客户服务可以实现更大比例的自助服务以及自助下单、交付和预约资源等预约类业务。

总而言之，那些 B2C 模式的、客户互联网使用程度高的企业，在微信上做客户服务有着明显的优势，甚至与传统电话中心网站页面自助服务等渠道相比起来，远超于传统服务。其优势可以大致概括为：渠道覆盖率高；人力成本低；可以实现 7×24 小时响应；可以实现更高的自助服务比例，但在智能交互和预置语音下的客户体验并不会降低；可以实现比较高的客户满意度；可以实现客户服务的数据化，有利于加强管理和进行大数据分析。

（三）O2O 交互

1. 互联网的 O2O

当企业与消费者之间的社交信任在互联网或移动社交上成功的建立起来之后，就可以通过各种手段导流到线下业务，形成价值交易，这是一种互联网的，O2O 即 Online to Offiine。

O2O 依靠微信再一次变得流行起来，或者说是 QR 码（Quick Response，二维条码的一种）借助微信用 O2O 的方式又一次的受到了众人的追捧。当然，关于 O2O 到底是线上到线下、还是线下到线上，我们不必疑惑。对于传统的商家而言，最迫切的就是先进行线上到线下店面的模式，也有部分的零售商家开始做线下到线上再到线下的混合模式。

O2O 营销的一个最为关键点就在于不同阶段、不同情境、不同的客户接触点，需要设计不同的 O2O，与促销和营销结合起来，并推动消费者的阶段转化。而这一切，又离不开强大的 Social CRM 数据库的支持。

2. 传统 O2O 的发展

目前互联网上，O2O 做的基本上都是入口、流量，通过人数进行相关的营销应力分析。而对于传统企业的 O2O 来说，不管线上还是线下，人是它的核心关注点，人被看作是有价值的消费者。

消费者与企业之间,不但关系强度不同,交易阶段也有所不同,这里有很多接触点与变化,O2O正是对人的管理,对不同状态变化的一个转化。

现在的O2O对于流量颇为关注,把人吸引过来后就置之不管了,然而这一个过程只是实现了一个由不认知到认知的过程,但是在认知品牌的过程中、中间的服务、完成购买之后后续的需求以及做完以后有没有口碑推荐,这些环节在传统企业的O2O中统统没有体现出来。如果没有Social CRM,那O2O就没有对人的持续的一个管理状态,这样的O2O在一定的程度上来说,是比较空的。

未来的O2O,对于传统企业来说有很大的空间。传统企业跟互联网企业两者之间,不能比线上的流量和入口,而是要针对线下的流量和入口充分的突出。可以说,搜索是线上最大的流量,基于位置、内容、商品等的搜索;扫码是线下最大的流量,基于人、产品、店面、商品、活动等相关的切换。然后进一步对消费者的全生命周期进行适当的管理,比如可以做口碑推荐,如何把老客户拉回来,如何设计口碑的O2O,等等。

(四)社交凭证与身份

1.社交凭证

上面的内容提到了消费者寻找类群体参与进来,有时候是追寻的一种身份认同。不过,并不是只有人才需要社交凭证,在社交网络中,无论是人还是物只要是可以传播信息的载体都需要有一个社交凭证。就拿跟踪和管理来说吧,它们也需要有一个社交凭证,这个社交凭证就是二维码。

线上线下、接触点和状态进行切换的凭证就是二维码,企业需要跟踪凭证的状态对电子凭证进行相对应的管理,比如二维码的状态以及如何激活、如何操作、完成等状态。基于对二维码的凭证管理,可以实现对会员、促销活动、产品以及票券的全生命周期管理，而且可以实时跟踪效果数据。

2.身份确认机制

当然，对于品牌社群而言，人的社交凭证才是最关键的，也就是粉丝的身份确认机制。身份，标志着社群，同时也是社群结构中划分群内层级的标准，这也是消费者因为交互和体验形成一个类群体而体会到的社群价值，从而进一步聚合成为社群的关键因素。

在形成的社群中，社群的一个标志就是身份，当然身份也是划分层级的标准。每个粉丝在群内有一个身份，在实际生活中又会有一个身份，这个群内身份和实际身份会相互重叠，从而加深社群内权力关系的复杂化，也有可能会加深权力关系引发冲突。

（五）参与和压力

消费者只有切身参与到品牌社群的相关活动中，才能在交互和体验中感受到品牌社群的价值，进而对社群产生认同感，最终演变成为其中的一分子。

对于新的社群成员而言，社群里的压力可能对消费者保留成员资格、向他人推荐和积极地参与群体活动都有负面影响，如果社群压力过大，还会导致抵制倾向，这不仅会大大削弱其保留成员资格的意愿，而且也将使其品牌忠诚意愿下降。所以，面对社群压力这个问题，必须严谨对待。

社群的规章制度和其他成员的反应是构成社群压力主要的来源。同时，过多的意见领袖和“传道士”在社群中也会造成混乱的局面，他们会给社群粉丝带来内部压力，因此，针对这些问题，解决办法就是：社群应该鼓励多种角色和水平化管理，鼓励每一个粉丝都能够分享自己的经验、寻求自我提升、尝试新鲜事物、分享和激励、传播品牌故事等。

三、社群—信任/文化

(一)粉丝计划

粉丝模式是以消费者为主导,由消费者发起或者由消费者驱动,由品牌方提供支持或平台的自组织的社区。这区别于传统的客户关系管理和会员模式,因为品牌第一次不能掌控粉丝,但实际上品牌可能无限接近于可以掌控强关系的粉丝。

对于培养粉丝的信任关系,是有一个循序渐进的过程的,不是一蹴而就的,可以从基于差异化主题建立客厅式的小范围主题对话开始,并提供口碑推荐渠道和个性化礼品或体验,多频次小批量的活动,最终形成从互动开始,到社区,再到细分群体的圈子,最后到主题化的客厅活动,从而培养粉丝的信任关系和对品牌的忠诚度。

品牌的终端、专卖店等线下资源,将成为粉丝模式中的关键一环。它可以成为粉丝的销售服务、信息采集和粉丝管理的终端点,也可以成为粉丝体验中心、粉丝社区中心和 O2O 的连接点,品牌的粉丝社群计划被赋予了新的内涵

(二)养粉与圈子

养粉是在品牌与粉丝之间的互动、粉丝与粉丝之间的互动以及线上与线下、圈子内与圈子外的互动中不断积累而形成的。通过养粉,品牌最终能够对粉丝自己更新或是发布的需求和生活方式有一个稳当的捕捉。

寻找企业的社会达人、消费者意见领袖和免费大使,使其为品牌代言,是让粉丝参与的关键核心。粉丝参与可分为不同阶段,可以参与到产品创新,也可以参与到互动和活动。当然,企业也可以让粉丝参与到相关的购买决策中。

在互动和参与的过程中,粉丝们对社群的认同会逐渐提升,

形成一个个无形的圈子,而这些圈子中,内圈是线下消费者的意见,外圈是社交网络上粉丝的诉求,最有效的补充就是将内圈和外圈的消费者 ID 捆绑到一起。

社交关系和互惠关系进行交换和转化的关键,是横跨不同渠道和不同环境的线上线下的粉丝圈子,在这些圈子的逐步形成和分享过程中,就产生了 O2O 或者从礼品到商品的价值转移。

(三)共同意识和责任

能够吸引粉丝转移控制权,建立共同的价值观,实现共同行动,这也是品牌社群最希望的了,这类似于领袖自带的魅力,能够引导一场又一场盛大的集体行为。而集体行为的共同要素包括:在同一时间采取相同行动的许多人;被观察的集体其行为无常而且多变,很少出于均衡状态;行动具有相互依赖性,任何个人都不是独立的行动。

我们可以看到游行群体的行为、服饰的流行以及信仰的狂热,这些动态特征都是具有集体行为的现象。作为信任系统和信任关系基础的个人单方转让对于行动的控制,这类转让构成了集体行为。

集体行为往往会对价值观进行共享。有关消费者行为的研究发现,具有某种共同价值观和生活方式的消费者,在选择品牌的时候具有趋同性。

同时,社群的共同意识还会使共同的道德责任感一并产生。品牌社群的道德责任感会使成员之间保持一种密切的连接关系,是社群成员对某种责任的一致认同,这与强制性的社会责任是有区别的,它表现的是一种自觉主动的行为方式。

(四)仪式与精神

在品牌社群内,消费者基于对某一品牌的特殊感情,认为这种品牌所宣扬的体验价值、形象价值与他们自身所拥有的人生观、价值观相契合,从而产生心理上的共鸣。在表现形式上,为了强化对品牌的归属感,社群内的消费者会组织起来(自发或由品牌拥有者发起),通过组织内部认可的仪式,形成对品牌标识图腾般的崇拜和忠诚。

社群精神代表了重大的社会关系进程,通过这些进程,社群的含义被复制或者在社群内外得以传播。社群精神一般是集中在对某一品牌产品的消费或体验上,所有的品牌社群都会拥有一些社群精神。这些社群精神包括精神和传统,主要功能是保持社群的文化。

社群精神所包含的传统和精神主要分为品牌历史的庆祝和品牌故事的分享,这些在苹果的发布会和小米的米粉节上都可以见到很多类似的情节。

(五)社群阵地:社区

1. 小米社区

小米社区是小米官网旗下小米手机粉丝交流的社区,旨在为小米手机粉丝提供包含小米手机学院、小米同城会、小米游戏软件下载、酷玩帮、小米随手拍、米兔大本营等众多分类内容。

2. 星巴克星社区

星巴克创造性地搭建了这个独立开放的网络互动平台,并致力于将星社区建设成为最具价值的星巴克粉丝家园。星社区有自己的星娱中心。星社区还支持通过 QQ 登录或者新浪微博登录,这样可以最大限度地吸引粉丝的社交关系网络涌进来。

3. OPPO 社区

OPPO 的风格与小米手机风格都有着各自的特点。

目前大部分社区的粉丝社区是基于论坛形式来构建的,而且进行手动和参与也是以版块和同城会等主要形式,随着微信、微博的快速普及,基于智能终端的粉丝社区也开始成为把握粉丝的碎片化时间和移动化社交的创新工具，比如陈坤的微信会员社区。

四、粉丝平台—口碑/数据

（一）智能信任代理

在海量的信息面前，社会变革、信息合规、个人依赖等问题变得越发严峻，然而，和海量的信息相比，当前社会的漠然和缺乏信任显得更为重要。由于缺乏信任，个人越来越依赖工具，这就更需要关注和加强信息的合规划和隐私的安全性。希望类似微信等相关的智能代理可以让用户从信任的角度参与到社区和社会。

（二）承诺、礼品与口碑

品牌社群是一种组织，因此社区承诺的研究可以用组织承诺相关的理论作为理论基础。

研究证明，社群承诺在一定程度上受到来自社群互动、社群认同、品牌认同、人格特质等变量的影响。

在社会交换中，礼属于一种关键介质，在品牌社群内，如果对于商品过度的突出，社群则会变得太过商业化，只有实施合理的礼计划，才能够对于促进社交关系有更好的交换。而当品牌把重点转移到礼计划上来时，会有意想不到的效果出现。

一个企业的粉丝社群之间必然存在一定的社会关系，如朋友关系、同事关系和同学关系等，这些关系的存在使口碑传播具有了可能性，客观上形成了粉丝的口碑传播网络。但在这个网络中是否会有口碑传播、传播的速度和效率如何，都取决于网络的结构和网络构成者的特质。

（三）粉丝社群平台

根据企业的品牌社群平台的构建与运营，我们选择三个模型进行分析。

1. 核心消费者模型

麦昆·亚历山大等人提出了核心消费者模型，该模型针对品牌、产品、消费者、营销者均为组成品牌社群的主要因素作了强调，并将消费者与企业、消费者与产品、消费者与品牌、消费者与消费者这四类纳入品牌社群范畴。该模型的重要特征是突出了核心消费者在品牌社群中的联结作用。① 如图 7-2 所示。

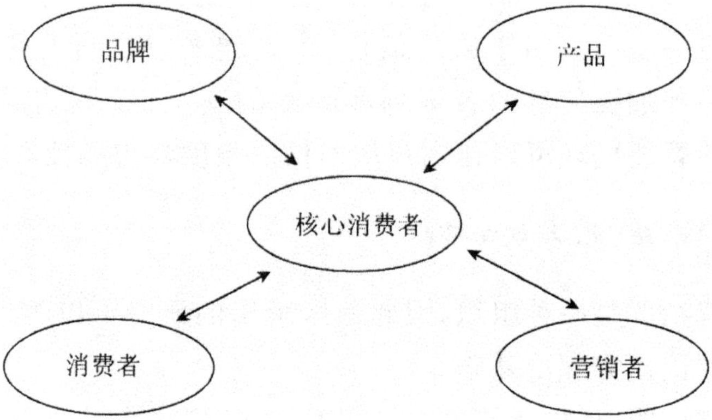

图 7-2　核心消费者模型

2. 品牌社群的形成因素模型

针对此模型，分别从社会认同、信息价值、文化差异和品牌体验四个角度进行了相关分析。社会认同主要是粉丝的自我表达满足和对品牌的认同；信息价值是对互动过程中的价值的一个强调；文化差异是对种族、区域以及文化差异带来不同的忠诚度；而品牌体验着重是心理感觉等方面。如图 7-3 所示。

3. 品牌社群的社会性影响模型

品牌社群的社会性影响模型相对而言对于粉丝社群的机制进行了完整展现，体现了社群参与与品牌忠诚之间的影响关系，

① 叶开. 粉丝经济[M]. 北京：中国华侨出版社，2014，第 175 页.

构建了品牌社群的社会性影响框架。如图 7-4 所示。

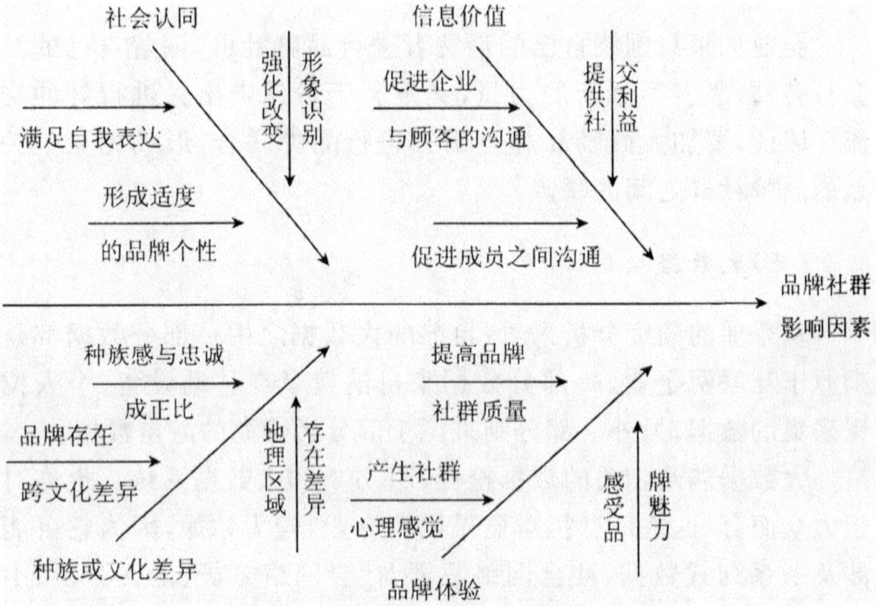

图 7-3 品牌社群形成的影响因素分析

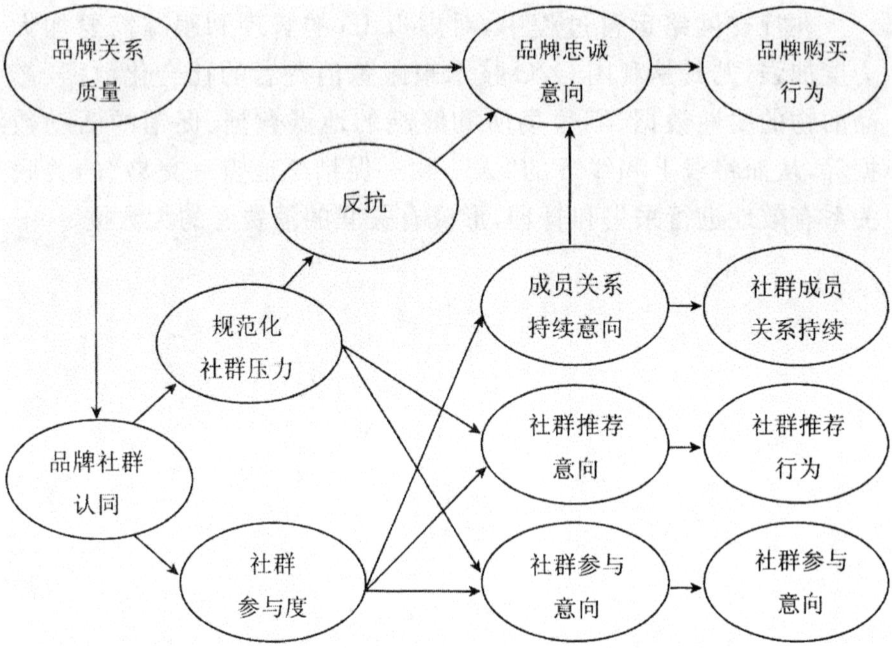

图 7-4 品牌社群的社会性影响模型

（四）品牌联盟

企业如果只围绕自己的消费者进行品牌社群，围着自己的社会打转，既吸引不到新的力量，又不利于粉丝走出去进行好的交流。因此，要加大鼓励品牌走出去进行品牌联合，形成无竞争关系的品牌社群之间的联盟。

（五）大数据

从企业的角度分析来看，目前的大数据之中一部分数据都是来源于互联网企业，一部分数据来自消费者在移动设备、个人位置采集的数据，另外一部分则来源于部分运营商的海量数据。

大数据涉及相关的数据挖掘、BI 分析和大数据系统。也许对于大众而言，这些信息相对显得比较专业，较为枯燥，因为它可能涉及一系列式数据、社会网络数据、社会网络分析、语义分析、中文分词、语音识别、情绪分析、数据可视化、聚类分析、关联性分析等细节。

在社交网络运营过程中，对虚拟 ID 的管理和跟踪需要加大力度加强，尤其是利用 O2O 技术来跟踪消费者的社会化数据、产品的物的属性数据、零售场所和终端的地点数据、促销的活动数据等，从而将线上和线下的“人—物—促销—地点—交易”的关联关系有效地进行采集和管理，形成有关联的消费者的大数据。

第八章　新零售时代支付方式的变革

为了适应电子商务的发展，适合电子商务的支付方式也在发展。随着网络的发展，交易支付方式也开始变得电子化、网络化，这为交易双方提供了更为便捷的支付方式，同时也推动了电子商务的进一步发展。随着网络和电子商务的不断发展，相应的支付方式也会越来越多样化和人性化。

第一节　电子货币

货币形式会随着时代的发展而进化，从最初的商品货币到现在的电子货币，社会经历了翻天覆地的变化。电子货币不同于传统货币，它是以电子化形态存在的，货币更易流通，还可以改善人们的支付体验。

一、电子货币的产生

从货币发展角度来看，货币形式的发展主要经历了以下三个阶段，即商品货币阶段、金属货币阶段和信用货币阶段。

第一个阶段为商品货币阶段。商品货币，顾名思义就是以实体商品作为货币的一种形式，商品货币多以牛、羊、贝壳等形式存在。商品货币一般只在一定范围和时间内可以充当货币，并不是大范围长时间的一种货币形式。并且商品货币具有很多缺点，例如难以保存、易消耗、不便于携带、流通性差等。

第二个阶段为金属货币阶段。金属货币刚开始是一些用金银等贵金属制作而成的货币，随后出现了铸币，这种货币在流通的过程中可能会出现磨损，这就导致货币本身成为不足值货币，但其仍具有交易流通的功能。相较于商品货币，金属货币更易携带和流通，同时其已经具备一些信用货币的特质。

第三个阶段为信用货币阶段。信用货币是通过国家强制力或一定的信用担保发行的货币，其本身不具有价值。例如纸币、存款货币、证券、债券等都属于信用货币，信用货币的发行机关必须具备足够的信用效力。信用货币是目前市面上流通的货币，其具有很多优点，易于携带和流通，储存时间长，是一种优秀的货币形式。

随着经济的发展，传统的信用货币在流通中也出现了一些不足，例如现金交易存在时间和空间上的限制、安全性和流通携带中也存在局限；传统的资金转账缺乏实时性等。同时，互联网在当今社会中的地位越来越高，传统的信用货币不能满足人们通过互联网进行交易的需求，基于此，电子货币应运而生。电子货币是一种新型的信用货币形式，其具有很高的便携性、安全性、实时性。

电子货币有别于传统货币，其不具有具体形态，而是储存在物质介质或计算机系统中的无形电子数据。

首先，电子货币的出现为人们提供了更便捷的交易体验，人们在进行交易时只需要通过一张卡完成支付，或是通过互联网进行操作就可完成支付。

其次，互联网时代的到来为人们的生活带来了许多改变，电子货币满足了现代互联网的要求，完成了传统货币不可以完成的任务。通过互联网，电子货币可以直接传递电子支付指令，甚至直接传递电子货币，帮助人们跨越时空的进行交易。电子货币可以提高支付效率，降低支付费用，同时还有利于电子商务的发展。

再次，电子货币虽然有很多优点，可以改善人们的支付体验，但为了电子货币可能顺利安全的流通，就需要在电子货币相关的行业进行转变，金融电子化和安全认证技术必须进一步进行改善和提高。电子货币需要完善的支付与结算体系作支撑，并要有安全技术作为支付保障，这样才能进一步促进电子货币的发展。

二、电子现金

电子现金有两种表现形式，一种为基于卡介质的电子现金，一种为纯电子形式的电子现金。基于卡介质的电子现金主要应用于现实交易，目前随着IC卡不断更新发展，其功能也越来越广泛。这种形式的电子现金一般是以电子钱包形式的IC卡作为媒介，主要用于小额交易，通过终端机直接进行划卡扣费，不需要输入密码，卡中资金可以进行追加。纯电子形式的电子现金一般适用于网络支付，是目前比较常用的一种电子现金形式。

（一）电子现金的定义

电子现金是以电子形式存在的信用货币，以数字形式进行储存和流通，它将用户银行账户中的资金转换成一系列的加密序列数，这些加密序列数可以代表现实中的各种金额，通过这些序列数用户可以进行支付等交易行为。本质上，电子零钱或电子硬币是一种数额微小的电子现金。

电子货币可以理解为是将纸质货币进行电子化处理后的货币形式，随着电子商务的不断发展，电子现金会广泛应用于网络支付，这种货币形式很适合用户进行小额网上购物。

（二）电子现金的优点

1. 安全性

电子现金是基于电子科技技术产生的，具有很高的安全性。电子现金应用现代电子密码技术，对其进行加密、认证和授权等，保证了其在使用时的安全性，电子现金只有合法人可以使用，可以保证其被重复使用。

2. 匿名性

在进行电子现金制作时，会使用盲签名技术，保证其具有匿名性。在使用电子现金进行网上支付时，可直接进行交易，不需要银行直接参与支付，这就保证了其匿名性和不可追踪性，保护了用户隐私。用户可以让他人使用电子现金，不必担心隐私问题。

3. 便捷性

电子现金不需要实物载体就可以使用，这很大程度上提高了其便捷性。用户使用电子现金可以跨越时间和空间的进行支付，方便快捷的使用方式完善了用户使用体验。

4. 成本低

不同于以往的实物货币，电子现金可以完全通过电子化数据实现，在制作货币时可以大大降低发行成本，也可以降低交易成本，电子货币以电子数据形式存在不需要运输费用。

（三）电子现金支付存在的问题

1. 流通受到限制

现在电子现金还没有完全普及，虽然现在银行都陆续开通了电子现金开户服务，但是在实际生活中的支付情况来看，电子现金还没有普及，并不能像现金一样顺畅流通。

2. 运行成本高

虽然发行成本和交易成本都比较低，但是电子现金的运行需要较高的运行成本。电子现金对相关的软件和硬件都有较高的要求，银行为了电子现金的运行需要建立庞大的数据库，以便对电子现金序列号进行储存、发行和使用记录。

3.存在一定的风险

储存电子现金的硬盘如果损坏，其中的现金数据将会丢失且无法恢复，这个风险使许多客户不想使用电子现金。电子伪钞的出现也加大了电子现金的风险，电子伪钞会对用户以及银行造成非常大的损失。

三、电子支票

（一）电子支票的定义

电子支票也称数字支票，是客户向收款人签发的、无条件的数字化支付指令，主要用于中大额资金的转移。电子支票是将传统支票进行数字化和电子化处理形成的电子货币，通过计算机网络进行传递和处理，帮助客户进行资金的支付结算。这个传递和处理可以发生在客户与客户、银行与客户、银行与银行之间。

（二）与纸介支票相比电子支票的优点

1.使用方式与传统支票类似

电子支票是将传统支票进行数字化和电子化处理，得到的标准化的电子版，与传统支票使用类似，客户可以较快接受这种方式。此外，电子支票相较传统支票提供了更好的功能，同时具有更高级别的鉴别手段，保证了其安全性。

2.安全性更高

传统支票采用印章和手写签名的方式避免诈骗事件，电子支票使用科技技术手段进行数字证书、数字签名以及各种加密，同时还有唯一的电子支票号码检验技术，大大提高了支票使用的安全性，使用户使用时感到更加安全和可靠。

3.减小风险

在使用传统支票时，可能会发生无效支票或空头支票的情况，但使用在线的电子支票可以有效地减小这种风险。因为在线的电子支票可以及时对出票者的签名、资金状况进行验证。

4.速度快，便捷性高

电子支票通过计算机网络进行传递和处理，可以突破时间和空间的限制，同时其传递速度极快，减少了支票的在途时间，帮助客户消除了在途资金损失。

5.降低人力、物力成本

传统支票的处理时银行需要大量的人力、物力支持，这就使其在这方面具有很高的成本，电子支票可以大大降低这方面的成本。电子支票的传递和处理是通过计算机网络进行的，自动化和网络化很大程度降低了银行的处理成本。

（三）电子支票的安全特性

在使用电子支票时，要通过计算机网络进行资金信息和其他敏感信息的传递，为了保证这些信息的安全需要采取一定安全措施，安全措施包括采用电子支票簿、防欺诈和私有性保障等。

1.采用电子支票簿

手写签名涉及肌肉运动习惯等特性，所以在进行仿造时有一定难度。但是数字签名只要获得签名私钥就可以进行数字签名的伪造。为了保证数字签名的有效性，有必要建立安全机制并采用一定技术手段，必须保证签名私钥的个人拥有性，即付款人对签名秘钥具有完全控制权，除了付款人没有人可以使用签名秘钥，只有在这个基础上，才能保证电子签名何时都具有有效性。

电子支票簿或其他加密硬件就是为了保证签名秘钥的完全拥有性而存在的，其对签名私钥具有保存和维护的功能，保证签名私钥的合法签名者使用权。同时，电子支票簿可以对密钥的产生、分配和维护进行简化，方便用户使用。

2. 防欺诈手段

(1)重复检查

为了保证电子支票的唯一性，电子支票簿会对每个电子支票分配唯一的序列号。付款银行必须对电子支票进行检查，若发现重复序列号的电子支票，只对其中一个支票付款；收款人和收款银行必须对电子支票序列号进行检查，如发现重复支票应该拒绝收款。通过重复检查，可以有效地避免因为电子邮件的多次发送而导致的重复支付，防止收款人将支票重复兑现。

(2)收款人标识

在电子支票上可以填写收款银行账号代码、客户 ID、收款人公钥，这些都是可以对收款人进行唯一标识的参数。收款人标识可以防止支票被非法收款人使用。

(3)电子账号

电子账号是由银行分配的随机账号，通过电子账号对电子支票进行填写和储存。付款人和存款人的电子支票账号都被相应银行映射为纸介支票账号，电子账号可以保证银行对电子支票真伪进行辨认，方便他们拒绝非法电子账号的支票。

(4)附带账单

在发送电子支票的同时将账单、发货单或其他数据块都一起绑定发送，通过这些附带账单对支付目的等信息进行说明。附带账单与电子支票进行绑定，并一起签名，这样可以保证认证和完整性。

3. 私有性保障

为了保证信息的安全性，一般电子支票在付款人和收款人、收款人和收款银行之间进行传递时，会采用一定的加密技术，防止信息被窃听。例如在 HTTP 中采用 SSL，在电子邮件中采用 S/MIME 等。

四、银行卡

（一）银行卡的功能

1. 储蓄和存取款功能

居民储蓄是我国各个商业银行的主要业务之一，各家银行提供借记卡办理业务，借记卡具有储蓄功能，可以帮助银行提高业务效率以吸纳更多存款。借记卡存款账户中的资金按照活期存款利率和计息办法付利息。持卡人可以在指定的银行网点或者自动柜员机存款、取款、查询账户余额等。银行借记卡如图 8-1 所示。

图 8-1　银行借记卡

2. 消费支付功能

消费支付功能是指持卡人可以通过银行卡在特约商户进行支付结算的功能。银行卡消费支付功能的原理是，持卡人在特约商户进行消费并通过银行卡支付，银行从持卡人银行账户内扣除资金划拨给特约商户。消费支付功能是银行卡最重要的一项功能，它为社会提供最广泛的结算服务，可以为持卡人和特约商户提供方便的支付和收款方式，减小社会现金流量，节约社会劳动。

3. 转账结算功能

持卡人可以通过银行卡进行资金的转账结算。可以通过营业机构、自动柜员机、电话银行、网络银行等进行银行卡账户的资金转账。资金转账功能可以跨地区、跨国发挥作用，持卡人只需要通过一个地区或国家的信用卡组织的会员机构网点便可以进行资金的调拨流转。

4. 消费信贷功能

贷记卡和准贷记卡具备消费信贷功能。贷记卡持卡人可以在其信用额度内使用资金；准贷记卡持卡人可以按照规定限额进行短期透支，对支付结算超出账户余额部分进行偿还。

5. 代收代付功能

银行可以为政府、企业和个人提供代理资金结算的代理服务和分销服务，作为代理人帮助持卡人办理其委托的事项，并从中收取代理费用。例如，代发工资、代收费用、代扣费用等都属于银行卡的代收代付功能。

6. 综合理财功能

银行可以为持卡人提供综合理财服务，这项服务可以通过一卡多账户实现。在银行卡关联的多个账户内，持卡人可以进行转账、办理贷款融资、购买股票和基金等金融产品，通过综合理财管理实现资产的保值和增值。

7. 派生功能

银行与其他企业或组织进行合作，可以使银行卡具有更多派生功能，为持卡人提供更多扩展性服务。例如，在合作商家通过银行卡进行消费，可以获取特定的优惠或服务等。

（二）银行卡支付的处理过程

银行卡支付处理的过程如图 8-2 所示。

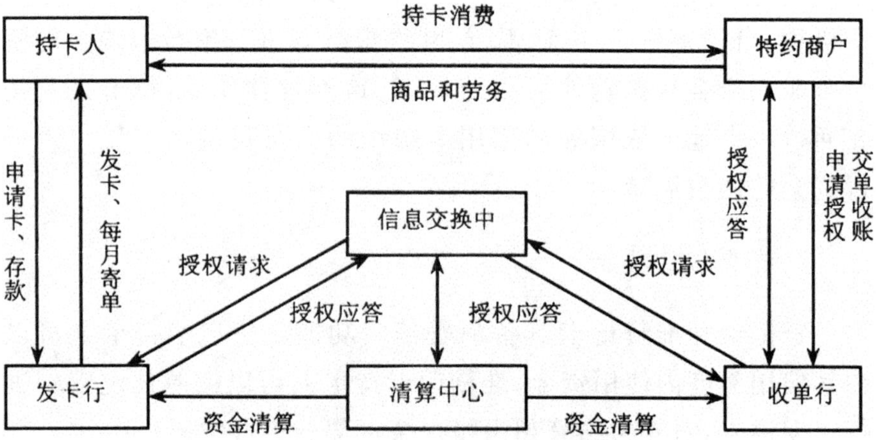

图 8-2　银行卡支付的处理过程

银行卡的支付处理过程是在持卡人、特约商户、发卡银行、收单银行、信息交换中心、清算中心之间进行的。持卡人到发卡行申领银行卡，通过银行卡在收单行的特约商户进行消费支付，特约商户将授权请求发送给收单行，收单行收到商户的授权请求后向信息交换中心发送请求，信息交换中心再将授权请求发送到发卡行，随后发卡行将授权通过信息交换中心发送到收单行，再发送到特约商户，特约商户把已授权的交易提交收单行，收单行把交易金额记入特约商户账户后将交易信息发送到信息交换中心，信息交换中心对交易信息进行清分和结算，随后将处理后的结果发送至发卡行，接收到交易信息后发卡行向持卡人发出账单，同时在持卡人账户内进行交易金额扣回，信息交换中心会将清算净额数据送往清算中心，最后清算中心为发卡行及收单行进行资金调拨。

五、电子钱包

电子钱包是用户进行网上购物时比较常用的一种支付工具，它可以为客户提供安全交易保障，同时可以储存交易记录。下面对电子钱包的功能进行介绍。

第一，个人资料管理。电子钱包客户端软件具有资料管理的功能，用户可以将个人资料在电子钱包服务器中进行存储，并可以通过客户端对个人资料进行修改。

第二，网上付款。网上付款是电子钱包的一个主要功能，用户在进行网上购物时，在要进行支付时只需要打开电子钱包，选择需要的银行卡或电子现金就可以进行支付了。电子钱包进行支付基于 SET 协议，支付安全有所保证。

第三，交易记录查询。电子钱包会对用户的交易行为进行记录，用户在需要时可以通过客户端对交易记录进行查询，十分方便。

第四，银行卡余额查询。用户将银行卡放入电子钱包，可以通过电子钱包的查询功能对银行卡的账户余额进行查询。

第五，商家站点链接。一些电子钱包的客户端中，会提供很多商家的电子商城链接，通过站点链接用户可以直接登录网上商城进行购物，一方面为用户提供了便利，另一方面促进了消费。

第二节　网上支付

随着电子商务的发展，网上支付成了必不可少的一项支付技术。网上支付以网络为支持，可以快速及时的实现资金的转移，网上支付可以节省交易开销，提高交易效率。

一、电子现金网上支付

(一)电子现金支付方式

1. 双方支付方式

这种支付方式只涉及买方和卖方,买方进行消费行为通过电子现金进行支付,商家通过电子现金发行银行的公开密钥对电子现金进行数字签名验证,检验通过后进行确认,确认后暂时保存电子现金或送交发行银行兑换。

2. 三方支付方式

消费者通过电子现金进行付款后,商家将电子现金发送至银行,银行对其进行真伪检验,确认有效性并未经使用后将等额的货币直接转入商家的账户中。

双方支付是比较简单的支付方式,通过买卖双方就可以完成交易,但是安全性不能得到保证,因为电子货币的有效性只有其发行银行才能进行完全检验。三方支付方式不同于双方支付,这种支付方式要求电子现金的发行银行必须参与,商家将电子现金发送至发行银行,通过与已经使用的电子现金记录库进行对比,确认其有效性。这种检验方式可以有效地防止电子现金欺诈和伪造行为,因为电子现金的序列号是唯一的。但是想要在全球范围内发行电子现金,就必须在全球范围内采取统一的标识进行注册。

(二)电子现金应用系统进行网上支付的优点

1. 支付安全性高

电子现金网上支付有一系列的安全技术作为保障,可以保证用户使用的安全性。电子现金采用银行数字签名的认证方式,通过用户账户中货币进行购买，价值可以得到银行的担保。用电子现金进行网上支付时，电子现金应用系统软件会自动从代币账户中转出相应资金进行支付。

2. 传送过程安全性高

电子现金在转送过程中使用了数字摘要的技术，这种保障措施可以保证电子现金在传送过程中信息不会被非法篡改，也就保证了其传送过程的安全性和完整性。

3. 非法使用可以被追踪

电子现金拥有安全度很高的支付保密措施，这些措施帮助发行银行对电子现金的使用进行监控和追踪，当电子现金被非法使用时，银行可以及时做出反应，及时追踪到非法使用者。通过这种方式可以保证用户的资金安全和支付安全。

（三）电子现金网上支付的不足

电子现金网上支付虽然具有很多优点，但同时也存在一些不足。为了保证电子现金的有效性，在联机的清算系统中，用户使用电子现金进行支付时，这一部分现金会发送到发行银行，银行通过与已经使用的电子现金记录库进行对比来检验其有效性，虽然保证了安全性却影响了支付的匿名性。所有会有人担心自己的经济活动和消费信息可能被监视，不利于保护用户的隐私。

二、电子支票网上支付

（一）电子支票用于网上支付的优点

1. 电子支票具有纸介支票的功能

电子支票的网上支付具有传统支票转移支付的功能，使人们更易接受。电子支票利用计算机网络进行资金转移，十分快捷。

同时在使用电子支票时不需要手动进行项目填写，通过电子化数字化的方式就可以进行网络支付。

2.电子支票生成方便

用户可以在网上进行电子支票的填写，电子支票的内容与传统支票相同，用户不会对填写页面感到陌生，用电子化的方式进行收款方名称、收款方开户银行和银行账号、支付金额和支付日期等内容的填写，电子支票的支票号、付款方名称和账号信息等不需用户输入。电子支票如图 8-3 所示。

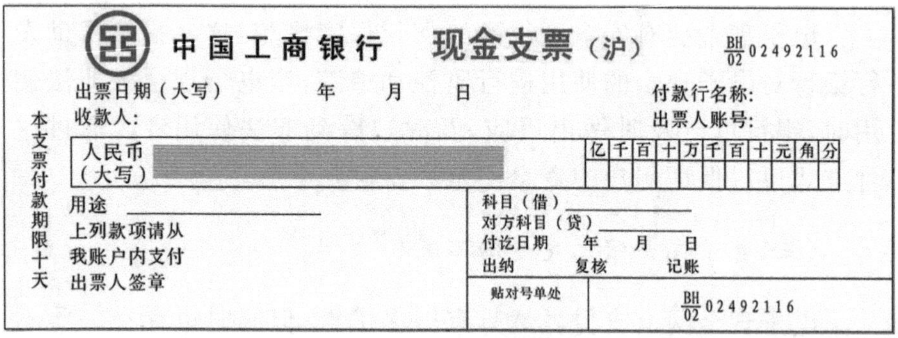
中国工商银行　现金支票（沪）　BH/02 02492116
出票日期（大写）　年　月　日　付款行名称:
收款人:　出票人账号:
本支票付款期限十天
人民币（大写）　亿 千 百 十 万 千 百 十 元 角 分
用途
上列款项请从
我账户内支付
出票人签章
科目（借）
对方科目（贷）
付讫日期　年　月　日
出纳　复核　记账
贴对号单处　BH/02 02492116

图 8-3　电子支票

3.资金到账及时

收款方在电子支票进行网上支付出票后，可以及时将其发送到自己的开户银行，做到自己及时到账。可以避免传统支票因为一些环节出现问题而导致资质滞后的问题。

4.付款方开户银行确认及时

传统纸质支票可能会存在空投和支票退回的情况，通过电子支票进行网上支付时，付款方的开户银行会对电子支票支付进行及时检验和确认，避免了空投和支票退回。

5.电子支票储存安全性高

使用传统纸质支票时，用户要对其进行妥善保管，以防支票丢失或被盗。电子支票是以电子数据形式存在的,用户只需要对自己的安全秘钥进行安全保管就可以,不用担心支票丢失或被盗。

(二)电子支票的支付

1.电子支票支付系统构成

电子支票的使用主要涉及购买方、销售方和金融机构三个主体,其中金融机构由购买方的开户行、销售方的开户行和票据清算中心组成。购买方使用电子支票进行消费时,需要出示自己的开户行给予的付款证明,销售方得到付款证明过后交由自己的开户行。通过电子支票进行付款查证的过程与纸质支票是相同的,只不过支票的形式由纸质变为电子凭证。电子支票在线支付时,付款证明的生成、传递和生效,以及交易双方银行账户的借贷可以同时发生。

2.电子支票支付过程

电子支票进行支付的过程可以分为4个阶段,如图8-4所示。

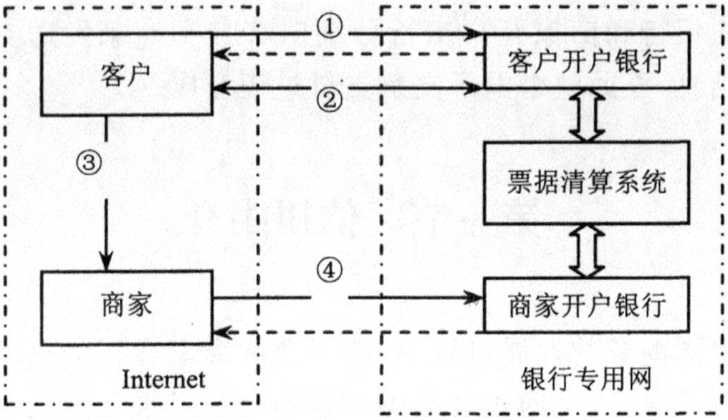

图 8-4　电子支票支付过程

(1)申请电子支票使用权

首先,客户需要向开户银行申请开户,注册成为有权开具电子支票的银行用户。银行在审核完毕后同意客户的开户申请,并为客户授权提供用于开具电子支票的电子支票簿和用户客户端软件。

(2)购买方开具电子支票

客户在需要通过电子支票进行消费时,需要使用开户银行提供的电子支票簿和与银行联网的客户端软件开具电子支票,在开具支票时需要按照客户的账户余额进行金额确定。需要注意的是,开具在线电子支票必须通过开户行进行数字签名才有效。

(3)商家获得电子支票

客户在商家进行消费支付时选择使用电子支付方式,通过私有秘钥在电子支票上进行数字签名,用卖方的公开秘钥加密电子支票,通过网络支付给卖方。卖方收到其使用公钥加密的电子支票,用自己的私有密钥收到电子支票后,首先通过买方的公开秘钥对对方的数字签名进行确认,然后通过开户行的公开密钥对银行的数字签名进行验证,确认均为有效后再对买方进行发货。

(4)转账清算

卖方在规定时间内将电子支票发送给卖方的开户银行,开户银行在收到电子支票后将其发送到票据清算系统中,票据清算系统接收到电子支票后会向客户的开户银行发送资金兑换申请,申请通过后将相应金额转入卖方银行账户中,当全部过程结束后,客户开户银行和商家开户银行分别向客户和商家发送支付信息和到账信息,至此整个电子支票支付过程完成。

第三节　信用中介

在电子商务的发展过程中,消费者和商家会因为交易信用的问题产生矛盾,这个问题会阻碍电子商务的发展。第三方支付的出现解决了这个问题,它作为交易中介可以公正公平的对待交易双方,对交易中各方主体提供信用保障。第三方支付无疑是推进电子商务发展的重要环节。

一、第三方支付的定义与特点

（一）第三方支付的定义

随着电子商务的不断发展，电子支付的信用与安全成了电子商务发展中不可避免的问题，为了解决这个问题，第三方支付就此出现。关于第三方支付并没有完全确定的定义。概括来说，第三方支付是指具有信誉保障、采用与相应各银行签约方式、提供与银行支付结算系统接口和通道服务并能够实现资金转移和网上支付结算服务的机构。第三方支付与银行进行合作，将银行的支付结算功能作为基础，面向社会提供公平公正、安全稳定的支付结算和增值服务。

第三方支付有很多运营形式，网络支付、电话支付、销售终端交易、自动柜员支付等都可以通过第三方支付进行。第三方支付通过收取客户开展业务时产生的手续费获取利润。

（二）第三方支付的特点

1. 提供多种应用接口

第三方支付对多种支付方式进行了整合，提供多种应用接口程序。通过这些接口程序，用户可以将各种银行卡支付方式全部放入一个界面，用户可以更加方便和快捷的进行网上消费。第三方平台可以通过接口帮助消费者完成支付，帮助商家完成收款，不需要他们在各家银行都开设账户。第三方支付通过这种整合方式帮消费者、商家和银行同时节省了成本。

2. 支付方式更简单

相较 SSL、SET 等支付协议，第三方支付为用户提供了更简单的支付方式，免去了很多网络支付的麻烦。例如，通过 SET 协议进行支付，需要相关方全部都进行CA认证，需要经过复杂的程序，导致这种支付速度慢且成本高。第三方支付不需要繁复的程序和手续，第三方帮消费者和商家完成交涉，消费者只需要进行付款，商家也只需要直接进行资金接收，简化了网上交易过程。

3. 网上支付信用有所保证

第三方支付通过与银行合作开展业务，它是以银行的信用作为信用依托的，所以第三方支付的网上支付信用有所保障。第三方支付的出现很大程度地上推动了电子商务的发展。

（三）第三方支付服务商的特点

第三方支付服务商是指依法在中华人民共和国境内设立的提供第三方支付服务的独立法人，第三方支付服务商保证公平对待消费者与商家、电子商务商与银行。第三方支付服务商建立支付平台与消费者、商家、银行对接，为网上消费提供资金划拨渠道。第三方支付服务商具有以下几个主要特点。

1. 支付中介

第三方支付服务商是搭建在付款人与收款人中间的支付中介。通过第三方支付服务商进行交易的双方不直接进行资金来往，而是交由第三方支付服务商进行处理，其会在付款人、银行、支付服务商、收款人之间完成资金转移。第三方支付服务商进行资金转账是按照客户交易订单进行的，这一点与银行不太一样。

2. 中立、公正

第三方支付服务商只帮助客户进行资金转移，不直接参与交易过程。它在开展业务时必须保证公平公正的对待交易各方，需要保护各方的合法权益。

3. 技术中间件

第三方支付服务商提供多种接口，可以连接多家银行，帮助银行系统与互联网更为紧密的联系在一起，并可以顺畅地进行加密传输数据过程；为商家提供统一的支付接口，确保商家可以通过统一支付接口连通多家银行的支付通道。

4.信用保证

第三方支付服务商只面对合法注册的企业开放支付网关服务，这种服务门槛可以避免或降低交易欺诈等事件的发生，提高了网上支付的信用，使用户可以更安心的进行网上消费。

二、第三方支付交易流程及作用

第三方支付的交易流程一般为：消费者进行商品选择，并通过第三方支付平台进行网络支付；第三方平台在收到货款后代为保管，通知商家货款已经支付到平台，要求商家发货；消费者收到商品，并进行确认收货；第三方平台受到确认信息后将平台上存放的货款划至商家账户。下面通过 B2C 交易对第三方支付模式的交易流程进行说明，如图 8-5 所示。

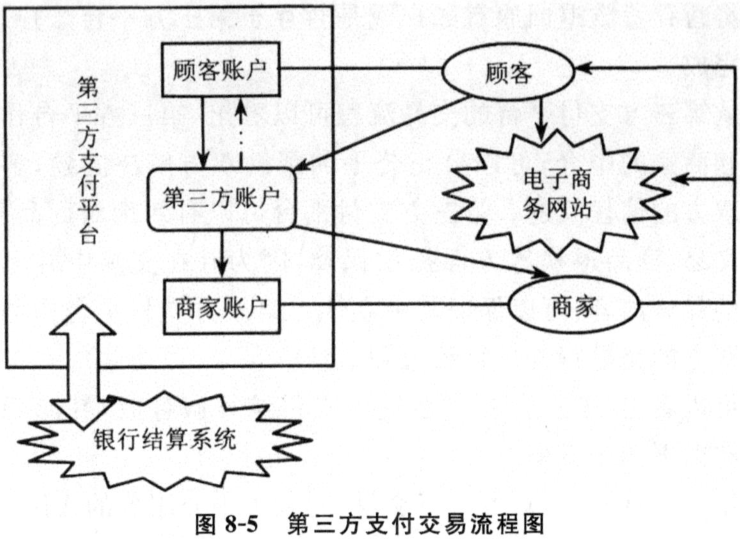

图 8-5 第三方支付交易流程图

交易流程中的具体步骤如下。

第一步，消费者在网购平台选择商品，并与商家协商确定成交价格，并决定购买。

第二步，消费者使用第三方支付方式，将自己银行卡账户中的货款划入第三方支付账户中，并设定发货期限。

第三步，第三方支付平台确认收到消费者划入的货款，并通知商家，同时要求商家在规定时间内安排发货。

第四步，商家接到第三方支付平台的通知后安排发货，并在网购平台上进行记录，在相应位置对商品状态进行更新方便消费者查看；商家未及时发货的情况下，第三方支付平台会告知消费者交易失败，并由消费者选择货款交还原有账户或是暂存于第三方平台账户。

第五步，消费者收到商品进行检查并对商品满意后，在第三方平台确认收货；消费者对商品不满意，可通过第三方平台拒绝支付货款，并进行退货。

第六步，顾客确认收货后，第三方支付平台会将暂存的货款划入商家账户，至此交易完成；消费者对商品不满意并进行退货后，第三方平台向商家确认确实收到退回的商品后，根据消费者要求将暂存货款退回原有账户或是暂存于第三方平台账户，至此交易完成。

从第三方支付平台的交易流程可以看出，第三方平台作为消费者和商家的中介，可以公正公平的帮助双方解决问题，解决了买卖双方的信任问题。第三方支付平台可以有效地对商品质量、诚信交易、商品退换等方面提供保障，因为其在交易中并不涉及交易的具体内容，可以保证其中立性。第三方支付平台作为中立者对双方的交易行为进行约束和监督。

可以看出，第三方支付在提供支付结算服务时，其起到主要作用有以下四个方面。

第一，协助买卖双方进行交易，起到了中介服务的作用。

第二，作为中立方，第三方可以对买卖双方进行约束和监督，可以对资金转移进行信用担保。

第三,第三方可以为资金和货物安全提供风险防范保证机制。

第四,第三方支付简化了网上支付,可以为消费者和商家提供更加快捷的支付服务。

除此以外,第三方支付平台可以和公用网络更顺畅地进行连接,解决的银行直接连接公用网络可能存在的安全问题;可以为消费者、商家提供信用保障等。

三、第三方支付的分类

按照业务类型进行分类,可以将第三方支付平台分为非独立的第三方互联网支付、独立的第三方互联网支付、第三方手机支付和第三方电话支付四种类型。非独立的第三方互联网支付是指依托与大型电商平台的支付工具,这种支付工具为其依存的电商平台提供交易支付服务,支付宝就是属于这种类型的支付平台;独立的第三方互联网支付是指不依托于特定的电商平台,它将网上支付、电话支付、移动支付等多种支付手段在平台上进行整合,在交易过程中为买卖双方提供公平公正的保障,并对双方进行约束和监督,这类支付平台需要较强的专业性,例如 China-pay、快钱等都属于这种类型的平台。

根据第三方支付平台的经营模式进行分类,一般可以分为 PayPal 模式(平台账户模式)和支付网关模式(简单支付通道模式)。

(一)PayPal 模式

在 PayPal 模式中,第三方支付平台通过与银行进行连接提供支付服务,同时还作为交易的信用中介,为买方提供账号,进行交易资金代管,平台定期对交易支付进行结算。PayPal 模式如图 8-6 所示。

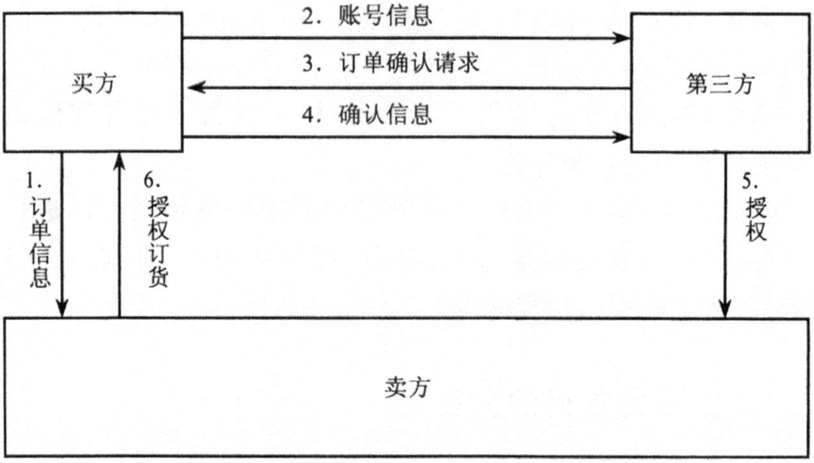

图 8-6 PayPal 模式

在 PayPal 模式下还可以进行进一步划分，分为监管型账户支付模式和非监管型账户支付模式。

1. 监管型账户支付模式

第三方支付平台在这种支付模式中充当信用中介的角色，协助双方进行安全的网上交易。在消费者支付货款到收到商品并确认收货前，第三方平台对货款进行暂存，之后才会将货款划入商家账户。例如，支付宝就是采用这种支付模式的支付平台。

2. 非监管型账户支付模式

在这种支付模式下，第三方支付平台要求消费者和商家在平台上建立账号，需要将货款从银行账户充值到平台账户，这种模式下的交易是在平台内部进行的。第三方支付平台接到买家的付款指令后，从买家平台账户划拨货款到卖家平台账户中，用虚拟资金为介质完成交易支付。例如，快钱就是采用这种支付模式的支付平台。

（二）支付网关模式

在这种支付模式中，第三方支付平台作为消费者和商家的第三方的银行支付网关，平台会与多家银行达成合作关系，开通多家银行的银行卡直通通道。支付网关模式如图 8-7 所示。

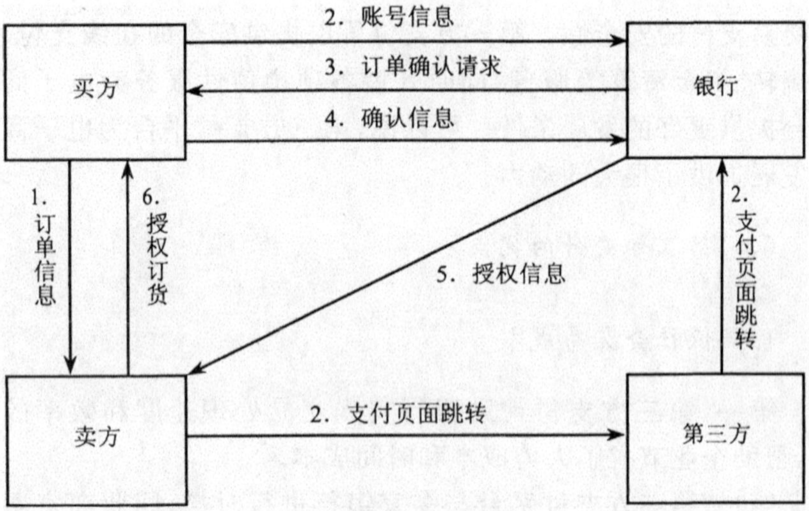

图 8-7 支付网关模式

这种模式下，第三方支付平台的客户是银行和商家，是为了使消费者更多的选择在线支付进行购物。第三方平台需要与银行进行更为紧密的合作，这样才能实现银行卡直通服务。这种模式的第三方是通过银行的利益分成，以及商家交付的服务费盈利的。

四、第三方支付存在的意义与价值

（一）第三方支付的意义

对于电子商务来说，消费者和商家的交易是通过网络进行的，并没有当面进行实物交割，商品的转移和货款的转移都存在时间和空间上的分离状态，缺乏信用保证的信息不对称使消费者和商家产生了矛盾。对于消费者来说，他们担心先支付货款后，可能得不到商品或是得不到满意的商品；对于商家来说，他们担心先发货后得不到消费者应该支付的货款。如果不能解决电子商务的信用保障问题，交易就不能顺利开展。

第三方支付可以解决电子商务的信用保障问题，其作为消费者与商家之间的中介，可以公正公平的对双方交易过程中的行为进行约束和监督。通过与银行开展合作，保障第三方支付平台进行交易支付的安全性。第三方支付可以提供安全的在线支付、现金流转、资金清算等服务，同时开展各项增值性服务为电子商务平台提供更好的发展条件。可以说，第三方支付平台为电子商务的发展提供了很大的动力。

（二）第三方支付的优点

1. 降低社会交易成本

第一，第三方支付帮助银行实现交易处理速度和效率的提升，帮助企业节省了人力成本和时间成本。

第二，第三方支付平台与多家银行进行对接，因此商家不再需要自己与各家银行进行连接，通过第三方平台就可以完成与多家银行的资金转移行为，降低了其在这方面的开发和维护成本。

第三，第三方支付平台可以对交易双方的行为进行约束和监督，可以防止或减低交易取消或延迟、信用欺诈等交易风险，提高了交易的成功率。

2. 提升企业竞争力

第一，第三方支付的方便和快捷帮商家提高了其交易效率和效益，这就促进了其发展，催生了更多创新型服务的出现。

第二，商家通过第三方支付可以扩展其业务区域，使消费者在进行网上购物时有更多的支付选择。

第三，第三方支付平台可以为交易双方提供公平公正的服务，可以保障交易信用，这样可以消除或降低消费者的疑虑，以此促进中小商家的电子商务发展。

3. 提高交易诚信

第三方支付的信用保障可以体现在多个方面。首先，它可以解决银行与公用网连接可能出现的安全隐患问题；其次，它可以向社会提供信用保证；再次，如果交易因为安全问题产生索赔等经济问题，第三方支付可以对此进行承担；最后，第三方支付会对社会法律保证进行承诺。目前，很多第三方支付平台要求用户提供真实个人信息并进行验证，以此保证交易安全；货到付款或款到发货的方法可以对交易欺诈进行防范。

4.促进产业发展

第一，解决了银行与公用网连接的安全隐患问题，推动了电子银行业务的发展，同时为B2C、C2C业务的发展提供了便利。

第二，帮助银行和商家解决了交易支付的问题，可以使他们更好地进行产品设计和市场推广。

第三，第三方支付是公正公平的中介方，公平对待交易涉及到的各方主体，维护各方的合法权益。

第四节　移动支付

移动支付是指通过移动终端设备进行支付的方式。随着各类移动终端的推广和普及，移动支付也开始走进了人们活活，移动支付可以使人们的支付更加便捷，实现随时随地进行支付。

一、移动支付流程

移动支付与网络支付一样都需要涉及消费者、商家、金融机构，但是在交易资格审查处理方面移动支付与网络支付有一定区别。下面对消费者和商家都在金融机构拥有账户的情况下，通过预付款形式进行移动支付进行介绍。移动支付流程如图8-8所示。

第一步，注册账号。通过移动支付进行交易，需要交易双方均在移动支付平台进行账号注册，通过移动支付平台的账号才可以进行关联银行账户的收付款。

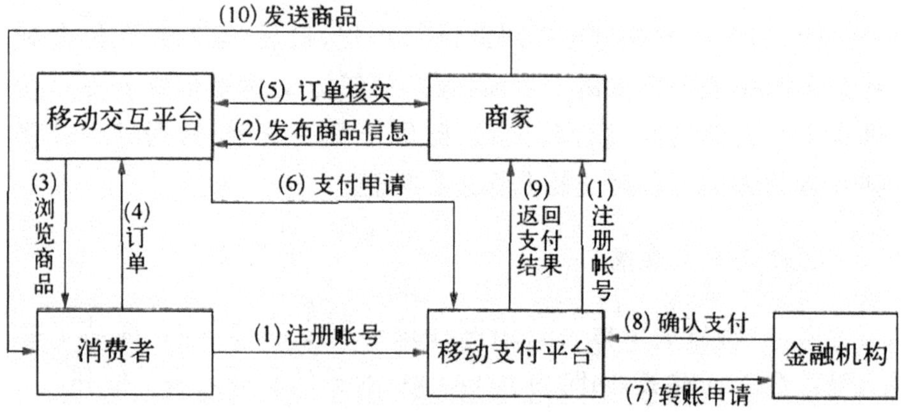

图 8-8　移动支付流程

第二步,发布商品信息。商家需要在移动交互平台上对自己的商品进行介绍,商品信息可以通过实物形式进行展示,也可以采用电子文件的形式。

第三步,浏览商品。消费者通过网络终端浏览各个商家在移动交互平台上发布的商品信息。

第四步,生成订单。消费者在浏览商品信息后挑选想要购买的商品,通过移动交互平台提供的沟通方式向其传达自己的购买意向。

第五步,订单核实。移动交互平台根据消费者购买意向生成商品订单,商家对订单进行核实并进行核实确认,随后移动交互平台会将支付申请发送给消费者。

第六步,支付申请。根据服务号,移动交互平台会将消费者的支付申请进行分类,之后将申请文件压缩成 CMPP(China Mobile Peer to Peer,中国移动点对点协议)格式,最后将 CMPP 格式的支付申请发送到移动支付系统。

第七步,转账申请。移动支付系统对接收到的支付申请进行处理,将客户支付信息进行加密处理,随后发送到金融机构。

第八步,确认支付。金融机构在收到移动支付系统发送的支付信息后，会对其合法性进行验证，随后进行系统反馈。

第九步，返回支付结果。移动支付系统收到金融机构的反馈后，会将支付成功的消息发送给消费者，同时要求商家发货。

第十步，发送商品。商家接到移动支付系统发送的支付请求后安排商品发货。

二、移动支付类型

（一）电话账单交费

电话账单交费是通过手机账单进行支付的移动支付方法，这种支付方式简单易行，减少了银行和信用卡公司的参与程度，缩减了交易成本，是一种被广泛应用的移动支付方式。这种支付方式需要移动运营商以及其账单具备良好的信誉。一般情况下，小额支付可以采用这种支付方式，支付金额会纳入移动通信费账单进行统一结算，但这种支付方式的时间和支付额度都是固定的。手机话费账单支付流程如图 8-9 所示。

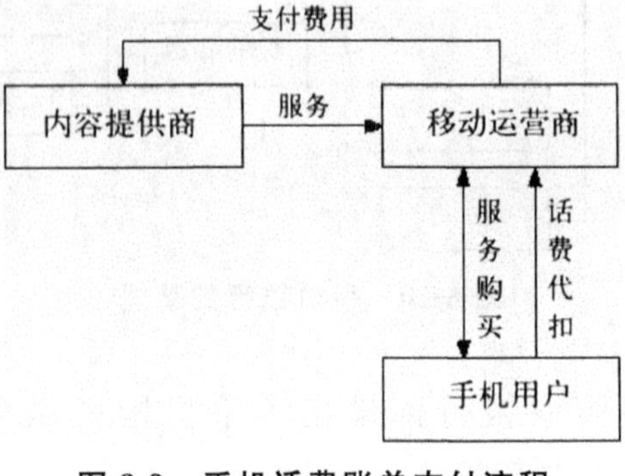

图 8-9　手机话费账单支付流程

（二）手机银行

通过移动通信网络将手机端与银行进行连接，使手机用户可以通过手机完成银行的各项金融理财业务，这个系统就是手机银行。手机银行是将货币电子化与移动通信业务有机结合产生的产物，将银行的金融理财业务通过无线通信技术应用于手机客户端中，使用户可以简单快捷的进行相关操作。通过手机银行进行移动支付需要移动支付系统给予有力支持才可以实现。手机银行具有的功能如图 8-10 所示。

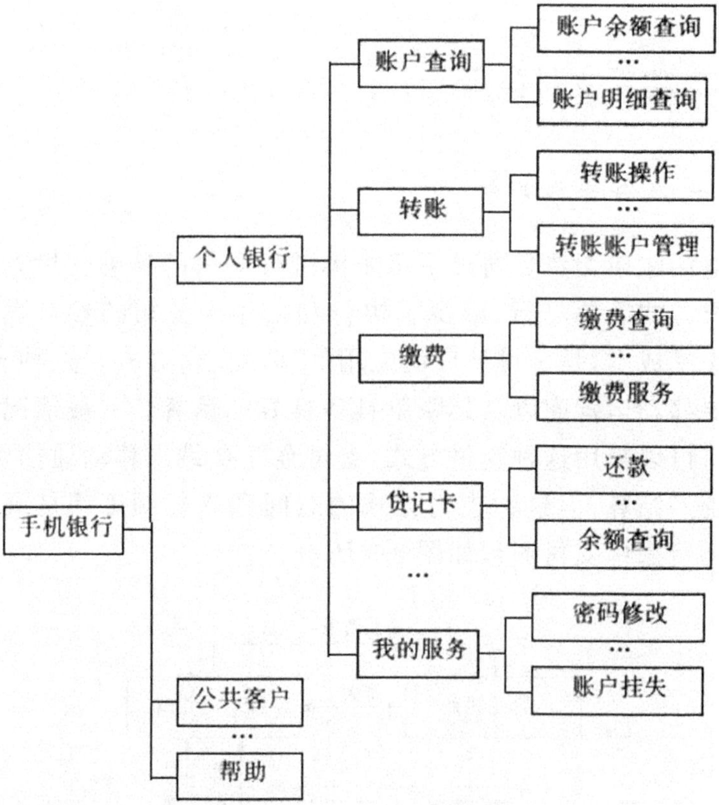

图 8-10 手机银行的功能

目前，很多商业银行都推出了手机银行服务，一般是通过 WAP 和短信方式进行操作。通过手机银行，用户可以进行账户管理、转账汇款、网上支付、投资理财、缴费业务等金融服务。手机银行使用户可以随时随地完成银行提供的金融理财业务。

（三）手机钱包

手机钱包将手机作为交易工具，通过银行卡账户进行支付，是一项将各类支付业务进行综合生成的服务。手机钱包将用户的手机号码与银行账户进行关联,用户只需要通过手机短信、IVR、WAP 等方式对绑定账户进行相应操作,就可以完成一系列的支付行为,比如消费支付、资金转账、余额查询等。此外,用户可以通过短信等方式获知交易结果以及账户变化。通过手机钱包将用户手机与银行进行关联绑定的过程如图 8-11 所示。

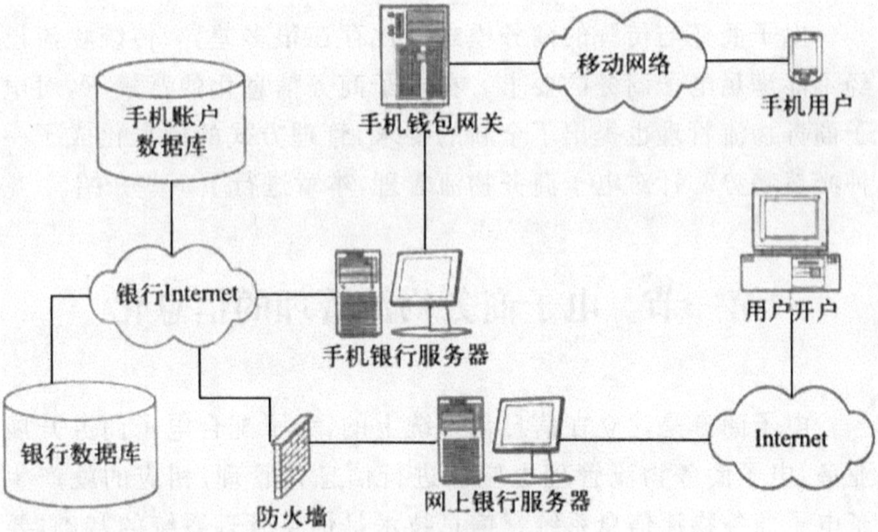

图 8-11 手机钱包系统

目前只有中国移动通信集团北京有限公司与北京银联股份有限公司北京分公司进行合作,推出了手机钱包这项移动金融服务。中国移动推出的手机钱包业务,是将用户的手机号码与其银联标识借记卡进行绑定,绑定后的银行卡可以通过手机端进行账户查询、转账、支付等操作,可以为用户提供个性化的金融服务和便捷的支付通道。手机钱包不仅是在我国有所应用,很多国家也在这方面进行了一些应用。在一些国家,可以通过手机钱包进行小额支付,例如交通费、水电费缴纳等,还有一些地区对手机钱包的普及度比较高,很多人通过手机钱包代替现金和银行卡进行消费购物等。

第九章　电子商务物流管理

电子商务与传统的商务模式相比存在很多差异，传统物流已经不能满足电子商务的要求。在电子商务信息化的背景下，对电子商务物流管理也提出了全新的要求，管理方式的信息化成了一种必然趋势。针对电子商务物流管理，本章进行了一些介绍。

第一节　电子商务物流管理的信息化

电子商务是建立在信息化系统上的，为了配合电子商务开展业务，电子商务物流管理也应该进行信息化管理，相应的就产生了电子商务物流信息系统。信息技术是信息管理系统的基础，要将信息技术与物流管理进行有机结合，才能发挥电子商务物流管理信息化的真正作用。

一、电子商务物流信息管理系统概述

（一）电子商务物流信息系统的含义及特征

1. 电子商务物流信息系统的含义

电子商务物流信息系统是对物流相关信息进行收集、传送、存储、加工、维护和使用的系统，它是由人员、网络、设备和程序构成的。随着电子商务行业的发展，与之相呼应的信息化的物流管

理系统也产生并开始发展。电子商务物流将传统物流与网络有机结合，物流企业也随之展开了模块化的重组。电子商务物流信息管理系统的作用不仅仅是对相关物流信息进行管理，而是建立起一个以电子商务物流信息为基础的网络化、智能化、社会化的系统。电子商务物流信息管理系统的运作如图 9-1 所示。

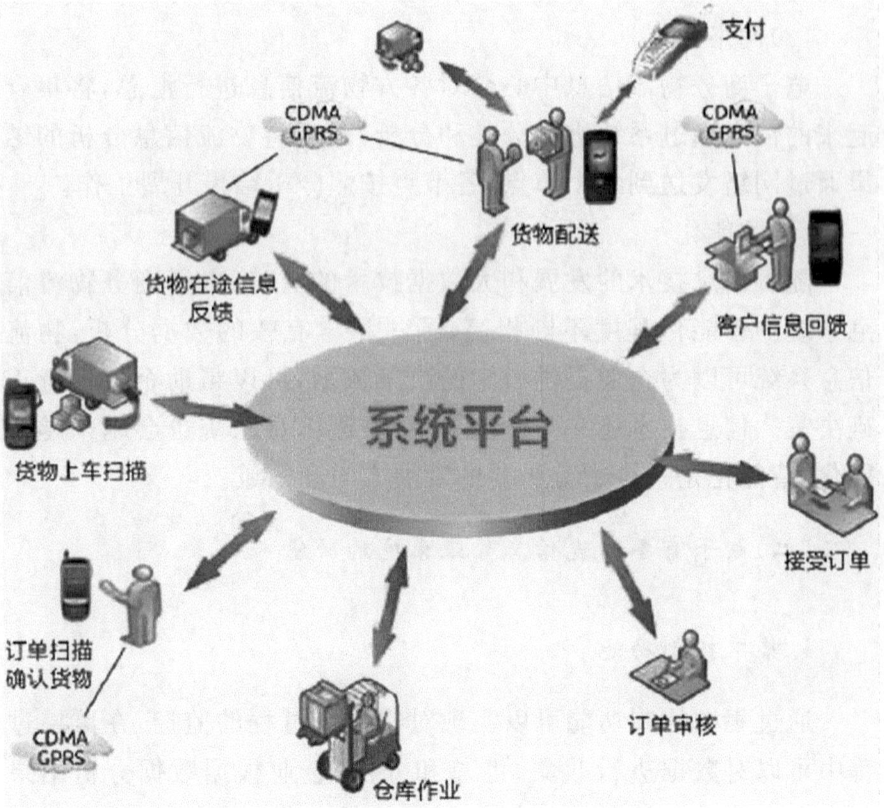

图 9-1　电子商务物流信息管理系统的运作

2. 电子商务物流信息系统的特征

(1)集成化

企业的逻辑相关信息会通过电子商务物流信息系统进行关联，这个步骤可以为物流信息集成化处理提供数据基础。在对电子商务物流信息系统进行数据库、系统功能、系统界面等方面进行设计时,应该采用统一的标准和规范。

(2)模块化

进行电子商务物流信息系统时,应该将系统进行模块化处理,即在主系统下建立有独立功能的独立模块,通过统一的标准和规范对这些独立模块进行设计开发,最后将其进行合并组合然后投入使用。

(3)网络化

电子商务物流信息中心会对各方物流信息进行汇总,将集合起来的信息通过系统进行分类和分析,随后将物流信息分析的结果通过网络发送到各个节点,各节点按照分析结果开展工作。

(4)智能化

随着信息技术的发展和大数据技术的支持,电子商务物流信息系统的智能化程度不断提高,通过科学有效的数据分析,物流信息系统可以为企业提供科学的决策依据,可以帮助企业进行正确决策。信息技术还在不断发展中,物流信息系统也会越来越智能化,智能化是一个十分重要的发展方向和领域。

(二)电子商务物流信息管理系统的功能

1.集中控制功能

通过集中控制功能可以实现对物流全过程的监控,在监控过程中可以对数据进行收集、汇总和分析,企业根据数据分析结果制定和完善企业的运营计划和相关决策。集中控制功能涉及对业务流程的责任、运输、费用、仓储等方面的管理。

2.运输管理功能

(1)计划管理

开展物流业务,其中十分基本且重要的要求就是保证货物可以安全、准确、及时的送达指定地点,为了做到这一点,就需要企业进行科学合理的分拨配送和运输计划管理。按照各地的生产和销售情况,企业需要告知运输公司分拨配送货物的详细信息,根据分拨配送指令运输公司制定运输计划,并与货品生产企业沟通确定。

(2)接单管理

企业与运输公司确定了运输计划后,需要按照计划的内容进行货物的交接单,保证需要进行货物配送时有条不紊,不出现货物混乱或丢失的情况。

(3)发运管理

在进行货物发送时需要进行发运管理,对发运货物的记录不仅要包括货物信息,还要包括运输工具、运输人员等相关运输信息。通过科学有序的发运管理,可以在运输中出现货损、货差时,及时准确地进行责任管理。

(4)路线管理

货物运输途中,应该进行路线管理,保证货物的位置可以实时获得。对货物运输进行跟踪管理,可以确保运输过程可视化,出现问题及时进行补救。

(5)签收管理

货物运达后要对签收进行管理,根据不同的货物和签收规定进行相应的签收管理,提供正常和非正常的签收管理。

(6)单证管理

在货物运输的整个过程中,需要许多单证,例如分拨配送单、运输计划单、货物交接单等,对这些单证进行管理可以更好地对物流过程有所把握,帮助企业和物流公司更好地对物流过程进行管理。

3.仓储管理功能

仓储管理包括入库管理、出库管理和库存管理。随着科技的发展,企业仓储管理的重点不只是保证货物安全,更需要关注的是利用现代化的技术提高仓储运作的速度和效率,实现仓储的信息化和自动化,更好地进行流通和库存成本。

4.统计报表功能

统计报表是物流信息系统中最主要的信息输出手段，企业和客户通过统计报表了解业务情况。该系统可以提供动态的统计报表，也可以提供多种固定的统计报表。

5.客户查询功能

通过查询功能，客户可以在系统上对物流信息进行查询，使物流过程更透明。例如，客户可以对货物的物流分配、运输状态、库存情况进行查询。

6.其他功能

第一，安全加密功能。为了保证系统和物流信息的安全，使用电子商务物流信息系统需要经过严格的用户认证。

第二，权限设置功能。对系统进行设置，这样保证认证用户对系统的使用有相应的权限。

第三，代码管理功能。对本系统所用的基础代码进行管理维护。

第四，用户信息反馈功能。系统认证通过的用户，可以通过系统进行信息反馈。

（三）电子商务物流信息管理系统的类型

1.按系统的结构进行分类

可以分为单功能系统和多功能系统两类。单功能系统是指只可以完成合同管理、物资分配等单一工作的系统，在目前的电子商务物流管理中一般指作为基础的子系统。多功能系统是一个综合性的处理系统，可以对一个部门或企业的全部物流信息进行综合管理。目前这种系统是我国物流企业常用的信息管理系统，虽然相对于单功能系统其具有综合性的优势，但在电子商务中它的作用也会有所削弱，随着网络技术的发展，多功能系统会逐步被网络物流信息管理系统所代替。

2. 按系统的功能性质进行分类

可以分为操作型系统和决策型系统。操作型系统是指按照固定模式对数据进行处理和加工的系统，这种系统会对数据进行固定模式的输入、输出和处理，这种系统适合固定数据分析，例如财务会计管理系统。决策型系统是指利用知识库的方法对不同的数据输入进行加工和处理，数据的分析结果可以为企业进行正确决策提供科学依据。目前，电子商务采用的就是人机对话实现共同决策的系统。

3. 按系统的配置进行分类

可以分为单机系统和网络系统。单机管理信息系统是指通过一台计算机作为系统主机对数据进行加工和处理的系统，这种系统的主机是单一的，可以接入多个终端。网络信息系统是指通过网络将多台计算机进行连接，多台计算机同时共享数据资源进行加工和处理的系统。单机管理系统是运用计算机进行数据处理的开端，当今物流信息管理系统是向网络系统发展的，它可以更快速的进行数据管理、处理和分析，提高了信息管理效率。

二、物流信息管理系统的开发与应用

（一）物流信息管理系统的分析设计与实施评价

1. 物流信息系统分析

物流信息系统分析是以原信息系统为基础，对新系统进行逻辑模型设计，确定系统应该实现的内容。系统分析一般都是由相关分析人员完成的，系统分析是系统开发的基础，对系统开发能否顺利进行具有关键性作用。首先,对计划建设的物流信息系统进行初步调查,明确系统开发的必要性和可行性,在技术、经济、环境和管理等多角度对计划建设的系统进行可行性研究,将各项研究和讨论结果进行汇总,形成可行性报告。其次,要对目前运行的物流信息系统进行全面调查,其中包括系统的组织结构、业务处理、用户需求等,根据调查结果进行业务流程图和数据流程图的绘制。最后,在以上调查基础上,确定新系统的逻辑模型,为系统设计工作打下基础。

2.物流信息系统设计

系统分析提出了新系统的逻辑模型,明确了新系统的工作内容,系统设计就是在逻辑模型的基础上对该如何实现新系统的任务进行设计。通过对系统的功能模块、数据存储、数据处理等方面的设计,实现逻辑模型提出的工作任务。

3.物流信息系统实施

这个阶段是对新系统进行测试和调整的阶段,同时通过系统实施可以建立用户对系统的信任。系统实施需要进行程序的编写、程序的测试与调试、系统的转换、人员的培训、数据的准备与录入等工作。系统实施需要对各个系统功能模块进行测试和调整,要进行单独调试和联合调试,通过测试对各个模块进行调整和完善,最终得到可以实现逻辑模型要求的物流信息系统软件。

4.物流信息系统维护与评价

在系统投入使用后,要长期持续地进行系统维护,只有这样才能保证系统一直平稳运行。对系统的维护包括硬件设备的维护、应用软件的维护和数据的维护等。系统维护工作主要包括对系统日常运行的管理和记录、对系统安全和保密的管理等。系统评价是根据系统运行的过程和绩效检查是否符合系统运行目标,检测系统内的资源是否被充分利用,系统管理工作是否完善,并根据检查结果对系统的完善提出建议。

（二）电子商务物流信息系统的应用

1. 运输信息管理系统的应用

（1）货物跟踪系统

货物跟踪系统是通过物流条码和 EDI 技术开展的货物状态跟踪服务。货物跟踪系统可以对货物的运输状态和车辆运行的情况进行实时追踪，帮助相关人员时刻了解货物动向。这项技术可以提高物流服务的质量，并根据货物运输情况提供增值性物流服务，更好的实现人们对物流的需求。货物跟踪系统如图 9-2 所示。

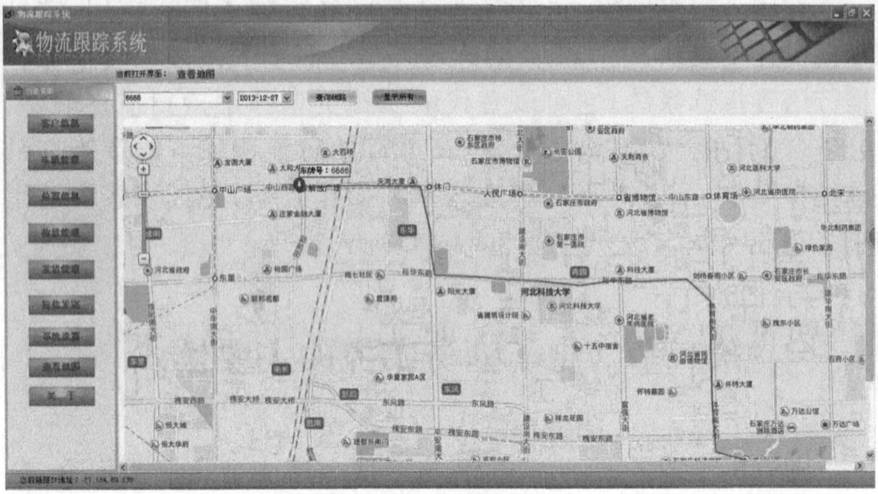

图 9-2 货物跟踪系统

（2）运输车辆运行管理系统

物流公司的运输车辆往往是处于分散状态的，为了更好地调配这些运输车辆而建立了运输车辆运行管理系统。该系统可以对运输车辆进行定位，按照货物运输需求可以根据定位及时调配车辆，快速安排运输，还可以避免车辆在有空档期而浪费车辆资源。运输车辆运行管理系统如图 9-3 所示。

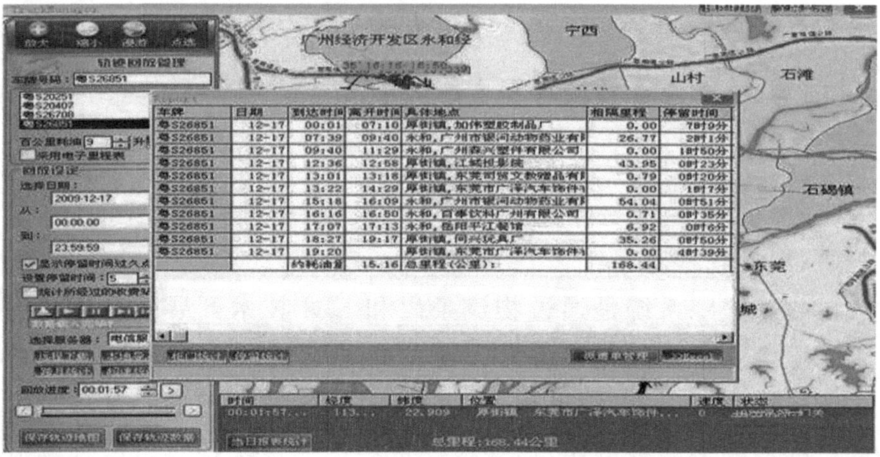

图 9-3 运输车辆运行管理系统

2.语音拣选系统应用

在国外很多国家,语音拣选系统已经得到了广泛应用,它可以提供速度更快、效率更高的拣选方案。目前我国多个行业也在推行语音拣选系统,它可以替代纸质拣货单和手持扫描终端,十分适合劳动密集型、高吞吐量、高库存的行业领域。语音拣选系统操作简单,可以提高订单准确率和操作效率,并且该系统适用于多种环境。

第二节 电子商务物流的主要模式

随着电子商务的不断发展,电子商务流企业也层出不穷,这些企业采取的物流模式也不尽相同。物流模式是指根据实际需求,建立相应的物流管理系统,并形成一定物流网络。电子商务物流模式也有很多种类,下面就自建物流体系、第三方物流、物流企业联盟以及第四方物流这四种模式进行介绍。

一、自建物流体系

为了更好地进行物流管理,一些电子商务公司自己建立了物流系统，这种物流系统就是自营物流。一方面，自营物流可以按照企业自身愿望和要求进行规范化管理，并可以根据物流运营经验持续完善和改进。自营物流可以帮助电子商务企业更好地对商品配送进行组织和管理，更好地把控交易的时间。但同时，自营物流需要企业进行大规模的投资，投资的回报周期也比较长。而且我国的地域范围极广，在全国范围内开展物流业务存在跨行业经营的风险。

电子商务企业自建物流系统一般分为两种情况。第一种为传统的大型制造企业或批发企业经营的 B2B 电子商务网站建立的自营物流体系。这类企业已经拥有很长的一段经营时间，在长期的商务活动中已经建立了有一定规模的营销网络，以及配套的物流配送体系，这类企业在自建物流系统时，通过对原有的营销网络和物流配送体系进行有机结合并进行一定改进和完善，就可以完成系统建设。第二种为传统大型企业集团经营的电子商务公司建立的自营物流系统，这类企业一般有雄厚的资金支持，也有较大的业务规模。这类企业在其平日的经营过程中已经建立了庞大的连锁分销渠道和零售网络，再通过充分运用电子商务技术，便可以建立起自营物流体系。这类企业可以通过自营物流更好地进行成本控制，提高客户服务满意度，建立更适合企业自身的高效物流系统。同时，在自营物流达到一定程度后，可以对其他企业提供电放综合物流服务，更充分的利用自身的物流资源，从而实现企业的规模效益。

二、第三方物流

（一）第三方物流模式的发展

研究表明，第三方物流的占有率与物流产业的发展水平具有十分规律的相关性。通过对西方国家的物流行业进行研究分析发现，独立的第三方物流要占社会物流产业的50％才能形成。物流产业的发展水平可以通过第三方物流的发展程度反映和体现，而一个国家的综合国力和该国企业的市场竞争力在一定程度上可以通过该国的物流业发展水平体现。目前的全球经济一体化的发展趋势，使全球物流产业得到了关注，尤其是一些大型跨国公司对物流产业的发展十分关注。

随着电子商务的快速发展，为了满足其对物流的需求，物流业也进行了相应改变。一些大型企业可以通过自建物流体系的方式，为其业务提供配套物流服务，但一些中小型企业并不具备自建物流体系的能力，就会采用物流“外包”的方式为其业务提供物流服务。第三方物流可以为其这些需要物流外包的企业提供相应的物流服务，第三方物流的技术先进、体系完备，可以满足这些企业的物流需求。在国外，第三方物流的使用率比较高，欧洲使用第三方物流服务的比例约为 76%，美国约为 58%。我国的第三方物流目前还在起步阶段，但是发展速度很快，2014 年我国第三方物流企业物流业务收入达到 11050 亿元。2010—2014 中国第三方物流行业收入如图 9-4 所示。

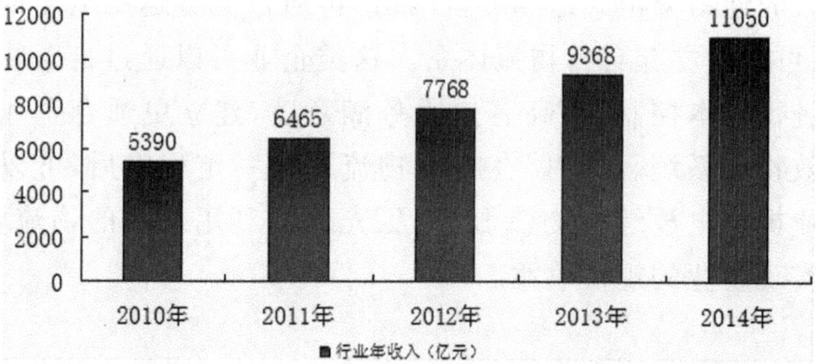

图 9-4　2010—2014 中国第三方物流行业收入

（二）第三方物流的特点

1. 关系契约化

第三方物流中的经营者和客户是契约关系，其业务内容也是通过契约进行规定的。物流服务所包含的时间、地点、价格、内容、业务类别等都需要通过契约进行规定，经营方必须按照契约内容的内容为客户提供全面的物流服务，保证客户可以享受契约中规定的全部内容。

2.服务个性化

第三方物流可以根据客户的不同要求为其提供个性化的物流服务，例如在企业形象、业务流程、产品特征等方面实现客户的个性化定制服务，提高物流服务的针对性和客户满意度。随着物流行业的不断发展，物流市场竞争越发激烈，为了保证自己在市场中的地位、巩固和提升其市场竞争力，第三方物流的经营管理者需要开发自己的核心业务，形成核心竞争力，提高业务的针对性和特色化。

3.功能专业化

第三方物流企业应该提供专业化的物流服务，以满足客户和市场的需要。物流专业化要从多个方面体现，在物流设计、物流操作过程、物流技术标准、物流设施到物流管理等各个方面都应该体现出企业的专业性。

4.管理系统化

第三方物流顺利运行和发展必须要建立系统化的管理体系，科学有序的管理系统才能使第三方物流的能力得到充分发挥，建设现代化的管理系统才能推动第三方物流持续发展。

5.信息网络化

先进的网络信息技术支持使第三方物流充满生命力。信息技术的发展推动了第三方物流行业的发展，信息网络化可以实现物流信息的实时追踪、实时共享，并且可以实现物流信息的高速传递。信息技术使物流管理更科学有效，也提高了物流的效率和效益。

（三）第三方物流企业分类

1.按照物流业务范围和服务功能划分

（1）综合性物流企业

这类物流企业可以为客户提供综合性的物流服务，其承担的服务可能是几项也可能包含了所有物流功能。例如，这类物流企业可以提供配送中心设计、物流战略策划和货物运输等多方面的服务。这类企业一般都有雄厚的资金为其业务开展提供支持，企业规模也会比较大，同时还具备良好的企业信誉。因为提供的业务范围比较广泛，这类企业的经营管理者需要具备很高的企业管理能力。目前有许多这类企业都是跨国公司，业务范围向全球范围伸展。

（2）功能性物流企业

这类物流企业只为客户提供一项或几项物流服务，相较综合型物流企业业务种类比较单一。按照功能可以对这类企业进行进一步划分，可以分为运输企业、仓储企业、流通加工企业等。这类企业在全球范围都比较常见，属于数量很多的物流企业，一些功能性物流企业拥有悠久的经营历史，在全球范围内都是领先的知名企业，例如美国联合包裹公司（UPS）和日本的佐川急便等。我国的功能性物流企业一般是由原国家大型仓储、运输企业发展而来的，或是一些中外合资、外商投资而建立的，例如中国远洋运输公司、中国外轮代理公司、EMS 等都属于功能性物流企业。这类企业的业务范围包括配送、物流服务、邮件快递等，可以提供国内或是国际范围的服务。

2.按照提供物流服务的手段划分

（1）资产型第三方物流

资产型第三方物流是指将专业物流业务或约定物流业务作为其核心竞争力的物流企业。对于这类企来说，他们拥有从事物流活动的装备、设施、运营机构等生产条件,并依靠这些企业资产为客户提供服务,发达国家的工业化阶段这类企业的发展比较繁荣。

资产型第三方物流企业的优势在于,它可以利用自身拥有的物流设备、设施等企业资产,随时为客户提供相应的物流服务,可见性的物流设备等资产也增加了客户选择这些企业的信心。但这类企业也存在不可避免的不足,这类企业需要投入大量资金购买和维护物流设备、设施,同时因为这些设备、设施的固定资产,在为客户提供物流服务时缺乏灵活性,常常无法满足客户的个性化要求。

(2)非资产型第三方物流

非资产型第三方物流企业将专业型人才、物流信息和先进的物流管理系统作为其核心竞争力,通过这些能力为客户提供相应服务,并且这类企业没有物流设备、设施等资产。这类物流企业是在现代社会比较常见的一种类型,实际上其核心竞争力是"知识",通过专业的人才和先进的信息管理技术,利用社会设施、装备等劳动手段为客户提供具有针对性的物流服务。这类物流企业可以根据自身拥有资源提供不同的核心服务,例如将货物代理服务作为核心,以信息和系统服务作为核心、以物流增值服务作为核心等。

(3)优化型第三方物流企业

优化型第三方物流企业是指拥有专业型人才、物流信息和先进的物流管理系统等优势,同时建设有必要的物流设施装备系统的物流企业。这类企业同时拥有资产型第三方物流企业和非资产型第三方物流企业的优点,可以为客户提供基础和个性化的物流服务。这类企业是物流行业不断发展产生的产物,是符合时代特征、满足客户和市场要求的第三方物流企业。

(四)物流一体化

1.物流一体化的含义

物流一体化是指将物流系统作为核心,从生产企业到物流企业，物流企业到销售企业。最终抵达消费者的整个供应链的整体化和系统化，物流一体化代表物流业的发展走向成熟。

物流一体化可以促进产品在供应链上的快速移动，它可以为产品供应链上的各方企业带来收益，为整个社会创造出明显的经济效益。成熟的第三方物流是物流一体化的基础保障，在此基础上，专业的物流管理人员和技术人员，通过其专业、丰富的物流管理知识和经验，利用专业化物流设备、设施等物流工具，发挥出整体最佳效果。同时，物流一体化的趋势为第三方物流的发展提供了良好的发展环境和巨大的市场需求。物流一体化如图 9-5 所示。

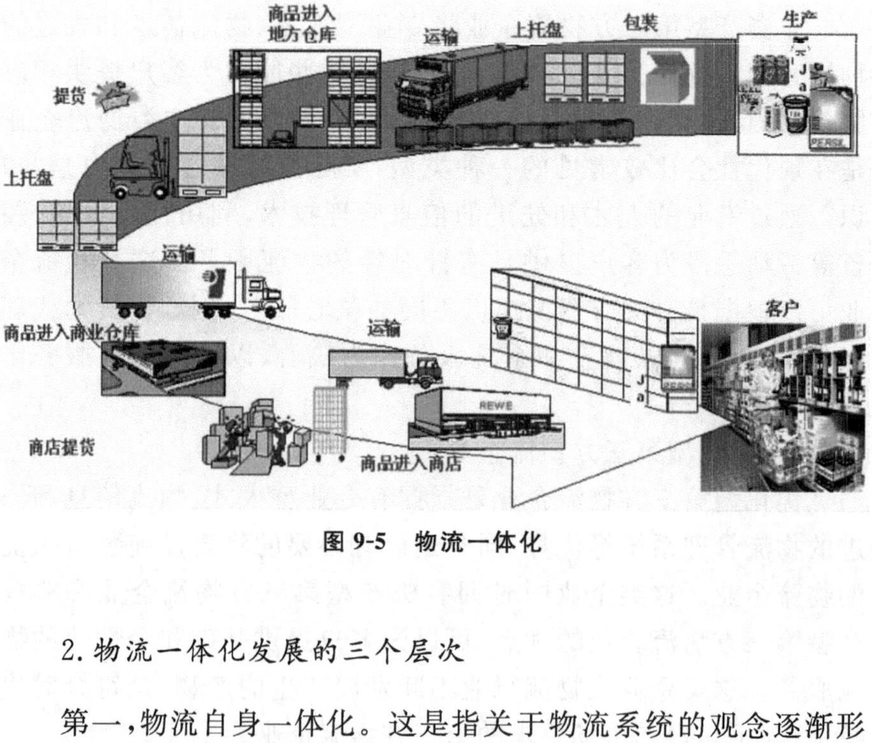

图 9-5　物流一体化

2. 物流一体化发展的三个层次

第一，物流自身一体化。这是指关于物流系统的观念逐渐形成和确立，在物流相关的仓储、运输和其他相关要素逐渐完备，子系统协调运作及系统化发展。

第二，微观物流一体化。物流管理的地位显著提升，市场主体企业将其作为企业战略方面进行研究和讨论。同时，通过物流战略形成的企业联盟相继出现。

第三，宏观物流一体化。这是指物流业在国家国民生产总值中占有一定的比重，在当前的经济社会中占有主导地位，也就是指物流业在宏观层面上发展到了一定阶段。它使跨国公司从内部职能专业化和国际分工程度的提高中获得规模经济效益。

三、物流企业联盟

（一）物流企业联盟的含义

物流企业联盟是指在通过签订合同在物流方面形成的合作伙伴关系，签订合同的企业需要建立相互信任、共同承担风险、公平划分利益的关系，这种合作关系可以达成优势互补和要素双向或多向流动。

物流企业联盟是在物流服务产生的规模经济中诞生的，联盟内企业可以更好地发挥规模经济的作用获取利益。物流联盟成员之间可以相互获取过剩的物流能力，或处于战略意义的市场地理位置以及卓越的管理能力等。

（二）物流企业联盟模式的特征

1. 相互依赖

物流企业联盟内的企业成员之间具有很强的相互依赖性，因为成员间可以进行优势互补，所以在社会分工以及核心业务回归的背景下，企业间在开展物流业务时会表现出依赖性。

2. 分工明晰

物流企业联盟是以互利互惠为前提建立的，所以企业成员在联盟内明确地知道自己具有的优势以及自己充当的角色，这就会促进联盟内的企业分工明确，物流效率和效益都会随之有所提升。同时，这会使供应商更专注于为客户提供服务，提高了客户满意度。

3. 强调合作

物流联盟的高效性在于企业成员之间的高效合作，合作可以为各方带来更多利益。通过物流联盟，处于不同区域的物流企业可以为电商企业提供物流服务。一方面，物流企业获得了更多客户资源可以提高企业的经济效益；另一方面，电商企业通过合作的物流企业进行跨地区配送，可以帮助其降低成本、控制风险，同时可以更好地为客户提供服务。

四、第四方物流

（一）第四方物流模式的特征

第四方物流以第三方物流为基础，对物流资源、设施、技术进行科学的整合，并进行一定管理，提出物流全过程的方案设计、实施办法和解决途径，为客户提供全面的供应领解决方案。第四方物流如图 9-6 所示。

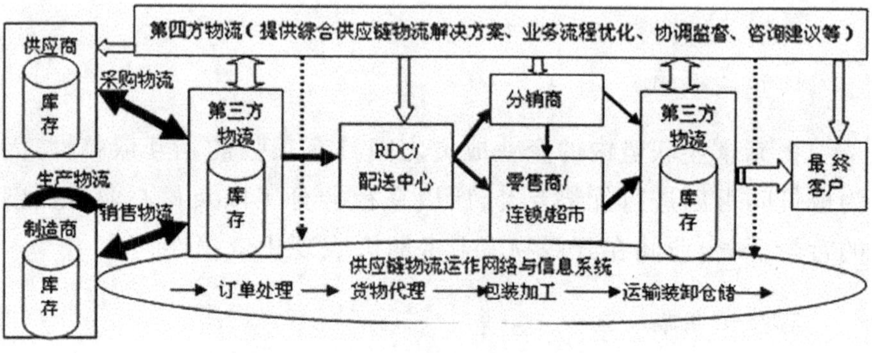

图 9-6　第四方物流

1. 第四方物流是供应链的集成者、整合者和管理者

通过第三方物流、专业物流技术人员、专业物流管理人员建

立联盟,将第三方物流能力与物流管理咨询能力进行有机结合,在此基础上为客户提供更专业的供应链解决方案。第四方物流可以有效地降低实时操作以及传统外包产生的成本。

2.第四方物流通过影响整个供应链来进行增值

第四方物流是将各个服务商的功能进行集合,为客户提供全面的供应链解决方案。例如,第四方物流可以同时利用第三方物流信息技术供应商、呼叫中心、电信增值服务等。通过对各个物流服务商的能力进行综合,第四方物流可以为客户提供更具针对性的物流服务,还可以保证技术方案的不断更新和优化。

3.第四方物流的发展思路是逐步推进

为了发展第四方物流,首先,应该使第三方物流达到一个相对成熟的发展阶段;其次,应该推动电子商务与现代物流产业的有机结合,应该建立科学系统的统一物流信息公众平台;最后,加大力度建设物流基础设施以及产业服务,并建立科学统一的物流标准体系。

(二)第四方物流主要模式

1.协助提高

协助提高是指第四方物流向第三方物流提供相应的支持,协助其更好的为额外客户提供物流服务,一般情况下,第四方物流会为第三方物流提供相应的物流专业技术和战略来提高它的运作能力。在这种模式下,一般是提供第三方物流缺少的技术和战略技能等。这种运作模式下,第四方物流不会与客户进行直接的接触和交流,只与第三方物流建立合作关系,提供的供应链解决方案也是直接提供给第三方物流服务供应商,由第三方物流服务商对解决方案进行实际实施。

2. 方案集成

这种模式下，第四方物流企业是连接物流服务客户与第三方物流企业的中间商，客户不需要直接与多个第三方物流企业进行直接接触交流，而是第四方物流企业对第三方物流企业提供的物流服务进行整合处理，客户要求的供应链方案要通过第四方物流企业进行操作而得以实现。

3. 行业革新

行业革新是指第四方物流为某一行业的企业服务。第四方物流企业需要对同步与协作进行关注，从而实现为同一行业的多家企业提供供应链方案。行业革新模式下，第四方物流企业作为客户与第三方物流企业的中介，通过运作能力帮客户实现科学有效的物流管理。与方案集成的不同在于，行业革新模式要求第四方物流企业对一个行业中的多家企业进行物流管理，面对的客户不只是一家企业。

第三方物流不可以进行跨越整个供应链的物流运作，也不具备全面的物流管理战略技术，第四方物流对这些不足进行了弥补，它可以跨越领域的将物流提供商进行有机结合，可以为客户提供更全面、合理、高效的物流方案或供应链管理方案。可以看出，第四方物流突破了行业领域的约束，实现了物流资源最优配置。

第三节　电子商务物流供应链的分析管理

电子商务供应链包含采购、生产、运输、储存、配送、销售等多个环节，涉及供应商、承包商、客户等多个主体。电子商务供应链管理分为企业内部供应链管理和企业外部供应链管理，对内部和外部管理进行整合形成有效的供应链管理体系。

一、电子商务供应链管理特征

（一）强化了对供应链管理的效率要求

电子商务可以将整个业务流程进行虚拟化和平台化处理，包括询价、协商、交易、支付等在内的整个过程都可以信息化处理，但是物流和供应链涉及实体货物，不可能实现完全的虚拟化处理，这就可能无法做到电子商务虚拟化业务流程的高速度和高效率，这是电子商务供应链管理发展遇到的困难。为了符合当前电子商务的高速发展的要求，供应链管理必须要进行转变，以实现高速度、高效率，从而提高整个链条的管理效率。

例如对订单的响应和处理时间明显减少。在传统的供应链管理下，订单相应时间可以用天来计算，而电子供应链对订单的响应时间大幅减少，一般情况下，对仓库内完成订单的全部操作要控制在 4～5 小时内。所以，供应链管理系统必须也要实现高效处理，需要与电子商务的销售平台，甚至是生产系统进行对接和协同，这有保证了供应链管理系统的高效性，才能保证在高峰时期不产生爆仓现象，保证整个链条可以流畅运作。

电子商务的供应链管理要建立与生产商、销售商以及消费者之间的联系，要在网络上搭建沟通平台，保证可以与消费者进行直接沟通。只有保证客户在任何时候都能够得到实时服务，才能提高客户的满意度，以此留住客户，并开发潜在客户。

（二）改变了供应链的运作模式

传统的商品生产、运输和销售面临时间和空间转移的障碍，商家为了克服这一困难采取的是推动式的供应链管理。而在电子商务供应链中，商品的生产、分销、仓储、配送等活动是按照消费者订单进行调整的，物流是围绕商品市场展开的。适应电子商务的供应链不应该是推动式的，而应该是拉动式的。

电子商务对应的是电子供应链，因为是属于偏向于需求导向的供应链模式，所以采取拉动式的模式。随着各个市场都趋向于需求导向，拉动式供应链模式逐渐运用于各个行业。

（三）平台化、网络化的信息共享和运作协同

在传统供应链模式下，数据共享和协同一般都是发生在参与者之间，并且这种数据传递一般都是一对一进行的，在形式上有时还会采用纸质文件或是电子邮件等传统交流方式，这使供应链数据共享与传递效率比较低。

随着互联网技术和电子商务行业的不断发展，目前电子商务活动一般都是在互联网支持下的电子平台上进行的，业务各个环节开始向平台化、网络化转变。例如天猫、京东这样的大型电子商务平台，通过先进的大数据技术对平台上的商务活动进行处理，大大提高了工作效率。在这种大趋势下，采购和供应链的其他环节也开始向平台化、网络化发展。

架构在互联网上的电子平台具有信息传播速度快、实时交流性强等特征，是一种十分适合进行多方协作的平台。在传统的采购和供应链环节上，企业需要在这些方面投入大量的时间成本、人力成本和资金成本，对其来说是消耗十分巨大的环节，并且在这些环节涉及大量的信息传递和处理。利用供应链采购平台可以对这些问题更快捷地进行处理。电子目录能够帮企业更快速地查找需要的供应商；供应商的电子历史采购记录帮助企业了解最佳的货物来源；电子招标、电子比价有利于营造良性竞争的市场环境；电子采购可以降低人力成本、时间成本等，提高了采购效率，提高采购正确性；通过对相应的电子信息数据进行查询，可以更好地了解市场状况，为企业做出科学正确的采购计划和决策提供数据依据。对于一些大型集团化企业，可以集合集团内各个企业的采购需求，通过电子平台进行统一采购，大量的采购可以争取到更低的采购价格。对于供应商来说，电子采购平台可以帮助他们更全面的了解客户的需求，并且可以相应的增加销量。

（四）创新性的供应链金融服务

一个完整的供应链包含信息流、资金流和物流，随着互联网和电子商务的发展，目前出现了一些将资金流与物流有机结合而形成的供应链金融服务，这是在互联网时代下供应链管理的一个创新点。对于现在的供应链金融，市场上对其有不同的定义和形式，但根本上都是一种通过供应链管理企业对所承运及存储的物资，包括订单、提单等虚拟物资，以质押的方式进行担保和舱管，协助货主实现银行融资贷款的一种商务模式。现在供应链金融还处于起步阶段，有很多不足，也存在一些风险，但是随着它的发展其可以为供应链上各个参与者都带来相应的利益，是十分值得发展的一种供应链创新新模式。供应链金融对供应链各参与者都有益处，可以在一定程度上帮助一些中小企业解决融资问题；可以帮助卖家加速资金流转，增加销售，将实际库存物资作为质押进行的贷款活动；可以提高贷款的安全性，帮助银行更好的扩展贷款业务范围；物流企业可以通过供应链金融扩大服务范围，形成高附加值的增值服务。同时，供应链金融可以降低金融风险，有利于维持社会的经济稳定、建立诚信机制。供应链金融运行模式如图 9-7 所示。

（五）对管理信息系统的要求和依赖性非常高

电子商务要保证其及时性和高效性，这是其有别于传统商务的明显特征，但是这是建立在大量数据以及高效的信息平台上的，所以电子商务对信息系统的要求和依赖度很高。相较于传统商务的消费者，电商消费者对商品的物流信息更为关注，他们会想要时刻了解商品的运输动态，为了满足消费者的要求，电商企业需要对商品物流信息进行及时更新，除此以外，这样可以通过内部供应链的管理提高其竞争力。可以看出，这对电商的管理信息采集的实时性、频度和准确性的要求大幅提高。

电商平台对供应链管理系统的要求很高，这需要各个环节都采取先进的技术以及相应的措施。信息系统需要配置大容量网络和服务器系统、高效的数据库和应用系统;配送中心的操作层需要使用无线网、条形码扫描、RFID 自动识别等先进技术;同时需要在系统中设置 KPI 监控考核管理模块,分解企业的经营目标和发展计划,通过 KPI 对企业绩效进行实时的动态监控。

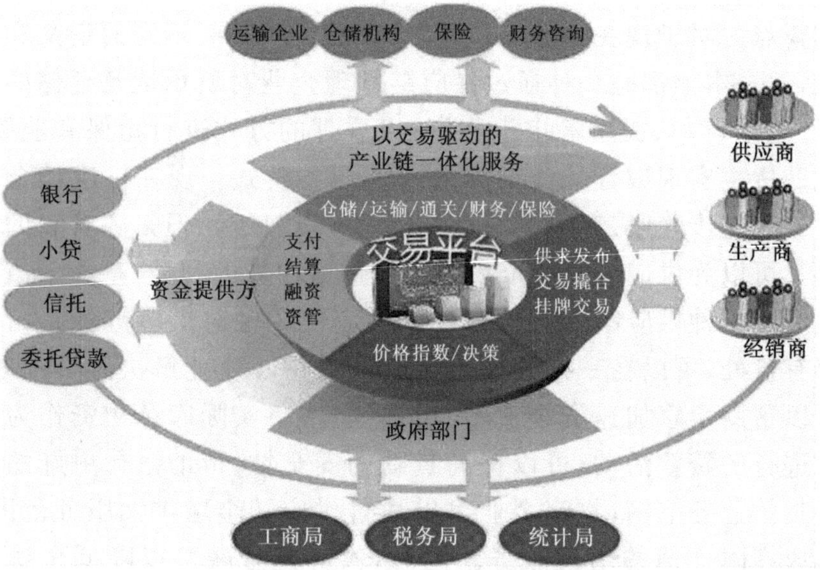

图 9-7　供应链金融运行模式

可以看出,电子商务供应链对信息系统的要求极高,要保证信息系统的高效性,才能保证电子商务供应链可以顺利运行。支持电子商务供应链运作的信息系统需要网络支持,所以必须保证网络的高效性、适应性和可靠度等。随着各项先进技术的不断发展,对于这方面的问题逐渐也开始被解决,例如云计算、虚拟化技术和网络信息安全技术等,都为解决电子商务供应链面临的问题提供了方法。

二、新环境下企业供应链管理面临的主要问题

(一)观念的转变

电子商务供应链是在互联网环境下运行的,这就要求企业的

核心业务要进行流程优化和信息化转变。对于企业来说，仅仅建立一个电子平台开展商业活动并不能真正实现这一点。对于电商企业来说，最关键的在于进行观念上的转变，将与电子商务对应的物流业务运作，按照互联网思维和电子商务模式进行重组，将服务流程模块化，这样才能满足电子商务消费者多样化、个性化的要求。这种转变需要企业对业务模式和流程进行变革。同时，在管理模式上也需要进行相应的转变，从“纵向一体化”模式转向“扁平化、网络化”模式。想要进行真正意义上的转型，就需要从根本上进行观念转变，通过互联网思维和电子商务模式进行供应链管理。

（二）平台化的管理信息系统建设

进行电子商务供应链管理，企业通过信息共享进行协作，为了提高供应链的效率需要对供应链的信息精度、及时性和流动速度有所保证。所以，为了保证供应链可以顺利、高效的运行，就必须建立为其提供服务和保障的信息支持平台，这也是保证企业管理战略可以落实的关键环节。信息支持平台的搭建可以运用集成条形码、数据库、电子订货系统、全球定位系统等信息交换技术和网络技术，建立起科学高效的信息集成系统。同时，要保证信息系统可以与供应链上各方有所联系，可以进行信息共享和交换，以实现供应链上信息系统之间的对接和协同。

（三）贸易伙伴之间的协作问题

电子商务为供应链管理提供了一个可以更好发挥的环境，对于中国企业来说，因为传统的企业文化和竞争环境的问题，很难协调贸易伙伴之间的协作从而实现整个供应链的利益最大化。一般传统观点认为，在合作中总会有一方获得全部利益或是更多利益，但其实非零和博弈比零和博弈更能使企业获得收益。对于供应链上的各个企业来说，并没有一个科学合理的供应链绩效评估系统可以帮他们平衡利益，这阻碍了贸易伙伴之间的合作。应该建立合理的绩效分配体系，保证合作各方的利益，这样才能有效地促进整个供应链通过各方协作达成利益最大化。

（四）供应链中各环节成员的利益分配问题

电子商务的发展带来了供应链环节中各组织关系的变化，组织之间的信息流动和资金流动越来越频繁，组织之间趋于多渠道的进行联系，随着组织之间的合作加深，它们之间的界限也逐渐弱化。整个价值链随着电子商务的发展进行了整合，成为一个整体，因此对于这个整体内部成员间的利益分配问题就此出现了。

三、在新环境下实现供应链管理模式转型

（一）电子商务与供应链管理整合的体系结构

在市场经济条件下，传统供应链已经不能适应电子商务发展的需求。首先，复杂的供应链物理网络和一些人为因素的影响，物流信息在传递过程中可能出现失真。在企业内部供应链中，订单、采购、生产、库存、运输和销售等环节，在企业外部供应链中，供应商、制造商、零售商和顾客等环节，都是通过订单的形式进行信息传递的，传统的供应链不能满足这种信息传递要求，会导致物流和信息流不及时，从而产生了信息失真的情况。其次，传统供应链各环节之间的联系灵活性差，供应链效率低，其中一个环节出现问题整条供应链将瘫痪无法顺利运行。

电子商务能够顺利地发展需要互联网技术、电子商务技术、供应链管理的共同作用和支持，单一环节不足以支撑电子商务开展商务活动并持续发展。企业将电子商务和供应链管理进行整合和优化，并利用先进的物流技术，保证了信息传递的速度和效率，减少了供应链中不必要的环节，传统供应链中存在的信息失真和环节间联系灵活性差的问题也得到了解决，大大提高了供应链的系统性能以及各环节的反应速度，从而提高了供应链的整体

效益。在互联网支持下的供应链管理模式（如图 9-8 所示）中，电子供应链在内部和外部各个环节中都发挥了重要作用。通过电子供应链机制，可以对订单状况进行实时查询以便了解最新进展；通过电子采购以及自动补给机制，可以在全球范围内搜寻需要的物资，可以减少库存、降低成本支出；将网上订单与 ERP 资源进行整合，对企业资源进行科学规划，可以将企业的内部与外部供应链物流、信息流、资金流、价值流和商流进行交互式集成和整合。

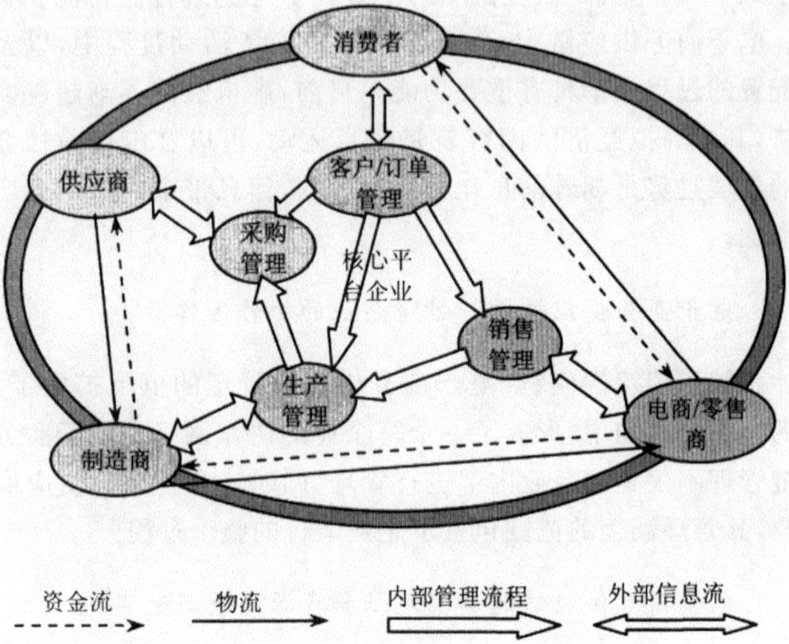

图 9-8　互联网和电子商务的供应链管理模式

（二）电子商务与供应链管理整合的必要性

电子商务环境下的供应链管理有以下几个特征。

1. 电子商务供应链具有信息资源的特性

电子供应链是通过信息资源进行传递的，其具有信息资源具备的性质，其中包括信息的共享性、可复制性和价值增值性。信息是不具备实体的要素，相较于其他物质性要素，它具有突出的优秀特质，已经成为实现经济增长的主要动力。

2.电子商务供应链的中心环节是信息流

传统的供应链模式下，占主导地位的中心环节是产品的生产，商流和物流在供应链中发挥主导作用，而信息流只是一个辅助性的环节，它的作用是服务于商流和物流开展活动。而电子商务模式下，信息流是供应链中的中心环节，主导商流、物流和资金流。电子商务供应链中，信息流在整个商务活动过程中，以及资源配置的过程中都具有重要功能。目前，虚拟经济逐渐超越实体经济，其中虚拟经济的内容就是信息运动，可以看出目前社会经济的发展趋势是朝着信息化方向发展的，信息带来的价值还会逐步增加。

3.电子商务供应链是一种跨企业的协作网络

相较于传统供应链，电子商务供应链管理的范围扩大了，涉及的主体也增加了，形成了一个跨企业的协作网络。电子商务供应链管理不仅是对企业内部进行管理，同时还会扩展至供应商和客户，其管理涵盖的范围包括了企业运行的整个过程。

4.电子商务供应链能够实现社会资源的重新配置

电子商务供应链促进企业间的协作，进而达成了企业资源的重组整合，实现了企业优势的外部延伸。通过电子商务供应链，资源可以更加高效、合理、科学地进行配置，大幅提高了工作效率、减少了工作时间。电子商务供应链为供应链的参与者提供了协作条件，系统的各个环节都是建立在协作基础上的，通过信息资源共享和企业良性竞争关系，实现资源最佳配置。

处于竞争激烈的市场中，企业想要提高自己的竞争力就需要加强供应链管理，要同时对企业内部供应链以及企业外部供应链进行管理。企业内部供应链管理包括计划、采购、生产、销售环节的管理，企业外部供应链管理包括对供应商、承包商、客户等方面进行管理。对于电子商务企业来说，最重要的是将电子商务与供应链管理进行有机结合，形成适应当前业务的电子商务供应链管理体系，要在质量、成本以及响应速度方面进行变革，实现供应链管理真正适合电子商务，从而提高企业的市场竞争力。电子商务是在互联网平台上进行信息传递的，信息的传递方式从订单传递转变为互联网即时的电子商务模式的传递方式，这使得企业供应链的业务流程的沟通方式在本质上发生了改变。电子商务供应链缩短了供应链各节点之间在时间和空间上的距离，改变了企业的生存环境，企业内部和外部的运行方式也发生了相应的转变。通过互联网，可以形成一个垂直整体化的电子商务供应链网络，这就促进了电子商务供应链的发展，使管理更加趋向于动态化、虚拟化和网络化。

参考文献

[1]李月乔.我国中小外贸企业开展跨境电商面临的机遇与挑战[M].杭州:河北经贸大学学报,2016.

[2]杨坚争,杨立钒,赵雯,等.电子商务安全与电子支付[M].北京:机械工业出版社,2011.

[3]杨雪雁.电子商务概论[M].北京:北京大学出版社,2010.

[4]扈健丽.电子商务概论[M].北京:北京理工大学出版社,2010.

[5]祝凌曦.网络银行与电子支付[M].北京:清华大学出版社,2010.

[6]方美琪.电子商务概论[M].北京:清华大学出版社,2009.

[7]周虹.电子支付与结算[M].北京:人民邮电出版社,2009.

[8]李蔚田,杨雪,杨丽娜.网络金融与电子支付[M].北京:北京大学出版社,2009.

[9]董晓华.电子商务概论[M].重庆:重庆大学出版社,2009.

[10]李蔚田.网络金融与电子支付[M].北京:北京大学出版社,2009.

[11]陈新林.电子支付与网络银行[M].大连:大连理工大学出版社,2008.

[12]劳帼岭.电子商务[M].北京:电子工业出版社,2008.

[13]肖德琴.电子商务安全保密技术与应用[M].广州:华南理工大学出版社,2008.

[14]帅青红,张宽海.电子商务导论[M].成都:西南财经大学出版社,2008.

[15]覃征,李环,卢江,常姗.电子商务案例分析[M].西安:西安交通大学出版社,2007.

[16]周长青,刘金玲.电子商务物流[M].北京:北京大学出版社,2006.

[17]陈修齐.电子商务物流管理[M].北京:电子工业出版社,2006.

[18]周虹.电子支付与网络银行[M].北京:中国人民大学出版社,2006.

[19]胡玫艳.电子商务教程[M].广州:华南理工大学出版社,2003.

[20]黄海龙.电子商务帝国——亚马逊网上书店传奇[M].北京:经济日报出版社,2000.

[21]尤学智,陈荣.电子商务网络支付的发展研究[J].吉林大学学报(信息科学版),2010,26(6).

[22]尹冬生.我国电子支付产业经济学理论特征浅析[J].市场周刊(理论研究),2010(1).

[23]李肪.浅谈电子商务网上支付[J].科技经济市场,2010(10).

[24]李春燕.我国电子商务网上支付的探讨[J].电子商务,2010(1).

[25]丁学君.电子商务中的信息安全问题及其对策[J].计算机安全,2009(2).

[26]史萌.电子商务下的网上支付方式分析研究[J].电子商务,2009(8).

[27]姜桦,易正江.代理签名在电子商务中的应用研究[J].科技情报开发与经济,2009,19(26).

[28]顾卓.电话支付市场大有潜力[J].电子商务世界,2008(8).

[29]阮鸣.电子支付先行者[J].电子商务世界,2008(12).

[30]杜和军.关于电子商务网上支付的探索[J].硅谷,2008(5).

[31]苗娟.我国电子商务环境下的网上支付方式研究[J].中国市场,2008(6).

[32]林采宜.电子支付,空间无限[J].电子商务,2007(1).

[33]戴如艾.浅谈网上支付与电子商务的健康发展[J].商场现代化,2005(30).

[34]刘吉成.我国电子商务网上支付与结算探讨[J].中国市场,2005(36).

[35]李慧.Web2.0环境下的信任模型与争议发现研究[D].西安电子科技大学,2016.

[36]王晓晴.电子商务虚拟企业物流平台的设计与实现[D].吉林大学,2015.

[37]邓静莹.基于AHP-DEA-ABC分析法的零售业店面分级管理研究[D].西华大学,2015.

[38]石陈华.海尔电子商务运营案例研究[D].兰州大学,2009.

[39]戴丹.中国B2C电子商务企业营销策略研究——基于当当网的案例分析[D].南京理工大学,2008.

[40]任倩.移动支付现状及发展研究[D].西南财经大学,2008.

[41]杜海娟.中国网上商城电子商务企业发展研究——中商网案例[D].天津大学,2005.

[42]王玉峰.电子支付及其产业化的理论与实践初探[D].西南财经大学,2005.

中国水利水电工程移民安置新思路

张谷 刘焕永 陈彦 郭万侦 徐静 等著

中国水利水电出版社
www.waterpub.com.cn
·北京·

内 容 提 要

本书在对我国现行不同类型土地征收政策的差异分析和水利水电工程建设征地工作存在问题及面临挑战分析的基础上，提出了我国水利水电工程移民安置工作改革的方向和新的思路。全书共15章，包括：绪论，我国土地征收制度，现行征地分类及政策差异，当前移民安置面临的挑战，移民政策发展趋势预测，移民政策改革方向，土地补偿政策新思路，地上附着物补偿政策新思路，移民保障安置新思路，移民货币补偿安置新思路，移民安置城镇化新思路，“先移民后建设”新实践，移民政策动态管理新思路，水电利益共享新思路，其他移民安置新思路等内容，具有较高的学术和应用价值。

本书可供从事水利水电工程建设征地移民行业的政府管理、规划设计、工程建设管理等工作人员及理论研究者阅读，也可作为移民干部及技术工作人员的培训教材。

图书在版编目（CIP）数据

中国水利水电工程移民安置新思路 / 张谷等著. -- 北京 : 中国水利水电出版社, 2016.12
ISBN 978-7-5170-4954-8

Ⅰ. ①中… Ⅱ. ①张… Ⅲ. ①水利水电工程－移民安置－研究－中国 Ⅳ. ①D632.4

中国版本图书馆CIP数据核字(2016)第309369号

书　　名	**中国水利水电工程移民安置新思路** ZHONGGUO SHUILI SHUIDIAN GONGCHENG YIMIN ANZHI XIN SILU
作　　者	张谷　刘焕永　陈彦　郭万侦　徐静 等　著
出版发行	中国水利水电出版社 （北京市海淀区玉渊潭南路1号D座　100038） 网址：www.waterpub.com.cn E-mail：sales@waterpub.com.cn 电话：(010) 68367658（营销中心）
经　　售	北京科水图书销售中心（零售） 电话：(010) 88383994、63202643、68545874 全国各地新华书店和相关出版物销售网点
排　　版	中国水利水电出版社微机排版中心
印　　刷	三河市鑫金马印装有限公司
规　　格	170mm×240mm　16开本　20.75印张　279千字
版　　次	2016年12月第1版　2016年12月第1次印刷
印　　数	0001—2000册
定　　价	**60.00**元